Hapon-Tag

$\checkmark$ S0-EGH-542

Tagalog-Hapon-Ingles

DIKSIYONARYO

ハンディ • • • • • • • • • • •

# 日本語-フィリピン語-英語 実用辞典
# フィリピン語-日本語-英語

Japanese-Pilipino(Tagalog)-English /Pilipino(Tagalog)-Japanese-English

• • • • • • • • • • • • • • • • • • • • • • • •

国際語学社編集部 編

Hapon - Tagalog - Ingles
Tagalog - Hapon - Ingles
DIKSIYONARYO

【ハンディ】
日本語 - フィリピン語 - 英語
フィリピン語 - 日本語 - 英語
実用辞典

国際語学社編集部 編

国際語学社

本書の表記について ✎

◎日本語 - フィリピン語 - 英語編

| [日本語] | [フィリピン語] | [英語] |
|---|---|---|
| 私／わたし<br>watashi | ako<br>アコ | *I* |

・見出し語[日本語]（漢字／ひらがな）   ・フィリピン語   ・英語
・ローマ字表記   ・カタカナ表記

◎フィリピン語 - 日本語 - 英語編

| [フィリピン語] | [日本語] | [英語] |
|---|---|---|
| ako<br>アコ | 私／わたし<br>watashi | *I* |

・見出し語[フィリピン語]   ・日本語（漢字／ひらがな）   ・英語
・カタカナ表記   ・ローマ字表記

※日本語は、日常生活でひらがなでしか使わないと考えられるものは、ひらがなのみで表記した。（例：いっぱい、これ）

※日本語のローマ字表記で「ら、り、る、れ、ろ」は「la, li, lu, le, lo」で表記した。

日本語から
引ける！

[ **日本語** - **フィリピン語** - **英語** 編]

*Hapon-Tagalog-Ingles*

| 愛／あい<br>ai | pag-ibig<br>パグ イビグ | *love* |
| 藍色／あいいろ<br>aiilo | tayom<br>タヨム | *indigo color* |
| 愛嬌／あいきょう<br>aikyoo | alindog<br>アリンドグ | *grace* |
| 挨拶／あいさつ<br>aisatsu | bati, pagbati<br>バァティ、パグバティ | *greeting* |
| 挨拶する／あいさつする<br>aisatsusulu | bumati<br>ブマティ | *greet* |
| 挨拶する／あいさつする<br>aisatsusulu | yukod<br>ユコド | *salute, bow* |
| 愛情／あいじょう<br>aijoo | pagmamahal<br>パグママハル | *affection* |
| 愛情のある／あいじょうのあるmagiliw<br>aijoonoalu | マギリウ | *affectionate* |
| 愛人／あいじん<br>aijin | mangingibig<br>マニニビィグ | *lover* |
| アイスクリーム／あいすくりーむsorbetes<br>aisukuliimu | ソルベテス | *ice cream* |
| 愛想の良い／あいそうのよい kaakit-akit<br>aisoonoyoi | カアキト アキト | *affable* |
| アイロン／あいろん<br>ailon | plantsa<br>プランツァ | *iron* |
| 会う／あう<br>au | makita<br>マキタ | *meet* |
| 青い／あおい<br>aoi | asul<br>アスル | *blue* |
| 青色の／あおいろの<br>aoilono | kulay-langit<br>クライ ランギト | *blue* |

| 青白い／あおじろい<br>aojiloi | maputla<br>マプゥトラ | *pale* |
| 赤い／あかい<br>akai | pula<br>プゥラ | *red* |
| 赤ちゃん／あかちゃん<br>akachan | sanggol<br>サンゴォル | *baby* |
| 灯り／あかり<br>akali | liwanag<br>リワナグ | *light* |
| 上がる／あがる<br>agalu | akyatin, tumaas<br>アクヤティン、トゥマース | *rise* |
| 明るい／あかるい<br>akalui | maliwanag<br>マリワナグ | *light* |
| 秋／あき<br>aki | taglagas<br>タグラガス | *autumn* |
| 明らかな／あきらかな<br>akilakana | tiyak<br>ティヤァク | *clear* |
| 諦める／あきらめる<br>akilamelu | magpabaya<br>マグパバヤ | *abandon* |
| 諦める／あきらめる<br>akilamelu | tumigil<br>トゥミギル | *give up* |
| 飽きる／あきる<br>akilu | panghal<br>パンハアル | *tired of* |
| 開く／あく<br>aku | bumukas<br>ブムカス | *open* |
| 握手／あくしゅ<br>akushu | pagkamay<br>パグカマァイ | *handshake* |
| 悪臭／あくしゅう<br>akushuu | alingasaw<br>アリンガサウ | *stink* |
| 悪臭／あくしゅう<br>akushuu | umalingasaw<br>ウマリンアサウ | *stench* |
| アクセサリー／あくせさりー<br>akusesalii | mga dagdag na gamit<br>マガ　ダグダァグ　ナ　ガミト | *accessories* |
| あくび<br>akubi | hikab<br>ヒカブ | *yawn* |

| 悪夢／あくむ<br>akumu | bangungot<br>バングンコト | *nightmare* |
| 悪用／あくよう<br>akuyoo | malingpag-gamit<br>マリングパグ　ガミト | *misuse* |
| 上げる／あげる<br>agelu | alsahin<br>アルサヒン | *lift* |
| あげる<br>agelu | magbigay<br>マグビガァイ | *give* |
| 顎／あご<br>ago | baba<br>ババ | *chin* |
| 憧れ／あこがれ<br>akogale | panabik<br>パナビィク | *yearning* |
| 憧れる／あこがれる<br>akogalelu | maghangad<br>マグハンガド | *long* |
| 憧れる／あこがれる<br>akogalelu | manabik<br>マナビィク | *yearn* |
| 麻／あさ<br>asa | abaka<br>アバカァ | *hemp, abaca* |
| 朝／あさ<br>asa | umaga<br>ウマガ | *morning* |
| 朝ご飯／あさごはん<br>asagohan | almusal<br>アルムサル | *breakfast* |
| 朝寝坊／あさねぼう<br>asanebou | huling nagbangon<br>フリン　ナグバンゴン | *a late riser* |
| 足／あし<br>ashi | paa<br>パァ | *foot* |
| 味／あじ<br>aji | lasa<br>ラサ | *taste, flavor* |
| アジア／あじあ<br>ajia | asya<br>アスヤ | *Asia* |
| 足首／あしくび<br>ashikubi | bukung-bukong<br>ブクン　ブコン | *ankle* |
| 足指／あしゆび<br>ashiyubi | daliri ng paa<br>ダリリ　ナン　パー | *toe* |

4

| | | |
|---|---|---|
| 味わう／あじわう<br>ajiwau | tumikim<br>トゥミキイム | *taste* |
| 明日／あす<br>asu | bukas<br>ブカス | *tomorrow* |
| 預かる／あずかる<br>azukalu | itago<br>イタゴ | *keep* |
| 小豆／あずき<br>azuki | pulang bataw<br>プゥラン　バタウ | *red bean* |
| アスパラガス／あすぱらがす<br>asupalagasu | aspalagus<br>アスパラグス | *asparagus* |
| 汗／あせ<br>ase | pawis<br>パウィス | *sweat* |
| 汗をかく／あせをかく<br>asewokaku | magpawis<br>マグパウィス | *perspire* |
| あそこ<br>asoko | doon<br>ドーン | *that place* |
| あそこ<br>asoko | dyan<br>ディヤァン | *there* |
| 遊び／あそび<br>asobi | laro, maglaro<br>ラロォ、マグラロ | *play* |
| 与える／あたえる<br>ataelu | bigyan<br>ビギャン | *give* |
| 暖かい／あたたかい<br>atatakai | mainit<br>マイニィト | *warm* |
| あだ名／あだな<br>adana | palayaw<br>パラヤウ | *nickname* |
| 頭／あたま<br>atama | ulo<br>ウロ | *head* |
| 頭の良い／あたまのよい<br>atamanoyoi | matalino<br>マタリノ | *bright* |
| 新しい／あたらしい<br>atalashii | bago<br>バゴ | *new* |
| 辺り／あたり<br>atali | sapalibot<br>サパリボト | *around* |

| 当り前／あたりまえ<br>atalimae | katutubo<br>カトゥトゥボ | *natural* |
| 当たる／あたる<br>atalu | matamaan<br>マァタマーン | *hit* |
| あちこち<br>achikochi | dito at doon<br>ディト アト ドーン | *here and there* |
| あちら<br>achila | sadakoroon<br>サダコローン | *over there, yonder* |
| 厚い／あつい<br>atsui | makapal<br>マカパァル | *thick* |
| 悪化／あっか<br>akka | palala<br>パララ | *getting worse* |
| 悪化する／あっかする<br>akkasulu | pinalala<br>ピナララ | *aggravate* |
| 悪化する／あっかする<br>akkasulu | magpalubha<br>マグパルブハ | *aggravate* |
| 扱い／あつかい<br>atsukai | lunas<br>ルナス | *treatment* |
| 暑苦しい／あつくるしい<br>atsukulushii | allnsangan<br>アリンサンガン | *sticky* |
| 暑さ／あつさ<br>atsusa | init<br>イニト | *warmth* |
| 圧倒する／あっとうする<br>attoosulu | magapi<br>マガピィ | *overwhelm* |
| 集まる／あつまる<br>atsumalu | ipunin, tipunin<br>イプゥニン、ティプゥニン | *collect, gather* |
| 圧力／あつりょく<br>atsulyoku | puwersa<br>プゥエルサ | *pressure* |
| 宛て（の）／あて（の）<br>ate(no) | direktasa<br>ディレクタサ | *addressed to)* |
| 宛名／あてな<br>atena | direksiyon<br>ディレクション | *address* |
| 当てる／あてる<br>atelu | hawakan<br>ハワカン | *touch on* |

6

| 後／あと<br>ato | likod<br>リコド | *the back* |
|---|---|---|
| 後片づけ／あとかたづけ<br>atokatazuke | maglagay sa tamang lugar<br>マグラガイ　サ　タマン　ルガル | *rearrangement* |
| 後で／あとで<br>atode | maya maya<br>マヤ　マヤ | *later* |
| 跡取り／あととり<br>atotoli | tagapagmana<br>タガパグマナ | *heir* |
| 後に／あとに<br>atoni | makatapos<br>マカタポス | *after* |
| 後戻り／あともどり<br>atomodoli | papuntang likod<br>パプゥンタン　リコド | *going backwards* |
| 穴／あな<br>ana | butas<br>ブタス | *hole* |
| アナウンサー／あなうんさー<br>anaunsaa | tagapagbalita<br>タガパグバリタ | *announcer* |
| あなたの<br>anatano | inyo<br>インヨォ | *your* |
| 兄／あに<br>ani | kuya<br>クヤ | *elder brother* |
| アニメーション／あにめーしょん<br>animeeshon | gaya<br>ガヤ | *animation* |
| 姉／あね<br>ane | ate<br>アテ | *elder sister* |
| あの<br>ano | yaon<br>ヤオン | *that* |
| 暴れる／あばれる<br>abalelu | kumilos ng marahas<br>クミロス　ナン　マラハス | *riot* |
| アパート／あぱーと<br>apaato | apartment<br>アパルトメント | *apartment* |
| 浴びる／あびる<br>abilu | maligo<br>マリゴ | *bathe* |
| 危ない／あぶない<br>abunai | mapanganib<br>マパァンガニィブ | *dangerous* |

7

| 油絵／あぶらえ<br>abulae | pinta sa langis<br>ピンタ　サ　ランギス | *oil painting* |
|---|---|---|
| 油の／あぶらの<br>abulano | magrasa<br>マグラサ | *oily, greasy* |
| 甘い／あまい<br>amai | matamis<br>マタミス | *sweet* |
| 雨傘／あまがさ<br>amagasa | payong<br>パヨン | *umbrella* |
| 余る／あまる<br>amalu | matira<br>マティラ | *remain* |
| 網／あみ<br>ami | lambat<br>ラムバァト | *net* |
| 編む／あむ<br>amu | manggantsilyo<br>マンガントシルヨ | *knit* |
| 飴／あめ<br>ame | kendi<br>ケンディ | *candy* |
| 雨／あめ<br>ame | ulan<br>ウラン | *rain* |
| アメリカ／あめりか<br>amelika | amerika<br>アメリカ | *America* |
| アメリカ人／あめりかじん<br>amelikajin | amerikano<br>アメリカノ | *American* |
| 怪しい／あやしい<br>ayashii | di kilala<br>ディ　キララァ | *suspicious* |
| 怪しむ／あやしむ<br>ayashimu | magtaka<br>マグタカァ | *wonder* |
| 過ち／あやまち<br>ayamachi | kasalawan<br>カサラワン | *fault* |
| 謝る／あやまる<br>ayamalu | patawad<br>パタワド | *excuse, apologize* |
| 洗う／あらう<br>alau | maghugas<br>マグフガス | *wash* |
| 嵐／あらし<br>alashi | bagyo<br>バギョ | *storm* |

あ

| | | |
|---|---|---|
| 争い／あらそい<br>alasoi | away<br>アワイ | *quarrel* |
| 改める／あらためる<br>alatamelu | magbago<br>マグバゴ | *renew* |
| あらゆる<br>arayuru | buo<br>ブゥオ | *all* |
| 蟻／あり<br>ali | langgam<br>ランガム | *ant* |
| ありがとう<br>aligatoo | magpasalamat<br>マグパサラマト | *Thank you* |
| 或る／ある<br>alu | ang isang<br>アン イサン | *certain* |
| 有る／ある<br>alu | may<br>マイ | *there are/ is* |
| 歩く／あるく<br>aluku | lumakad<br>ルマカド | *walk* |
| アルコール／あるこーる<br>aukoolu | alkohol<br>アルコホール | *alcohol* |
| アルバイト／あるばいと<br>alubaito | ibangtrabaho<br>イバントラバホ | *part-time job* |
| アルファベット／あるふぁべっと<br>alufabetto | abakada<br>アバカダ | *alphabet* |
| アルミニウム／あるみにうむ<br>aluminiumu | aluminyo<br>アルミニョ | *aluminum* |
| 泡／あわ<br>awa | bula<br>ブラァ | *bubble* |
| 暗記／あんき<br>anki | memorya<br>メモルヤ | *learning by heart* |
| 安心／あんしん<br>anshin | kapayapaan ng isip<br>カパヤパーン ナン イシプ | *security* |
| 安全／あんぜん<br>anzen | kaligtasan<br>カリグタサン | *safety* |
| 安定／あんてい<br>antei | estabilidad<br>エスタビリダト | *stability* |

9

| | | |
|---|---|---|
| 安定／あんてい<br>antei | **tibay**<br>ティバァイ | *stability* |
| 案内／あんない<br>annai | **giya**<br>ギヤ | *guidance* |
| 案内する／あんないする<br>annaisulu | **akayin, patnubay**<br>アカイイン、パトヌバイ | *guide* |
| 胃／い<br>i | **tiyan**<br>ティヤァン | *stomach* |
| 良い／いい<br>ii | **mabuti**<br>マブティ | *good* |
| いいえ<br>iie | **hindi**<br>ヒンディ | *no* |
| 言い訳／いいわけ<br>iiwake | **dahilan**<br>ダヒラァン | *excuse* |
| 委員／いいん<br>iin | **kasamahanlipon**<br>カサマハンリポン | *committee* |
| 委員会／いいんかい<br>iinkai | **lipon**<br>リポン | *committee* |
| 言う／いう<br>iu | **sabihin**<br>サビヒン | *say* |
| 家／いえ<br>ie | **bahay, pamamahay**<br>バハァイ、パママハイ | *house* |
| ～以外／～いがい<br>igai | **malibansa ～**<br>マリバンサ | *except for* |
| 医学／いがく<br>igaku | **panggagamot**<br>パンガガァモット | *medical science* |
| 錨／いかり<br>ikali | **angkla**<br>アンクラ | *anchor* |
| 怒り／いかり<br>ikali | **galit**<br>ガァリト | *anger* |
| 息／いき<br>iki | **hininga**<br>ヒニンガァ | *breath* |
| 生き生きした／いきいきした<br>ikiikishita | **masigla**<br>マシグラァ | *lively* |

| 息苦しい／いきぐるしい<br>ikigulushii | di makahinga<br>ディ　マカヒンガ | *stifle* |
| いきなり<br>ikinali | bigla<br>ビグラ | *suddenly* |
| 息抜き／いきぬき<br>ikinuki | pahinga<br>パヒンガァ | *break* |
| 生き物／いきもの<br>ikimono | tao o hayop<br>タオ　オ　ハヨプ | *creature* |
| イギリス／いぎりす<br>igilisu | inglatera<br>イングラテラ | *England* |
| いきる<br>ikilu | mabuhay<br>マブハァイ | *live* |
| 行く／いく<br>iku | pumunta<br>プゥムンタァ | *go* |
| いくら？<br>ikula | Gaano?<br>ガァアノ | *how much?* |
| 池／いけ<br>ike | lanaw<br>ラナウ | *pond* |
| 行け！／いけ！<br>ike | lakad!<br>ラカド | *Go!* |
| 生け捕る／いけどる<br>ikedolu | bumihag<br>ブミハグ | *capture* |
| 生花／いけばな<br>ikebana | pag-ayos ng bulaklak<br>パグ　アヨス　ナン　ブラクラク | *flower arrangement* |
| 意見／いけん<br>iken | kuru-kuro<br>クル　クロ | *opinion* |
| 居心地が良い／いごこちがいい<br>igokochiii | maginhawa<br>マギンハワ | *comfortable* |
| 居酒屋／いざかや<br>izakaya | isang barikan<br>イサン　バリカン | *bar* |
| 勇ましい／いさましい<br>isamashii | matapang<br>マタパン | *brave* |
| 遺産／いさん<br>isan | pagkamana<br>パグカマナ | *inheritance* |

11

| 石／いし<br>ishi | bato<br>バトォ | *stone* |
| 意志／いし<br>ishi | kalooban<br>カローバァン | *will* |
| 医師／いし<br>ishi | physician doctor<br>フィシィシャン　ドクトール | *doctor* |
| 意識／いしき<br>ishiki | malay<br>マライ | *consciousness* |
| 苛め／いじめ<br>ijime | mapanupil<br>マパヌピル | *bully* |
| 異常な／いじょうな<br>ijouna | abnormal<br>アブノルマル | *abnormal* |
| 移植する／いしょくする<br>isyokusulu | maglipat<br>マグリィパト | *transplant* |
| 意地悪／いじわる<br>ijiwalu | natural na sakit<br>ナトゥラル　ナ　サキト | *ill tempered* |
| 椅子／いす<br>isu | silya<br>シルヤ | *chair* |
| 遺跡／いせき<br>iseki | guho<br>グホ | *ruins* |
| 以前／いぜん<br>izen | mula noon<br>ムラ　ノーン | *before* |
| 忙しい／いそがしい<br>isogashii | okupado<br>オクパド | *busy* |
| 急ぐ／いそぐ<br>isogu | magmadali<br>マグマダリィ | *hurry* |
| 遺族／いぞく<br>izoku | nagdalamhating pamilya<br>ナグダラムハティン　パミリヤ | *bereaved family* |
| 板／いた<br>ita | tabla<br>タブラ | *board* |
| 遺体／いたい<br>itai | bangkay<br>バンカイ | *remain* |
| 痛い／いたい<br>itai | masakit<br>マサキト | *painful* |

| 悪戯／いたずら itazula | kalikutan カリクタン | *mischief* |
| 痛み止め／いたみどめ itamidome | pang-alisngsakit パンアリスナンサキト | *painkiller* |
| 痛む／いたむ itamu | masaktan マサクタン | *ache* |
| 妙める／いためる itamelu | iprito イプリト | *fry* |
| 一／いち ichi | isa イサァ | *one* |
| 市／いち ichi | pamilihan パミリィハン | *fair* |
| 位置／いち ichi | tayo タァヨォ | *position* |
| いちいち ichiichi | isaisa イサァイサァ | *separately* |
| 一月／いちがつ ichigatsu | enero エネロ | *January* |
| 苺／いちご ichigo | istroberi, presa イストロォベリィ、プレサ | *strawberry* |
| 一時間／いちじかん ichijikan | isang oras イサン　オラス | *an hour* |
| 無花果／いちじく ichijiku | igos イゴス | *fig* |
| 一度／いちど ichido | minsan ミィンサン | *once* |
| 一日／いちにち ichinichi | isang araw イサン　アラァウ | *one day* |
| 一年／いちねん ichinen | isang taon イサン　タオン | *one year* |
| 一部／いちぶ ichibu | bahagi バハギ | *apart* |
| 一枚／いちまい ichimai | pilyego ピリェゴ | *sheet* |

13

| 一万／いちまん<br>ichiman | napakarami<br>ナァパカラミ | *myriad* |
| 一夜／いちや<br>ichiya | isang gabi<br>イサン　ガビィ | *one night* |
| 胃腸／いちょう<br>ichoo | sikmura<br>シクムラァ | *stomach* |
| 一流／いちりゅう<br>ichilyuu | primera klase<br>プリメラ　クラセ | *first-class* |
| 何時？／いつ？<br>itsu | kailan?<br>カイラン | *when?* |
| 胃痛／いつう<br>itsuu | sakit ng tiyan<br>サキト　ナン　ティヤァン | *stomachache* |
| いつか<br>itsuka | balang araw<br>バラング　アラウ | *someday* |
| 一ヵ月／いっかげつ<br>ikkagetsu | isang buwan<br>イサン　ブワン | *one month* |
| 一気に／いっきに<br>ikkini | isang beses<br>イサン　ベセズ | *at a stretch* |
| 一週間／いっしゅうかん<br>isshuukan | isang linggo<br>イサン　リンゴ | *one week* |
| 一生／いっしょう<br>isshoo | buong buhay<br>ブオン　ブハイ | *life* |
| 一生懸命に／いっしょうけんめいに<br>isshookenmeini | mabuti<br>マブティ | *hard* |
| 一緒に／いっしょに<br>isshoni | sabay-sabay<br>サバイ　サバイ | *together* |
| いっぱい<br>ippai | lipos<br>リィポス | *full* |
| 何時も／いつも<br>itsumo | parati<br>パラティ | *all the time, always* |
| 移転／いてん<br>iten | paglilipat<br>パグリリパト | *transferring* |
| 遺伝／いでん<br>iden | pagmamana<br>パグママナ | *heredity* |

14

| 糸／いと<br>ito | sinulid<br>シヌリイド | *thread* |
|---|---|---|
| 移動／いどう<br>idou | paglilipat<br>パグリリパト | *transferring* |
| 移動する／いどうする<br>idoosulu | ilipat<br>イリパト | *transfer* |
| いとこ<br>itoko | pinsan<br>ピィンサァン | *cousin* |
| ～以内（期間,金額等）／～いない<br>inai | hindihihigpitsa ～<br>ヒンディヒヒグピットサ | *with in* |
| 田舎／いなか<br>inaka | probinsya<br>プロビンシャ | *countryside, province* |
| 犬／いぬ<br>inu | aso<br>アソ | *dog* |
| 稲／いね<br>ine | palay<br>パラァイ | *rice-plant* |
| 祈り／いのり<br>inoli | panalangin<br>パナラングィン | *prayer* |
| 祈る／いのる<br>inolu | magdasal<br>マグダサァル | *pray* |
| 違反／いはん<br>ihan | labag<br>ラバグ | *violation* |
| いびき<br>ibiki | maghilik<br>マグヒリィク | *snore* |
| 衣服／いふく<br>ifuku | damit<br>ダミィト | *clothes* |
| イベント／いべんと<br>ibento | pangyayari<br>パンヤヤリ | *event* |
| 今／いま<br>ima | ngayon<br>ンガヨン | *now* |
| 居間／いま<br>ima | parlor<br>パルロル | *parlor* |
| 意味／いみ<br>imi | kahulugan<br>カフルガァン | *meaning* |

| 芋／いも<br>imo | putatas<br>プゥタタス | *potato* |
| 妹／いもうと<br>imooto | nakakabatang kapatid na babae<br>ナカカバタン　カパティド　ナ　ババエ | *younger sister* |
| 癒す／いやす<br>iyasu | magpagaling<br>マグパガリィン | *heal* |
| 嫌な奴／いやなやつ<br>iyanayatsu | maloko<br>マロコ | *nasty* |
| イヤリング／いやりんぐ<br>iyalingu | hikaw<br>ヒィカウ | *earring* |
| 以来／いらい<br>ilai | pagkatapos<br>パグカタポス | *since* |
| イラスト／いらすと<br>ilasuto | larawan<br>ララワン | *illustration* |
| 入り口／いりぐち<br>iliguchi | pasukan<br>パスカン | *entrance* |
| 衣類／いるい<br>ilui | pananamit<br>パナナミィト | *clothing* |
| イルカ／いるか<br>iluka | lumbalumba<br>ルムバルムバ | *dolphin* |
| 入れ物／いれもの<br>ilemono | lalagyan<br>ララギャン | *receptacle* |
| 入れる／いれる<br>ilelu | kilalanin<br>キララニン | *admit* |
| 色／いろ<br>ilo | kulay<br>クゥラァイ | *color* |
| 色々な／いろいろな<br>iloilona | sarisari<br>サリサリ | *various* |
| 色々の／いろいろの<br>iloilono | balabalaki<br>バラバラキ | *mixed, various* |
| 岩／いわ<br>iwa | malakingbato<br>マラキィンバトォ | *rock* |
| 祝い／いわい<br>iwai | pagbati<br>パグバティ | *congratulation* |

| 祝う／いわう<br>iwau | ipagsaya<br>イパグサヤ | *celebrate* |
| 鰯／いわし<br>iwashi | sardinas<br>サルディナス | *sardine* |
| 印鑑／いんかん<br>inkan | pansilyo<br>パンシリョ | *seal impression* |
| インク／いんく<br>inku | tinta<br>ティンタ | *ink* |
| インゲン豆／いんげんまめ<br>ingenmame | patani<br>パタニ | *kidney bean* |
| 印刷／いんさつ<br>insatsu | paglilimbag<br>パグリリムバァグ | *printing* |
| 飲酒運転／いんしゅうんてん<br>inshuunten | pagmamaneho ng lasing<br>パグママネホ　ナン　ラシング | *drunken driving* |
| 印象／いんしょう<br>inshoo | impresyon<br>イムプレション | *impression* |
| 飲食／いんしょく<br>inshoku | kainan at inuman<br>カイナン　アト　イヌマン | *eating and drinking* |
| 引退する／いんたいする<br>intaisulu | magretiro<br>マグレティロ | *retire* |
| インタビュー／いんたびゅー<br>intabyuu | pakikipanayam<br>パキキパナヤム | *interview* |
| インフルエンザ／いんふるえんざ<br>infuluenza | trangkaso<br>トランカソ | *influenza* |
| 飲料水／いんりょうすい<br>inryoosui | malinis na tubig<br>マリニス　ナ　トゥビグ | *drinking water* |
| ウインク／ういんく<br>uinku | kumurap<br>クムラァプ | *wink* |
| 飢え／うえ<br>ue | gutom<br>グトォム | *hunger* |
| ウェーブした髪／ウェーブしたかみ<br>ueebushitakami | alun-aloebuhok<br>アルン　アロンブホク | *wavy hair* |
| 植木／うえき<br>ueki | halaman<br>ハラマン | *plant* |

17

| 植える／うえる<br>uelu | magtanim<br>マグタニィム | *plant* |
| 浮かぶ／うかぶ<br>ukabu | lutang<br>ルタング | *float* |
| 受ける／うける<br>ukelu | kunin<br>クニン | *get* |
| 動き／うごき<br>ugoki | kilos<br>キロス | *motion* |
| 動く／うごく<br>ugoku | galawin<br>ガラウィン | *move* |
| 兎／うさぎ<br>usagi | kuneho<br>クネホ | *rabbit* |
| 牛／うし<br>ushi | kapong baka<br>カポン　バカ | *bull, ox* |
| ロシア／ろしあ<br>losia | rusya<br>ルシヤ | *Russia* |
| 失う／うしなう<br>ushinau | mawalan<br>マワラァン | *lose* |
| 薄い／うすい<br>usui | manipis<br>マニピィス | *thin* |
| 嘘／うそ<br>uso | kabulaanan<br>カブラーナン | *lie* |
| 嘘つき／うそつき<br>usotsuki | sinungaling<br>シヌンガリン | *liar* |
| 歌／うた<br>uta | awit<br>アウィト | *song* |
| 歌う／うたう<br>utau | kumanta<br>クマンタ | *sing* |
| 疑い／うたがい<br>utagai | alinlangan,mag-alinlangan<br>アリンランガン、マグ　アリンラガン | *doubt* |
| 内気な／うちきな<br>uchikina | mahiyain<br>マヒイヤァイン | *shy* |
| 宇宙／うちゅう<br>uchuu | sansinukob<br>サンシヌコォブ | *universe* |

| 打つ／うつ<br>utsu | kumalantog<br>クマラントグ | *bang* |
|---|---|---|
| 美しい／うつくしい<br>utsukushii | maganda<br>マガンダァ | *beautiful* |
| 訴え／うったえ<br>uttae | habla, sakdal<br>ハブラ、サクダル | *suit* |
| 移る／うつる<br>utsulu | magbago<br>マグバゴ | *shift* |
| うつる［感染］<br>utsulu | nakakahawa<br>ナカカハワ | *contagious* |
| 器／うつわ<br>utsuwa | sisidan<br>シシダァン | *vessel* |
| 腕／うで<br>ude | bisig<br>ビィシィグ | *arm* |
| 腕時計／うでどけい<br>udedokei | orasan<br>オラサン | *watch* |
| 腕前／うでまえ<br>udemae | kakayahan<br>カカヤハァン | *ability* |
| 腕輪／うでわ<br>udewa | pulseras<br>プゥルセラヌ | *bracelet* |
| 鰻／うなぎ<br>unagi | igat<br>イガト | *eel* |
| 奪う／うばう<br>ubau | sinunggaban<br>シヌンガバン | *seize* |
| 馬／うま<br>uma | kabayo<br>カバヨ | *horse* |
| うまい<br>umai | malinamnam<br>マリナムナム | *good* |
| 生まれる／うまれる<br>umalelu | ipinanganak<br>イピナンガナク | *be born* |
| 海／うみ<br>umi | dagat<br>ダガト | *sea* |
| 海辺／うみべ<br>umibe | tabing dagat<br>タビン　ダガト | *sea shore* |

| 生む／うむ<br>umu | isinilang<br>イシニラン | *bear* |
| 敬う／うやまう<br>uyamau | igalang<br>イガラァン | *respect* |
| 占う／うらなう<br>ulanau | hulaan<br>フラーン | *tell one's fortune* |
| 羨む／うらやむ<br>ulayamu | mainggit<br>マインギィト | *envy* |
| 瓜／うり<br>uli | milon<br>ミィロン | *melon* |
| 売り場／うりば<br>uliba | despatso<br>デスパトソォ | *counter* |
| 売る／うる<br>ulu | magbenta<br>マグベンタ | *sell* |
| うるさい<br>ulusai | nakayayamot<br>ナカヤァヤモォト | *annoying* |
| 嬉しい／うれしい<br>uleshii | maligaya<br>マリガヤ | *happy* |
| 浮気／うわき<br>uwaki | salawahan<br>サァラワハァン | *fickle* |
| 上着／うわぎ<br>uwagi | kot<br>コォト | *coat* |
| 噂／うわさ<br>uwasa | tsismis<br>ツィスミィス | *rumor* |
| 運／うん<br>un | kapalaran<br>カパララン | *fate* |
| 運河／うんが<br>unga | kanal<br>カナル | *canal* |
| 運賃／うんちん<br>unchin | pasahe<br>パサヘ | *fare* |
| 運転／うんてん<br>unten | pagmamaneho<br>パグママネホ | *driving* |
| 運転手／うんてんしゅ<br>untenshu | tsuper<br>ツゥペル | *driver* |

| | | |
|---|---|---|
| 運動／うんどう<br>undoo | galaw<br>ガラウ | *movement* |
| 運動会／うんどうかい<br>undookai | palaro<br>パラロ | *athletic meeting* |
| 運命／うんめい<br>unmei | destino<br>デスティノ | *destiny* |
| エアコン／えあこん<br>eakon | aircon<br>エイルコン | *air-conditioner* |
| 永遠／えいえん<br>eien | kawalang katapusan<br>カワラアン　カタプゥサァン | *eternity* |
| 映画／えいが<br>eiga | pelikula<br>ペリクラ | *movie, cinema* |
| 永久に／えいきゅうに<br>eikyuuni | habang-panahon<br>ハバン　パナホン | *forever* |
| 影響／えいきょう<br>eikyoo | lakas<br>ラカァス | *influence* |
| 影響／えいきょう<br>eikyoo | pagtingin<br>パグティンギン | *affection* |
| 営業／えいぎょう<br>eigyoo | negosyo<br>ネゴショ | *business* |
| 影響する／えいきょうする<br>eikyoosulu | magawa, umepekto<br>マガワ、ウメペクト | *influence* |
| 営業中／えいぎょうちゅう<br>eigyoochuu | bukas<br>ブカス | *Open for business* |
| 英語／えいご<br>eigo | ingles<br>イングレス | *English* |
| エイズ／えいず<br>eizu | AIDS<br>エイズ | *AIDS* |
| 英雄／えいゆう<br>eiyuu | bayani<br>バヤニィ | *hero* |
| 栄養／えいよう<br>eiyoo | pagkain<br>パグカイン | *nourishment* |
| 笑顔／えがお<br>egao | ngiti<br>ニィティ | *smile* |

| 描く／えがく<br>egaku | gumuhit<br>グムヒト | *draw* |
|---|---|---|
| 駅／えき<br>eki | estasyon<br>エスタション | *station* |
| エキスパート／えきすぱーと<br>ekisupaato | dulubhasa<br>ドゥルブハサ | *expert* |
| 液体／えきたい<br>ekitai | kalutasan<br>カルタサン | *solution* |
| 餌／えさ<br>esa | pain<br>パイン | *bait* |
| 会釈／えしゃく<br>eshaku | bati<br>バァティ | *salutation* |
| 枝／えだ<br>eda | sanga<br>サンガ | *branch* |
| エチケット／えちけっと<br>echiketto | etiketa<br>エティケタ | *etiquette* |
| エネルギー／えねるぎー<br>enelugii | sigla<br>シィグラァ | *energy* |
| 絵の具／えのぐ<br>enogu | pintura<br>ピントゥラ | *paint* |
| 海老／えび<br>ebi | hipon<br>ヒポン | *shrimp* |
| 選ぶ／えらぶ<br>elabu | ampunin<br>アムピュニン | *adopt* |
| 選ぶ／えらぶ<br>elabu | mamili<br>マミリ | *choose* |
| 襟／えり<br>eli | kuwelyo<br>クウェリヨ | *collar* |
| 得る／える<br>elu | kumuha<br>クムハ | *obtain* |
| 円／えん<br>en | bilog<br>ビィロォグ | *circle* |
| 宴会／えんかい<br>enkai | bangkete<br>バンケテ | *banquet* |

| | | |
|---|---|---|
| 延期／えんき<br>enki | mapapaliban<br>マグパパリバン | *postponement* |
| 演技／えんぎ<br>engi | pagganap<br>パグガナァプ | *acting* |
| 延期する／えんきする<br>enkisulu | magpaliban<br>マグパリバン | *delay* |
| 延期する／えんきする<br>enkisulu | tapusin<br>タプシン | *adjourn* |
| 演出／えんしゅつ<br>enshutsu | pamamatnugot<br>パママトヌゴト | *direction* |
| 演じる／えんじる<br>enjilu | gumanap<br>グマナァプ | *perform* |
| エンジン／えんじん<br>enjin | makina<br>マキナ | *engine* |
| 遠足／えんそく<br>ensoku | piknik<br>ピクニィク | *picnic* |
| 延長／えんちょう<br>enchoo | dagdag<br>ダグダグ | *extension* |
| 煙突／えんとつ<br>entotsu | tsimenea<br>ツィメネエア | *chimney* |
| 鉛筆／えんぴつ<br>enpitsu | lapis<br>ラピス | *pencil* |
| 尾／お<br>o | buntot<br>ブントット | *tail* |
| 甥／おい<br>oi | pamangking lalaki<br>パマンキン ララキィ | *nephew* |
| 美味しい／おいしい<br>oishii | masarap<br>マサラァプ | *delicious* |
| 追う／おう<br>ou | tinugis<br>ティヌギス | *chase* |
| 応援／おうえん<br>ooen | tulong<br>トゥロング | *aid* |
| 黄金／おうごん<br>oogon | ginto<br>ギント | *gold* |

| 王者／おうじゃ<br>ooja | kampeon<br>カムペオン | *king, champion* |
| 欧州／おうしゅう<br>ooshuu | europa<br>エウロパ | *Europe* |
| 欧州の／おうしゅうの<br>ooshuuno | europea-eo<br>エウロペア　エオ | *European* |
| 嘔吐／おうと<br>ooto | suka<br>スカァ | *vomiting* |
| 応答／おうとう<br>ootoo | sagot<br>サゴォト | *reply* |
| 往復／おうふく<br>oofuku | balikan<br>バリカン | *round-trip* |
| 終える／おえる<br>oelu | magtapos<br>マグタポォス | *finish* |
| 大当り／おおあたり<br>ooatali | sisikat<br>シシカト | *bonanza* |
| 多い／おおい<br>ooi | malaki<br>マラキ | *many,much* |
| 大きい／おおきい<br>ookii | malaki<br>マラキィ | *big, large* |
| オーケストラ／おーけすとら<br>ookesutola | orkestra<br>オルケストラ | *orchestra* |
| オートバイ／おーとばい<br>ootobai | motorsiklo<br>モトルシクロ | *motorcycle* |
| 大広間／おおひろま<br>oohiloma | bulwagan<br>ブルワガン | *hall* |
| お母さん／おかあさん<br>okaasan | ina<br>イナァ | *mother* |
| お菓子／おかし<br>okashi | kendi<br>ケンディ | *confectionary* |
| お金／おかね<br>okane | kuwarta, pera<br>クワルタ、ペラ | *money* |
| 小川／おがわ<br>ogawa | agos<br>アゴス | *stream, brook* |

| 悪寒／おかん<br>okan | ginaw<br>ギィナァウ | *shiver* |
| 補う／おぎなう<br>oginau | makaragdag<br>マカラグダァグ | *supplement* |
| お客さん／おきゃくさん<br>okyakusan | mamimili<br>マミミリ | *customer* |
| 起きる／おきる<br>okilu | bumangon<br>ブマンゴン | *get up , rise wake up* |
| 置く／おく<br>oku | ilagay<br>イラガイ | *lay* |
| 億／おく<br>oku | sandaangmilyon<br>サンダーンミィルヨン | *one hundred million* |
| 奥さん／おくさん<br>okusan | asawa<br>アサワ | *wife* |
| 屋上／おくじょう<br>okujyoo | bubungan<br>ブブンアン | *roof* |
| 屋内の／おくないの<br>okunaino | pambahay<br>パムバハァイ | *indoor* |
| 臆病（な）／おくびょう（な）<br>okubyoo(na) | walang-loob<br>ワラング ロープ | *timid* |
| 送る／おくる<br>okulu | magpadala, padalhan<br>マグパダラァ、パダルハン | *send* |
| 贈る／おくる<br>okulu | tinanghal<br>ティナンハル | *present* |
| 遅れる／おくれる<br>okulelu | mahuli<br>マフリ | *be late* |
| 行い／おこない<br>okonai | kumilos<br>クミロス | *act* |
| 行う／おこなう<br>okonau | iyari<br>イヤリ | *do* |
| 怒らせる／おこらせる<br>okolaselu | sumugat<br>スムガァト | *offend* |
| 幼い／おさない<br>osanai | bagong nagsisimula<br>バゴン ナグシィシムラ | *infant* |

25

| 治める／おさめる<br>osamelu | pamahalaan<br>パマハラーン | *rule* |
| おじいさん<br>ojiisan | lolo<br>ロロ | *grandfather* |
| 教える／おしえる<br>oshielu | ituro<br>イトゥロ | *instruct* |
| お辞儀する／おじぎする<br>ojigisulu | yukod<br>ユコド | *salute, bow* |
| お喋り／おしゃべり<br>oshabeli | dalahira<br>ダラヒラ | *chat* |
| 汚職／おしょく<br>oshoku | kabulukan<br>カブルカァン | *corruption* |
| 押す／おす<br>osu | itulak<br>イトゥラク | *push* |
| お世辞／おせじ<br>oseji | puri<br>プゥリ | *compliment, praise* |
| 汚染／おせん<br>osen | polusyon<br>ポルション | *pollution* |
| 遅い／おそい<br>osoi | luwang<br>ルワン | *tardiness* |
| 襲う／おそう<br>osou | daluhungin<br>ダルフンギン | *attack* |
| 恐らく／おそらく<br>osolaku | baka<br>バカ | *perhaps* |
| 恐れ／おそれ<br>osole | sindak<br>シィンダァク | *fear* |
| 恐れる／おそれる<br>osolelu | manginig<br>マンギニグ | *tremble* |
| 恐ろしい／おそろしい<br>osoloshii | nakatatakot<br>ナカタァタコト | *fearful* |
| 恐ろしさ／おそろしさ<br>osoloshisa | hilakbot<br>ヒラクボォト | *dreadfulness* |
| 落ちる／おちる<br>ochilu | malaglag<br>マラグラグ | *fall, drop* |

| 夫／おっと<br>otto | esposo<br>エスポソ | *husband* |
| --- | --- | --- |
| お釣り／おつり<br>otsuli | pamukli<br>パムクリィ | *change* |
| 音／おと<br>oto | tunog<br>トゥノォグ | *sound* |
| お父さん／おとうさん<br>otoosan | ama<br>アマァ | *father* |
| 弟／おとうと<br>otooto | nakakabatang kapatid na lalaki<br>ナカカバタン カパティド ナ ララキィ | *younger brother* |
| 落とし穴／おとしあな<br>otoshiana | bitag<br>ビタグ | *trap* |
| 落とす／おとす<br>otosu | maglaglag<br>マグラグラァグ | *drop* |
| おととい<br>ototoi | kamakalawa<br>カマカラワ | *the day before yesterday* |
| 大人／おとな<br>otona | magulang<br>マグラング | *adult* |
| おとなしい<br>otonashii | maamo<br>マアモォ | *gentle* |
| 踊り／おどり<br>odoli | sayaw<br>サヤァウ | *dance* |
| 踊り子／おどりこ<br>odoliko | magsasayaw<br>マグササヤゥ | *dancer* |
| 劣る／おとる<br>otolu | matalo<br>マタロ | *inferior* |
| 踊る／おどる<br>odolu | sumayaw<br>スマヤゥ | *dance* |
| 衰える／おとろえる<br>otoloelu | humupa, humulaw<br>フムパ、フムラァウ | *abate* |
| 驚かす／おどろかす<br>odolokasu | kabahan<br>カバハァン | *alarm* |
| 驚き／おどろき<br>odoloki | sorpresa<br>ソルプレサ | *surprise* |

27

| | | |
|---|---|---|
| 驚く／おどろく<br>odoloku | nasor-presa<br>ナソル　プレサ | *be surprised* |
| 同じ／おなじ<br>onaji | magkamukha<br>マグカムクハ | *alike* |
| 鬼／おに<br>oni | diyablo<br>ディヤブロ | *demon* |
| 斧／おの<br>ono | palakol<br>パラコォル | *ax* |
| 伯母／おば<br>oba | tiya<br>ティヤ | *aunt* |
| おばあさん<br>obaasan | lola<br>ロラ | *grandmother* |
| お早う／おはよう<br>ohayoo | magandang umaga<br>マガンダン　ウマガ | *good morning* |
| 帯／おび<br>obi | sas<br>サス | *belt, sash* |
| 脅かす／おびやかす<br>obiyakasu | magbala<br>マグバラァ | *threaten* |
| オフィス／おふぃす<br>ofisu | opisina<br>オピシナ | *office* |
| お札／おふだ<br>ofuda | agimat<br>アギマト | *amulet* |
| 覚える／おぼえる<br>oboelu | matandaan<br>マタンダーン | *remember* |
| お守り／おまもり<br>omamoli | anting-anting<br>アンティン　アンティン | *amulet* |
| オムレツ／おむれつ<br>omuletsu | tortilya<br>トォルティルヤ | *omelet* |
| 重い／おもい<br>omoi | mabigat<br>マビガァト | *heavy* |
| 思い出す／おもいだす<br>omoidasu | alaala<br>アラーラ | *recall, remember* |
| 思いつき／おもいつき<br>omoitsuki | kuru kuro<br>クル　クロ | *idea* |

| 思う／おもう<br>omou | insipin<br>インシィピン | *think* |
|---|---|---|
| 重さ／おもさ<br>omosa | timbang<br>ティムバァン | *weight* |
| 面白い／おもしろい<br>omoshiloi | nakakatawa<br>ナカカタワ | *funny* |
| 表／おもて<br>omote | balat<br>バラァト | *surface* |
| 主に／おもに<br>omoni | lalo sa lahat<br>ラロォ サ ラハト | *chiefly* |
| 親／おや<br>oya | mga magulang<br>マガ マグラン | *parent* |
| 親方／おやかた<br>oyakata | amo<br>アモ | *boss* |
| おやつ<br>oyatsu | pagkain(inumin)<br>パグカイン（イヌゥミン） | *afternoon snack* |
| 親指／おやゆび<br>oyayubi | hinlalaki<br>ヒンララキ | *thumb* |
| 泳ぎ／およぎ<br>oyogi | paglangoy<br>パグランゴイ | *swimming* |
| 降りる／おりる<br>olilu | bumaba<br>ブマバ | *alight* |
| 折る／おる<br>olu | bumali<br>ブマリィ | *break* |
| オルガン／おるがん<br>olugan | organo<br>オルガノ | *organ* |
| オレンジ／おれんじ<br>olenji | dalandan<br>ダランダン | *orange* |
| 終わり／おわり<br>owali | dulo<br>ドゥロ | *end* |
| 終わる／おわる<br>owalu | matapos<br>マタポス | *finish* |
| 恩／おん<br>on | obligasyon<br>オブリガション | *obligation* |

| 音楽／おんがく ongaku | musika ムシィカ | *music* |
| 恩人／おんじん onjin | tagapag ampon タガパグ　アムポォン | *benefactor* |
| 温泉／おんせん onsen | bukal na mainit ブカル　ナ　マイニィト | *spa* |
| 温度／おんど ondo | temperatura テムペラトゥラ | *temperature* |
| 雄鶏／おんどり ondoli | tandang タンダァン | *cock* |
| 音量／おんりょう onlyoo | lakas ラカァス | *volume* |
| 温和な（優しい）／おんわな onwana(yasashii) | maamo マーモォ | *gentle* |

| | | |
|---|---|---|
| 蚊／か<br>ka | lamok<br>ラモォク | *mosquito* |
| 蛾／が<br>ga | gamugamo<br>ガムガモ | *moth* |
| カーペット／かーぺっと<br>kaapetto | alpombra<br>アルポムブラ | *carpet* |
| 貝／かい<br>kai | balat<br>バラァト | *shellfish* |
| 回／かい<br>kai | beses<br>ベセス | *at time* |
| 階／かい<br>kai | palapag<br>パラパグ | *floor* |
| 会／かい<br>kai | pulong<br>プゥロン | *meeting* |
| 回／かい<br>kai | ulit<br>ウリト | *(at) time* |
| 開運／かいうん<br>kaiun | pagbabago sa suwerte<br>パグババゴ　サ　スウェルテ | *improvement of fortune* |
| 開花／かいか<br>kaika | bulaklak<br>ブラクラァク | *bloom* |
| 改革／かいかく<br>kaikaku | kabutihan<br>カブティハン | *reform* |
| 快活な／かいかつな<br>kaikatsuna | masayaan<br>マサヤーン | *cheerful* |
| 貝殻／かいがら<br>kaigala | balot<br>バロト | *shell* |
| 快感／かいかん<br>kaikan | kaluguran<br>カルゥグゥラン | *pleasure* |
| 海岸／かいがん<br>kaigan | baybay<br>バイバイ | *sea shore* |

31

| 外観／がいかん<br>gaikan | anyo<br>アンヨ | *appearance* |
| 会議／かいぎ<br>kaigi | komperensiya<br>コムペレンシヤァ | *conference* |
| 会計／かいけい<br>kaikei | kuwenta<br>クウェンタ | *account* |
| 解決／かいけつ<br>kaiketsu | paglutas<br>パグルタァス | *solution* |
| 会見／かいけん<br>kaiken | pakikipanayam<br>パキキパナヤム | *interview* |
| 解雇／かいこ<br>kaiko | pagtitiwalag<br>パグティティワラァグ | *discharge* |
| 外交／がいこう<br>gaikoo | diplomasya<br>ディプロマスヤ | *diplomacy* |
| 外国／がいこく<br>gaikoku | ibang bansa<br>イバン　バンサ | *foreign country* |
| 外国人／がいこくじん<br>gaikokujin | tagaibang bansa<br>タガイバン　バンサ | *foreigner* |
| 海産物／かいさんぶつ<br>kaisanbutsu | produktong pantubig<br>プロダクトン　パントゥビィグ | *marine products* |
| 開始／かいし<br>kaishi | simula<br>シムラァ | *start* |
| 会社／かいしゃ<br>kaisha | kompaniya<br>コムパニヤ | *company* |
| 解除／かいじょ<br>kaijyo | pagkaltas<br>パグカルタァス | *cancelation* |
| 解消／かいしょう<br>kaishoo | pagkaltas<br>パグカルタァス | *cancelation* |
| 階上／かいじょう<br>kaijoo | itaas<br>イタース | *upstairs* |
| 回数／かいすう<br>kaisuu | limit<br>リミト | *frequency* |
| 改正／かいせい<br>kaisei | pagwawasto<br>パグワワストォ | *revision* |

| 海草／かいそう kaisoo | damong-dagat ダモンダガト | seaweed |
| 改造／かいぞう kaizoo | pagbabagong tayo パグババゴン　タヨォ | reconstruction |
| 階段／かいだん kaidan | baitang バイタン | stairs |
| 改築／かいちく kaichiku | muling itayo ムリン　イタヨォ | rebuilding |
| 回転／かいてん kaiten | pihit ピヒト | rotation |
| 開発／かいはつ kaihatsu | pagtubo パグトゥボ | development |
| 外部／がいぶ gaibu | labas ラバス | outside |
| 怪物／かいぶつ kaibutsu | napakalaking halimaw ナパカラキン　ハリマウ | monster |
| 解放する／かいほうする kaihoosulu | magpalaya マグパラヤァ | emancipate |
| 買い物／かいもの kaimono | pamimili パミミリ | shopping |
| 海洋／かいよう kaiyoo | dagat ダガト | ocean |
| 改良／かいりょう kailyoo | pagpapabuti パグパパブティ | improvement |
| 会話／かいわ kaiwa | pag-uusap パグ　ウウサプ | conversation |
| 買う／かう kau | bilhin, bumili ビルヒン、ブミリィ | buy |
| カウンセラー／かうんせらー kaunselaa | tagapayo タガパヨ | counselor |
| カウンセリング／かうんせりんぐ kaunselingu | payo パヨ | counseling |
| 返す／かえす kaesu | isauli イサウリ | return |

33

| 帰る／かえる<br>kaelu | bumalik<br>ブマリク | *return* |
| 変える／かえる<br>kaelu | magbago<br>マグバゴ | *change* |
| 蛙／かえる<br>kaelu | palaka<br>パラカ | *frog* |
| 顔／かお<br>kao | mukha<br>ムクハ | *face* |
| 顔色／かおいろ<br>kaoilo | kutis<br>クティス | *complexion* |
| 顔立ち／かおだち<br>kaodachi | itsura<br>イツラ | *looks* |
| 香り［いい］／かおり<br>kaoli | bango<br>バンゴ | *fragrance* |
| カカオ／かかお<br>kakao | kakaw<br>カカァウ | *cacao* |
| 価格／かかく<br>kakaku | presyo<br>プレショ | *price* |
| 科学／かがく<br>kagaku | agham<br>アグハム | *science* |
| 化学／かがく<br>kagaku | kimika<br>キィミィカ | *chemistry* |
| 化学変化／かがくへんか<br>kagakuhenka | pagbabagong kimikal<br>パグババゴン　キィミィカル | *chemical change* |
| 踵／かかと<br>kakato | sakong<br>サコン | *heel* |
| 鏡／かがみ<br>kagami | salamin<br>サラミン | *mirror* |
| 輝く／かがやく<br>kagayaku | kumintab<br>クミンタブ | *shine* |
| 蠣／かき<br>kaki | talaba<br>タラバァ | *oyster* |
| 鍵／かぎ<br>kagi | susi<br>スシイ | *key* |

| | | |
|---|---|---|
| 書く／かく<br>kaku | sulatan<br>スラタン | *write* |
| 核／かく<br>kaku | ubod<br>ウボド | *nucleus* |
| 嗅ぐ／かぐ<br>kagu | amuyin<br>アミュイイン | *smell* |
| 家具／かぐ<br>kagu | muwebles<br>ムウェブレス | *furniture* |
| 架空の／かくうの<br>kakuuno | nasaisip<br>ナサイシイプ | *imaginary* |
| 覚悟／かくご<br>kakugo | resolusyon<br>レソルション | *resolution* |
| 確実／かくじつ<br>kakujitsu | pagkatiyak<br>パグカティヤァク | *certainty* |
| 学者／がくしゃ<br>gakusha | pantas<br>パンタス | *scholar* |
| 隠す／かくす<br>kakusu | itago<br>イタゴ | *hide* |
| 学生／がくせい<br>gakusei | mag-aaral<br>マグ アアラル | *student* |
| 拡大／かくだい<br>kakudai | yamungmong<br>ヤムングモング | *expansion* |
| カクテル／かくてる<br>kakutelu | kaktel<br>カクテル | *cocktail* |
| 角度／かくど<br>kakudo | anggulo<br>アングゥロォ | *angle* |
| 獲得／かくとく<br>kakutoku | pagkuha<br>パグクハ | *acquisition* |
| 確認／かくにん<br>kakunin | pagpatatunay<br>パグパタトゥナイ | *confirmation* |
| 学年／がくねん<br>gakunen | grado<br>グラド | *grade* |
| 学問／がくもん<br>gakumon | dunong<br>ドゥノン | *learning* |

| 学力／がくりょく<br>gakulyoku | kaalaman<br>カーラマン | *scholarship* |
| 影／かげ<br>kage | anino<br>アニノ | *shadow* |
| 崖／がけ<br>gake | matarik na dalisdis<br>マタリィク　ナ　ダリスディス | *cliff* |
| 掛蒲団／かけぶとん<br>kakebuton | kubrekama<br>クブレカマ | *quilt* |
| 掛ける／かける<br>kakelu | isabit<br>イサビト | *hang* |
| 過去／かこ<br>kako | ang nakaraan<br>アン　ナカラアン | *past* |
| 囲む／かこむ<br>kakomu | pumaligid<br>プゥマリギド | *surround* |
| 傘／かさ<br>kasa | payong<br>パヨン | *umbrella* |
| 飾り／かざり<br>kazali | dekorasyon<br>デコラション | *decoration* |
| 飾る／かざる<br>kazalu | dekorasyunan<br>デコラシュナン | *decorate* |
| 飾る／かざる<br>kazalu | palamutihan<br>パラムティハン | *adorn* |
| 火山／かざん<br>kazan | bulkan<br>ブルカン | *volcano* |
| 火事／かじ<br>kaji | apoy<br>アポォイ | *fire* |
| 火事（火災）／かじ（かさい）<br>kaji(kasai) | apoy<br>アポォイ | *fire* |
| 過失／かしつ<br>kashitsu | kasalawan<br>カサラワン | *fault* |
| 貸す／かす<br>kasu | ipahiram<br>イパヒラム | *lend* |
| 貸す／かす<br>kasu | ipahiram<br>イパヒラム | *lend* |

| 数／かず<br>kazu | bilang<br>ビラング | *number, figure* |
| 数／かず<br>kazu | numero<br>ヌメロ | *number* |
| ガス／がす<br>gasu | gas<br>ガス | *gas* |
| 風／かぜ<br>kaze | hangin<br>ハングイン | *wind* |
| 風邪／かぜ<br>kaze | sipon<br>シイポォン | *cold* |
| 火星／かせい<br>kasei | Marte<br>マルテ | *Mars* |
| 化石／かせき<br>kaseki | posil<br>ポシル | *fossil* |
| 稼ぐ／かせぐ<br>kasegu | kumita<br>クミタ | *earn* |
| 家族／かぞく<br>kazoku | pamilya<br>パミルヤ | *family* |
| ガソリン／がそりん<br>gasolin | gasolina<br>ガソリナ | *gasoline* |
| 肩／かた<br>kata | balikat<br>バリカァト | *shoulder* |
| 型／かた<br>kata | hubugin<br>フブギン | *form* |
| 硬い／かたい<br>katai | matigas<br>マティガァス | *hard* |
| 敵／かたき<br>kataki | kaaway<br>カァアワイ | *enemy* |
| 形／かたち<br>katachi | hugis<br>フギス | *shape* |
| 傾き／かたむき<br>katamuki | dahilig<br>ダヒリグ | *slope* |
| 固める／かためる<br>katamelu | magpatigas<br>マグパティガァス | *harden* |

| | | |
|---|---|---|
| 価値／かち<br>kachi | halaga<br>ハラガ | *value* |
| ガチョウ／がちょう<br>gachoo | gansa<br>ガンサ | *goose* |
| 勝つ／かつ<br>katsu | manalo<br>マナロ | *win* |
| がっかり<br>gakkali | biguin<br>ビグイン | *disappoint* |
| 担ぐ／かつぐ<br>katsugu | bumalikat<br>ブマリカト | *shoulder* |
| 格好／かっこう<br>kakkoo | anyo<br>アンヨ | *form* |
| 学校／がっこう<br>gakkoo | paaralan<br>パアラララァン | *school* |
| がっちり<br>gacchili | katibayan<br>カティバヤン | *firmness* |
| 活動／かつどう<br>katsudoo | labanan<br>ラバナァン | *action* |
| 活動的な／かつどうてきな<br>katsudootekina | listo<br>リスト | *active* |
| カップ／かっぷ<br>kappu | tasa<br>タサ | *cup* |
| 合併／がっぺい<br>gappei | pag-anib<br>パグ　アニブ | *affiliation* |
| 仮定／かてい<br>katei | palagay<br>パラガァイ | *assumption* |
| 角／かど<br>kado | kanto<br>カント | *corner* |
| カトリック教／かとりっくきょう<br>katolikkukyoo | katolisismo<br>カトリシズモ | *Catholicism* |
| 悲しさ／かなしさ<br>kanashisa | lungkot<br>ルンコォト | *sadness* |
| 必ず／かならず<br>kanalazu | tiyak<br>ティヤァク | *definite answer* |

| 蟹 [川] ／かに<br>kani | alimango<br>アリマンゴ | *river crab* |
|---|---|---|
| 蟹 [海] ／かに<br>kani | alimasag<br>アリマサグ | *sea crab* |
| 加入／かにゅう<br>kanyuu | pag-anib<br>パグ アニブ | *affiliation* |
| 金／かね<br>kane | pera<br>ペラ | *money* |
| 金持ち／かねもち<br>kanemochi | ang mayayaman<br>アン マヤヤマン | *rich* |
| 可能／かのう<br>kanoo | posibilidad<br>ポシビリダァド | *possibility* |
| 彼女 (は) ／かのじょ (は)<br>kanojo(wa) | siya<br>シヤァ | *she* |
| 彼女の [もの] ／かのじょの<br>kanojono(mono) | kanya<br>カンヤ | *hers* |
| 彼女の／かのじょの<br>kanojono | niya<br>ニヤァ | *her* |
| かび<br>kabi | amag<br>アマァグ | *mold* |
| 花瓶／かびん<br>kabin | plorera<br>プロレラ | *vase* |
| 株主／かぶぬし<br>kabunushi | kasapi<br>カサピイ | *stockholder* |
| 南瓜／かぼちゃ<br>kabocha | kalabasa<br>カラバサ | *squash* |
| 我慢／がまん<br>gaman | pagtitis<br>パグティティス | *patience* |
| 我慢する／がまんする<br>gamansulu | matagal<br>マタガァル | *resisting* |
| 我慢できない／がまんできない<br>gamandekinai | hindi makatayo<br>ヒンディ マカタヨ | *cannot bear* |
| 髪／かみ<br>kami | buhok<br>ブホォク | *hair* |

| | | |
|---|---|---|
| 神／かみ<br>kami | diyos<br>ディヨス | *god* |
| 紙／かみ<br>kami | papel<br>パペル | *paper* |
| 剃刀／かみそり<br>kamisoli | labaha<br>ラバハ | *razor* |
| 雷／かみなり<br>kaminali | kulog<br>クゥロォグ | *thunder* |
| 噛む／かむ<br>kamu | kagatin<br>カガティン | *bite* |
| 火曜日／かようび<br>ka-yoobi | martes<br>マルテェス | *Tuesday* |
| 空／から<br>kala | hungkag<br>フンカグ | *empty* |
| 辛い／からい<br>kalai | maanghang<br>マアンハン | *peppery* |
| ガラス／がらす<br>galasu | salamin<br>サラミン | *glass* |
| 体／からだ<br>kalada | katawan<br>カタワァン | *body* |
| 身体の／からだの<br>kaladano | pangkatawan<br>パンカタワン | *bodily* |
| 空っぽ／からっぽ<br>kalappo | walang-laman<br>ワラング　ラマァン | *empty* |
| 借りる／かりる<br>kalilu | manghiram<br>マンヒラム | *borrow* |
| 刈る／かる<br>kalu | gapasin<br>ガパシン | *mow* |
| 軽い／かるい<br>kalui | magaan<br>マガァーン | *light* |
| 彼（は）／かれ（は）<br>kale(wa) | siya<br>シヤァ | *he* |
| カレー／かれー<br>kalee | kari<br>カリ | *curry* |

| 彼の／かれの<br>kaleno | kanya, niya<br>カンヤ、ニヤァ | *his* |
|---|---|---|
| 彼等（は）／かれら（は）<br>kalela(wa) | sila<br>シラァ | *they, them* |
| 彼等の／かれらの<br>kalelano | nila<br>ニラァ | *their* |
| 過労／かろう<br>kaloo | labis na trabaho<br>ラビス　ナ　トラバホ | *overwork* |
| 川／かわ<br>kawa | ilog<br>イログ | *river* |
| 革／かわ<br>kawa | kuwero<br>クウェロ | *leather* |
| 可愛い／かわいい<br>kawaii | kaakit akit<br>カアキト　アキト | *cute* |
| 可愛がる／かわいがる<br>kawaigalu | kagiliwan, mahalin<br>カギリワン、マハリン | *love* |
| 可哀相／かわいそう<br>kawaisoo | kaawa awa<br>カーワ　アワ | *pitiful* |
| 可哀相な／かわいそうな<br>kawaisoona | aba<br>アバァ | *humble, poor* |
| 渇く／かわく<br>kawaku | manhaw<br>マンハウ | *feel thirsty* |
| 乾く／かわく<br>kawaku | matuyo<br>マトゥヨ | *dry up* |
| 瓦／かわら<br>kawala | tisa<br>ティサ | *tile* |
| 代わり／かわり<br>kawali | panghalili<br>パンハリリ | *substitute* |
| 代わりに／かわりに<br>kawalini | kundi<br>クンディ | *instead of* |
| 代る／かわる<br>kawalu | humalili<br>フマリリィ | *replace* |
| 変る／かわる<br>kawalu | magbago<br>マグバゴ | *change* |

| 替る／かわる<br>kawalu | palitan<br>パァリタン | *relieve, replace* |
| 缶／かん<br>kan | lata<br>ラタ | *tin* |
| 癌／がん<br>gan | kanser<br>カンセル | *cancer* |
| 考える／かんがえる<br>kangaelu | mag-isip<br>マグ　イシプ | *think* |
| 感覚／かんかく<br>kankaku | pakiramdam<br>パキラムダァム | *sense* |
| 観客／かんきゃく<br>kankyaku | nanonood<br>ナノノォオド | *spectator* |
| 環境／かんきょう<br>kankyoo | kapaligiran<br>カパリギラン | *environment* |
| 関係／かんけい<br>kankei | relasyon<br>レラシヨン | *relation* |
| 歓迎／かんげい<br>kangei | malugod na pagtanggap<br>マルゴド　ナ　パグタンガァプ | *welcome* |
| 頑固／がんこ<br>ganko | katigasan<br>カティガァサン | *stubbornness* |
| 観光／かんこう<br>kankoo | pagmamasid sa mga tanawin<br>パグママシド　サ　マガ　タナウィン | *sightseeing* |
| 患者／かんじゃ<br>kanja | pasyente<br>パシェンテ | *patient* |
| 感情／かんじょう<br>kanjyoo | pakiramdam<br>パキラムダァム | *feeling* |
| 感触／かんしょく<br>kanshoku | hipo<br>ヒポ | *touch* |
| 間食／かんしょく<br>kanshoku | pagkain(ilnumin)<br>パグカイン（イヌゥミン） | *snack* |
| 感じる／かんじる<br>kanjilu | maramdam<br>マラムダム | *feel* |
| 関心／かんしん<br>kanshin | hilig<br>ヒリグ | *concern* |

| 関税／かんぜい<br>kanzei | bayad sa adwana<br>バヤド　サ　アドワナ | *customs duty* |
|---|---|---|
| 完成する／かんせいする<br>kanseisulu | buo<br>ブオ | *complete* |
| 感染／かんせん<br>kansen | impeksiyon<br>イムペクション | *infection* |
| 完全／かんぜん<br>kanzen | kawastuan<br>カワストゥアン | *perfection* |
| 元祖／がんそ<br>ganso | tagapaggawa<br>タガパグガワ | *originator* |
| 観測／かんそく<br>kansoku | pagkakita<br>パグカァキィタ | *observation* |
| 元旦／がんたん<br>gantan | araw ng bagong taon<br>アラウ　ナン　バゴン　タオン | *New Year's Day* |
| 簡単な／かんたんな<br>kantanna | payak<br>パヤァク | *simple* |
| 感嘆符／かんたんふ<br>kantanfu | panamdam<br>パナムダム | *exclamation mark(!)* |
| 缶詰／かんづめ<br>kanzume | del-lata<br>デ　ラタ | *canned food* |
| 感動／かんどう<br>kandoo | pag-ibig<br>パグ　イビグ | *affection* |
| 感動する／かんどうする<br>kandoosulu | humanga<br>フマンガ | *be impressed* |
| 監督／かんとく<br>kantoku | pamamahala<br>パママハラァ | *superintendent* |
| 看板／かんばん<br>kanban | karatula<br>カラァトゥラ | *signboard* |
| 漢方薬／かんぽうやく<br>kanpooyaku | gamot intsik<br>ガモト　インチク | *herbal medicine* |
| 管理／かんり<br>kanli | pangasiwaan<br>パンガシワーン | *management,* |
| 管理する／かんりする<br>kanlisulu | lapatan<br>ラパタン | *administer* |

| | | | |
|---|---|---|---|
| カーテン／かーてん<br>kaaten | kurtina<br>クルティナ | *curtain* | |
| 木／き<br>ki | puno<br>プゥノ | *tree* | |
| キーホルダー／きーほるだー<br>kiiholudaa | singsingsusi<br>シンシンスシ | *keying* | |
| 黄色／きいろ<br>kiiro | dilaw<br>ディラウ | *yellow* | |
| 消える／きえる<br>kielu | maparam<br>マパラム | *vanish* | |
| 記憶／きおく<br>kioku | alaala<br>アラーラ | *memory* | |
| 気温／きおん<br>kion | temperatura<br>テムペラトゥラ | *temperature* | |
| 機会／きかい<br>kikai | pagkakataon<br>パグカカァタオン | *chance* | |
| 企画／きかく<br>kikaku | panukala<br>パヌカラァ | *plan* | |
| 期間／きかん<br>kikan | panahon<br>パナホォン | *period* | |
| 聞き手／ききて<br>kikite | ang nakikinig<br>アン　ナキィキニィグ | *listener* | |
| 聞く／きく<br>kiku | dinggin, makinig<br>ディンギン、マキニグ | *hear* | |
| 危険／きけん<br>kiken | panganib<br>パンアニブ | *danger* | |
| 既婚／きこん<br>kikon | kasal<br>カサァル | *married* | |
| 岸／きし<br>kishi | baybayin<br>バイバイイン | *shore, coast* | |
| 記事／きじ<br>kiji | artikulo<br>アルティクロ | *article* | |
| 記者／きしゃ<br>kisha | reporter<br>レポルテル | *journalist* | |

44

| 技術／ぎじゅつ<br>gijutsu | paraan<br>パラアーン | *technique* |
| 気象／きしょう<br>kishoo | panahon<br>パナホォン | *weather* |
| キス／きす<br>kisu | halik<br>ハリィク | *kiss* |
| 傷／きず<br>kizu | sugat<br>スガト | *wound* |
| 傷つける／きずつける<br>kizutsukelu | nasaktan<br>ナサクタン | *hurt* |
| 犠牲／ぎせい<br>gisei | pagpapakasakit<br>パグパパカサキト | *sacrifice* |
| 季節／きせつ<br>kisetsu | tagpanahon<br>タグパナホン | *season* |
| 気絶する／きぜつする<br>kizetsusulu | himatayin<br>ヒマタイィン | *faint* |
| 偽善／ぎぜん<br>gizen | magmataas<br>マグマタース | *hypocrisy* |
| 基礎／きそ<br>kiso | batayan, pundasyon<br>バタヤァン、プゥンダション | *foundation* |
| 競う／きそう<br>kisou | magpaligsahan<br>マグパァリグサハン | *compete* |
| 規則／きそく<br>kisoku | kautusan<br>カウトゥサァン | *rule* |
| 北／きた<br>kita | hilaga, norte<br>ヒラガ、ノルテ | *north* |
| ギター／ぎたー<br>gitaa | gitara<br>ギタラ | *guitar* |
| 議題／ぎだい<br>gidai | paksa<br>パクサ | *subject* |
| 期待する／きたいする<br>kitaisulu | asahan<br>アサハン | *expect* |
| 帰宅する／きたくする<br>kitakusulu | umuwi<br>ウムウィ | *go home* |

| | | |
|---|---|---|
| 汚い／きたない<br>kitanai | marumi<br>マルミィ | *dirty* |
| 議長／ぎちょう<br>gichoo | tagapangulo<br>タガパングロ | *chairman* |
| きちんと<br>kichinto | tamang tama<br>タマン　タァマ | *exactly* |
| きつい<br>kitsui | masikip<br>マシキプ | *tight* |
| 喫煙／きつえん<br>kitsuen | paninigarilyo<br>パニニガリリョ | *smoking* |
| 切手／きって<br>kitte | selyo<br>セルヨ | *stamp* |
| 狐／きつね<br>kitsune | sora<br>ソラ | *fox* |
| 切符／きっぷ<br>kippu | tiket<br>ティケト | *ticket* |
| 絹／きぬ<br>kinu | seda<br>セダ | *silk* |
| 記念／きねん<br>kinen | pagdiriwang<br>パグディリワン | *commemoration* |
| 記念日／きねんび<br>kinenbi | kaarawan<br>カーラワァン | *anniversary* |
| 記念物／きねんぶつ<br>kinenbutsu | bantayong<br>バンタヨング | *monument* |
| 昨日／きのう<br>kinoo | kahapon<br>カハポン | *yesterday* |
| 機能／きのう<br>kinoo | tungkulin<br>トゥンクリン | *function* |
| 茸／きのこ<br>kinoko | kabute<br>カブテェ | *mushroom* |
| 気晴らし／きばらし<br>kibalashi | aliwan<br>アリワン | *recreation* |
| 気分／きぶん<br>kibun | kalagayan, panagano<br>カラガヤン、パナガノ | *mood* |

46

| | | |
|---|---|---|
| 希望／きぼう<br>kiboo | adhika<br>アドヒカ | *ambition* |
| 希望／きぼう<br>kiboo | pag-asa<br>パグ アサ | *hope* |
| 基本／きほん<br>kihon | saligan<br>サリガァン | *base* |
| 決まった／きまった<br>kimatta | tapos<br>タポス | *concluded* |
| 気味悪い／きみわるい<br>kimiwalui | mahiwaga<br>マヒワガ | *weird* |
| 義務／ぎむ<br>gimu | obligation<br>オブリガション | *obligation* |
| 気持ち／きもち<br>kimochi | pakiramdam<br>パキラムダァム | *feeling* |
| 客／きゃく<br>kyaku | bisita<br>ビシタ | *guest* |
| 逆／ぎゃく<br>gyaku | kabaligtaran<br>カバリグタラン | *reverse* |
| 虐待／ぎゃくたい<br>gyakutai | pagmamalupit<br>パグママルピィト | *maltreatment* |
| キャベツ／きゃべつ<br>kyabetsu | repolyo<br>レポルヨ | *cabbage* |
| 九／きゅう（く）<br>kyuu(ku) | siyam<br>シヤム | *nine* |
| 求愛／きゅうあい<br>kyuuai | pagligaw<br>パグリガウ | *wooing* |
| 休暇／きゅうか<br>kyuuka | pahinga<br>パヒンガァ | *vacation* |
| 救急／きゅうきゅう<br>kyuukyuu | pangunahing<br>パンウナヒィン | *first aid* |
| 救急車／きゅうきゅうしゃ<br>kyuukyuusha | ambulansiya<br>アムブランシヤ | *ambulance* |
| 休憩／きゅうけい<br>kyuukei | ginhawa, pahinga<br>ギンハワ、パヒンガァ | *rest* |

| | | |
|---|---|---|
| 急行／きゅうこう<br>kyuukoo | ekspres<br>エクスプレス | *express* |
| 求婚／きゅうこん<br>kyuukon | pagligaw<br>パグリガウ | *wooing* |
| 休止／きゅうし<br>kyuushi | paghintong<br>パグヒントォン | *pause* |
| 休日／きゅうじつ<br>kyuujitsu | bakasyon<br>バカスヨン | *holiday* |
| 救助／きゅうじょ<br>kyuujo | pagliligtas<br>パグリリグタァス | *rescue* |
| 牛肉／ぎゅうにく<br>gyuuniku | karne ng baka<br>カルネ　ナン　バカ | *beef* |
| 牛乳／ぎゅうにゅう<br>gyuunyuu | gatas<br>ガタス | *milk* |
| 給与／きゅうよ<br>kyuuyo | sahod<br>サホド | *salary* |
| きゅうり／きゅうり<br>kyuuli | pipino<br>ピピノ | *cucumber* |
| 今日／きょう<br>kyoo | ngayon<br>ンガヨン | *today* |
| 凶悪な／きょうあくな<br>kyooakuna | napakasama<br>ナァパカサマァ | *atrocious* |
| 教育／きょういく<br>kyooiku | karunungan, pagtuturo<br>カルヌンガン、パグトゥトゥロォ | *education* |
| 強化／きょうか<br>kyooka | tambal<br>タムバル | *strengthening* |
| 教会／きょうかい<br>kyookai | simbahan<br>シムバハン | *church* |
| 教科書／きょうかしょ<br>kyookasho | aklat aralin<br>アクラァト　アラリィン | *textbook* |
| 行儀／ぎょうぎ<br>gyoogi | kilos<br>キロス | *behavior* |
| 供給／きょうきゅう<br>kyookyuu | panustos<br>パヌストォス | *supply* |

| 教師／きょうし<br>kyooshi | guro<br>グロォ | *teacher* |
| 教室／きょうしつ<br>kyooshitsu | silidpaaralan<br>シリドパァアラララン | *classroom* |
| 教授／きょうじゅ<br>kyooju | propesor<br>プロペソォル | *professor* |
| 競争／きょうそう<br>kyoosoo | paligsahan<br>パァリグサハン | *competition* |
| 兄弟／きょうだい<br>kyoodai | kapatid na lalaki<br>カパティド ナ ララキ | *brothers* |
| 共犯／きょうはん<br>kyoohan | pakikipagsabwatan<br>パキキパグサァブワァタン | *complicity* |
| 興味／きょうみ<br>kyoomi | interes<br>インテレェス | *interest* |
| 業務／ぎょうむ<br>gyoomu | trabaho<br>トラバホ | *business* |
| 協力／きょうりょく<br>kyoolyoku | pag-anib<br>パグ アニブ | *affiliation* |
| 行列／ぎょうれつ<br>gyooletsu | plusisyon<br>プルシション | *procession* |
| 許可／きょか<br>kyoka | pag-amin<br>パグ アミン | *admission* |
| 漁業／ぎょぎょう<br>gyogyoo | palaisdaan<br>パライスダァーン | *fishery* |
| 曲／きょく<br>kyoku | himig<br>ヒミグ | *melody* |
| 魚肉ボール／ぎょにくぼーる<br>gyonikuboolu | bola-bola<br>ボラボラ | *fish ball* |
| 去年／きょねん<br>kyonen | noong nagdaang taon<br>ノーン ナグダーン タオン | *last year* |
| 拒否／きょひ<br>kyohi | kait<br>カイト | *refusal* |
| 拒否／きょひ<br>kyohi | pagtanggi<br>パグタンギィ | *denial, refusal* |

| 距離／きより<br>kyoli | distansiya<br>ディスタァンシヤァ | *distance* |
| 嫌い／きらい<br>kilai | ayaw<br>アヤウ | *dislike* |
| 明らかにする／あきらかにする<br>akilakanisulu | magsiwalat<br>マグシワラト | *disclose* |
| 霧／きり<br>kili | hamog, ulap<br>ハモグ、ウラァプ | *fog* |
| 切る／きる<br>kilu | iputol<br>イプトォル | *cut* |
| 着る／きる<br>kilu | isuot<br>イスオト | *put on* |
| 礼儀／れいぎ<br>reigi | galang<br>ガラング | *amenity* |
| 綺麗にする／きれいにする<br>kileinisulu | maglinis<br>マグリニス | *clean* |
| 記録／きろく<br>kiloku | rekord<br>レコルド | *record* |
| 疑惑／ぎわく<br>giwaku | alinlangan<br>アリンランガン | *doubt* |
| 菌／きん<br>kin | batag<br>バダグ | *germ* |
| 銀／ぎん<br>gin | plata<br>プラタ | *silver* |
| 均一／きんいつ<br>kin-itsu | pagkakapareho<br>パグカカァパレポ | *uniformity* |
| 金色の／きんいろの<br>kin-ilono | ginintuan<br>ギニントゥアン | *golden* |
| 銀色の／ぎんいろの<br>gin-ilono | pinilakan<br>ピニラカン | *silvery* |
| 禁煙／きんえん<br>kin-en | bawal manigarilyo<br>バワル　マニガリルヨ | *no smoking* |
| 緊急／きんきゅう<br>kinkyuu | kagipitan<br>カギィピィタン | *emergency* |

| 銀行／ぎんこう<br>ginkoo | bangko<br>バンコ | *bank* |
|---|---|---|
| 禁止／きんし<br>kinshi | pagbabawal<br>パグババワル | *prohibition* |
| 禁止の／きんしの<br>kinshino | bawal<br>バワル | *forbidden* |
| 近所／きんじょ<br>kinjo | pook na malapit<br>ポォク ナ マラピト | *neighborhood* |
| 金属／きんぞく<br>kinzoku | bakal<br>バカル | *metal* |
| 緊張／きんちょう<br>kinchoo | igting<br>イグティン | *tension* |
| 筋肉／きんにく<br>kinniku | kalamnan<br>カラムナン | *muscle* |
| 金髪／きんぱつ<br>kinpatsu | rubyo<br>ルビョ | *blond* |
| 金曜日／きんようび<br>kin-yoobi | biyernes<br>ビイエルネス | *Friday* |
| 筋力／きんりょく<br>kinlyoku | kalamnan<br>カラムナン | *muscle* |
| 区／く<br>ku | purok<br>プゥロク | *ward* |
| 区域／くいき<br>kuiki | sona<br>ソナ | *zone* |
| クイズ／くいず<br>kuizu | pagsusulit<br>パグススリト | *quiz* |
| 空気／くうき<br>kuuki | hangin<br>ハングイン | *air* |
| 空港／くうこう<br>kuukoo | paliparan<br>パリパラン | *airport* |
| 偶然／ぐうぜん<br>guuzen | saisang pagkakataon<br>サイサン パグカカァタァオン | *by chance* |
| 空白／くうはく<br>kuuhaku | blangko<br>ブランコォ | *blank* |

| | | |
|---|---|---|
| 九月／くがつ<br>kugatsu | septiyembre<br>セプティイエムブレ | *September* |
| 茎／くき<br>kuki | tambo<br>タムボ | *stem* |
| 草／くさ<br>kusa | damo<br>ダモ | *grass* |
| くしゃみ<br>kushami | bahin<br>バヒイン | *sneeze* |
| 苦情／くじょう<br>kujoo | reklamo<br>レクラモ | *complaint* |
| 鯨／くじら<br>kujila | balyena<br>バルイエナ | *whale* |
| くすぐったい<br>kusuguttai | makilitiin<br>マキリティイン | *ticklish* |
| くすぐる<br>kusugulu | makikiliti<br>マキキリティ | *tickle* |
| 薬／くすり<br>kusuli | gamot<br>ガモォト | *medicine* |
| 薬屋／くすりや<br>kusuliya | botika<br>ボティカ | *drugstore* |
| 果物／くだもの<br>kudamono | prutas<br>プルゥタス | *fruit* |
| 口／くち<br>kuchi | bibig<br>ビビグ | *mouth* |
| 唇／くちびる<br>kuchibilu | labi<br>ラビ | *lip* |
| 口紅／くちべに<br>kuchibeni | lipistik<br>リピスティク | *lipstick* |
| 靴／くつ<br>kutsu | sapatos<br>サパトォス | *shoes* |
| くっつく<br>kuttsuku | manikit<br>マニキト | *adhere* |
| 国／くに<br>kuni | bansa<br>バンサァ | *nation* |

| 苦悩／くのう<br>kunoo | karamdaman<br>カラムダマン | *affliction* |
| 配る／くばる<br>kubalu | ipamahagi<br>イパマハギ | *distribute* |
| 首／くび<br>kubi | leeg<br>レェエグ | *neck* |
| 工夫／くふう<br>kufuu | paraan<br>パラァーン | *device* |
| 区別／くべつ<br>kubetsu | kaibhan<br>カイブハン | *distinction* |
| 熊／くま<br>kuma | oso<br>オソ | *bear* |
| 組み立て／くみたて<br>kumitate | pagyayari<br>パグヤァヤリ | *structure* |
| 雲／くも<br>kumo | alapaap, ulap<br>アラパープ、ウラァプ | *cloud* |
| 蜘蛛／くも<br>kumo | gagamba<br>ガガムバァ | *spider* |
| 曇り／くもり<br>kumoli | maulap<br>マウラプ | *cloudy* |
| 暗い／くらい<br>kulai | madilim<br>マディリム | *dark* |
| クラゲ／くらげ<br>kulage | salabay<br>サラバイ | *jellyfish* |
| 暮らす／くらす<br>kulasu | tumira<br>トゥミラ | *live* |
| 比べる／くらべる<br>kulabelu | ihambing<br>イハムビィン | *compare* |
| 栗／くり<br>kuli | kastanyas<br>カスタンヤス | *chestnut* |
| クリーム／くりーむ<br>kriimu | krema<br>クレマ | *cream* |
| 繰り返す／くりかえす<br>kulikaesu | limitan<br>リミタン | *make frequency* |

| | | |
|---|---|---|
| 繰り返す／くりかえす<br>kulikaesu | ulitin<br>ウリティン | *repeat* |
| クリスマス／くりすます<br>kulisumas | pasko<br>パスコ | *Christmas* |
| 来る／くる<br>kulu | galing<br>ガリング | *come* |
| グループ／ぐるーぷ<br>gluupu | grupo<br>グルゥポ | *group* |
| 苦しい／くるしい<br>kulushii | makirot<br>マキロオト | *painful* |
| 車／くるま<br>kuluma | awto<br>アウトォ | *car* |
| 黒／くろ<br>kulo | itim<br>イティム | *black* |
| 苦労／くろう<br>kuloo | paghihirap<br>パグヒヒラァプ | *troubles, hardships* |
| 詳しい／くわしい<br>kuwashii | detalyado<br>デタルヤド | *detailed* |
| 加わる／くわわる<br>kuwawalu | magkabit<br>マグカビト | *join* |
| 経営／けいえい<br>keiei | namamahala<br>ナママハラ | *management* |
| 警戒／けいかい<br>keikai | babala<br>ババラ | *caution* |
| 計画／けいかく<br>keikaku | balak, panukala<br>バラク、パヌカラァ | *plan* |
| ケーキ／けーき<br>keiki | keyk<br>ケイク | *cake* |
| 景気／けいき<br>keiki | kalagayan ng negosyo<br>カラガヤン　ナン　ネゴシヨ | *business condition* |
| 景気が良い／けいきがよい<br>keikigayoi | palagong negosyo<br>パラゴン　ネゴショ | *brisk business* |
| 経験／けいけん<br>keiken | eksperyensya<br>エクスペルイェンシヤ | *experience* |

| 軽減／けいげん<br>keigen | pagbabawas<br>パグババワス | *reduction* |
| 稽古／けいこ<br>keiko | pagsasanay<br>パグサササナイ | *practice* |
| 警告する／けいこくする<br>keikokusulu | kabahan<br>カバハァン | *alarm* |
| 経済 (学)／けいざい（がく）<br>keizai(gaku) | ekonomiya<br>エコノミヤァ | *economics* |
| 警察／けいさつ<br>keisatsu | pulis<br>プゥリィス | *police* |
| 警察署／けいさつしょ<br>keisatsusho | himpilan ng pulisya<br>ヒムピラン　ナン　プゥリシヤ | *police station* |
| 計算／けいさん<br>keisan | kalkulasyon<br>カルクラション | *calculation* |
| 形式／けいしき<br>keishiki | porma<br>ポルマ | *form* |
| 刑事責任／けいじせきにん<br>keijisekinin | managot sa krimen<br>マナゴト　サ　クリメン | *criminal liability* |
| 芸術／げいじゅつ<br>geijutsu | arte<br>アルテ | *art* |
| 携帯する／けいたいする<br>keitaisulu | magbitbit<br>マグビトビィト | *carry* |
| 携帯電話／けいたいでんわ<br>keitaidenwa | selyular<br>セリュラール | *cell-phone* |
| 芸能／げいのう<br>geinoo | paglibang<br>パグリバァン | *entertainments* |
| 競馬／けいば<br>keiba | karera ng kabayo<br>カレラ　ナン　カバヨ | *horseracing* |
| 軽蔑／けいべつ<br>keibetsu | pagdusta<br>パグダスタ | *contempt* |
| 警報／けいほう<br>keihoo | paalaala<br>パアラアラァ | *warning* |
| 刑務所／けいむしょ<br>keimusho | bilangguan<br>ビィランガン | *prison* |

| | | |
|---|---|---|
| 契約／けいやく<br>keiyaku | kontrata<br>コントラタァ | *contract* |
| 形容詞／けいようし<br>keiyooshi | pang-uri<br>パン ウリ | *adjective* |
| 計量する／けいりょうする<br>keilyoosulu | sukatin<br>スカティン | *measure* |
| 痙攣／けいれん<br>keilen | kalambre<br>カラムブレ | *cramp* |
| 外科／げか<br>geka | pag-opera<br>パグ オペラァ | *surgery* |
| 外科医／げかい<br>gekai | siruhano<br>シルハノ | *surgeon* |
| 汚れ／けがれ<br>kegale | kahalayan<br>カハラヤン | *impurity* |
| 毛皮／けがわ<br>kegawa | balahibo<br>バラヒボ | *fur* |
| 激怒／げきど<br>gekido | galit<br>ガリト | *wrath* |
| 今朝／けさ<br>kesa | ngayong umaga<br>ンガヨン ウマガ | *this morning* |
| 景色／けしき<br>keshiki | tanawin<br>タァナァウィン | *scenery* |
| 下車する／げしゃする<br>geshasulu | umibis<br>ウミビィス | *get off* |
| 化粧品／けしょうひん<br>keshoohin | kosmetiko<br>コスメティコ | *cosmetics* |
| 消す／けす<br>kesu | ipatay, patayin<br>イパタイ、パタイイン | *turn off* |
| 下水／げすい<br>gesui | kanal<br>カナル | *drainage* |
| ケチャップ／けちゃっぷ<br>kechappu | ketsup<br>ケッスプ | *catsup* |
| 血圧／けつあつ<br>ketsuatsu | presyonngdugo<br>プレションナンドゥゴ | *blood pressure* |

| 決意／けつい<br>ketsui | determinasyon<br>デテルミナション | *determination* |
| 結果／けっか<br>kekka | resulta<br>レスルタ | *result* |
| 結核／けっかく<br>kekkaku | tisis<br>ティシィス | *tuberculosis* |
| 結局／けっきょく<br>kekkyoku | sakabila ng lahat<br>サカビラ　ナン　ラハト | *after all* |
| 欠勤／けっきん<br>kekkin | ausente<br>アウセンテ | *absence* |
| 月経／げっけい<br>gekkei | regla<br>レグラ | *menstruation* |
| 月光／げっこう<br>gekkoo | liwanag ng buwan<br>リイワナグ　ナン　ブワァン | *moonlight* |
| 結婚式／けっこんしき<br>kekkonshiki | kasalan<br>カサラン | *wedding* |
| 結婚する／けっこんする<br>kekkonsulu | mag-asawa<br>マグ　アサワ | *marry* |
| 決算／けっさん<br>kessan | pagbabayad ng mga utang<br>パグババヤド　ナン　マガ　ウタン | *settling accounts* |
| 決断／けつだん<br>ketsudan | pagpapasiya<br>パグパパシヤァ | *determination* |
| 決着／けっちゃく<br>kecchaku | pagpapatibay<br>パグパパティバァイ | *conclusion* |
| 欠点／けってん<br>ketten | sira<br>シラ | *defect, flaw* |
| 月曜日／げつようび<br>getsu-yoobi | lunes<br>ルネス | *Monday* |
| 結論／けつろん<br>ketsulon | wakas<br>ワカァス | *conclusion* |
| 煙／けむり<br>kemuri | aso, usok<br>アソォ、ウソク | *smoke* |
| 下痢／げり<br>geli | iti<br>イティ | *diarrhea* |

| | | |
|---|---|---|
| ゲリラ／げりら<br>gelila | gerila<br>ゲリラ | *guerrilla* |
| 蹴る／ける<br>kelu | manipa<br>マニパァ | *kick* |
| 険しい／けわしい<br>kewashii | matarik<br>マタリィク | *steep* |
| 検閲／けんえつ<br>ken-etsu | pagsisiyasat<br>パグシシヤサト | *inspection* |
| 嫌悪／けんお<br>ken-o | poot<br>ポート | *hatred* |
| 喧嘩／けんか<br>kenka | babag<br>ババグ | *quarrel* |
| 限界／げんかい<br>genkai | limit<br>リミト | *limitation* |
| 見学／けんがく<br>kengaku | pagmamatyag<br>パグママティァグ | *observation* |
| 幻覚／げんかく<br>genkaku | guniguni<br>グニグニィ | *hallucination* |
| 喧嘩する／けんかする<br>kenkasulu | makipag away<br>マキパグ　アワイ | *fight* |
| 元気のない／げんきのない<br>genkinonai | walang-gana<br>ワラン　ガナ | *spiritless* |
| 研究／けんきゅう<br>kenkyuu | pananaliksik<br>パナナリクシク | *study, research* |
| 現金／げんきん<br>genkin | kas<br>カス | *cash* |
| 言語／げんご<br>gengo | wika<br>ウイカ | *language* |
| 原稿／げんこう<br>genkoo | manuskrito<br>マヌスクリト | *manuscript* |
| 検査／けんさ<br>kensa | pagsisiyasat<br>パグシシヤサト | *inspection* |
| 現在／げんざい<br>genzai | ngayon<br>ンガヨン | *present time* |

| 検査する／けんさする kensasulu | magsuri マグスリ | *inspect* |
|---|---|---|
| 検事／けんじ kenji | tagausig タガウシグ | *prosecutor* |
| 現実／げんじつ genjitsu | katotohanan カトトォハアナン | *reality* |
| 現象／げんしょう genshoo | kababalaghan ガババラグハン | *phenomenon* |
| 減少する／げんしょうする genshoosulu | humula, humulaw フムラ、フムラァウ | *abate* |
| 建造／けんぞう kenzoo | pagtatayo パグタタヨ | *building* |
| 原則／げんそく gensoku | alintuntunin アリントゥントゥニン | *rule* |
| 減退／げんたい gentai | paglubog パグルポォグ | *decline* |
| 現代／げんだい gendai | kasalukuyan カサルクヤン | *today* |
| 建築／けんちく kenchiku | pagtatayo パグタタヨ | *building* |
| 検討／けんとう kentoo | pagsusuri パグススリ | *examination* |
| 顕微鏡／けんびきょう kenbikyoo | mikroskopyo ミクロスコピヨ | *microscope* |
| 見物／けんぶつ kenbutsu | pagliliwaliw パグリリワリウ | *sight seeing* |
| 倹約／けんやく ken-yaku | pagmemenos パグメメノス | *thrift, economy* |
| 原油価格／げんゆかかく gen-yukakaku | presyo ng krudo プレショ ナン クルド | *price of crude oil* |
| 権利／けんり kenli | karapatan カラパタァン | *right* |
| 原理／げんり genii | prinsipyo プリンシピョ | *principle* |

| | | |
|---|---|---|
| 権力／けんりょく<br>kenlyoku | karapatan<br>カラパタァン | *power* |
| 言論／げんろん<br>genlon | pagsasalita<br>パグササリタァ | *speech* |
| ケーブル／けーぶる<br>keebulu | kable<br>カブレ | *cable* |
| 五／ご<br>go | lima<br>リマ | *five* |
| 鯉／こい<br>koi | karpa<br>カルパ | *carp* |
| 濃い／こい<br>koi | magulang<br>マグラング | *dark, deep* |
| 恋人／こいびと<br>koibito | kasintahan<br>カシンタハン | *lover* |
| コイン／こいん<br>koin | barya<br>バルヤ | *coin* |
| 行為／こうい<br>kooi | kiios<br>キロス | *action* |
| 豪雨／ごうう<br>goou | sigwa<br>シグヮ | *heavy rain* |
| 幸運／こううん<br>kooun | buwenas<br>ブウェナス | *luck* |
| 公園／こうえん<br>kooen | liwasan<br>リィワァサン | *park* |
| 効果／こうか<br>kooka | epekto<br>エペクト | *effect* |
| 航海／こうかい<br>kookai | paglalayag<br>パグララヤァグ | *navigation* |
| 後悔／こうかい<br>kookai | pagsisisi<br>パグシシシ | *repentance* |
| 郊外／こうがい<br>koogai | suburban<br>スブルバン | *suburbs* |
| 公開する／こうかいする<br>kookaisulu | isiwalat<br>イシワラト | *disclose* |

| 工学／こうがく<br>koogaku | teknolohiya<br>テクノロヒヤ | *technology* |
|---|---|---|
| 合格／ごうかく<br>gookaku | makapasa<br>マカパサァ | *pass* |
| 豪華な／ごうかな<br>gookana | napakaringal<br>ナァパカリンガル | *gorgeous* |
| 交換レート／こうかんれーと<br>kookanleito | palit<br>パリト | *money exchange rate* |
| 抗議／こうぎ<br>koogi | tutol<br>トゥトル | *protest* |
| 好奇心／こうきしん<br>kookishin | kuryusidad<br>クリュシダド | *curiosity* |
| 公共（の）／こうきょう<br>kookyoo(no) | ng publiko<br>ナン パブリコォ | *public* |
| 工業／こうぎょう<br>koogyoo | industriya<br>インドゥストリヤ | *industry* |
| 航空便／こうくうびん<br>kookuubin | pahatirang-sulat sa himpapawid<br>パハティラン スラト サ ヒムパパウィズ | *airmail* |
| 合計／ごうけい<br>gookei | total<br>トォタァル | *total, amount* |
| 攻撃／こうげき<br>koogeki | atake<br>アタケ | *attack* |
| 攻撃的な／こうげきてきな<br>koogekitekina | masugid<br>マスギド | *aggressive* |
| 高原／こうげん<br>koogen | talampas<br>タラムパァス | *plateau* |
| 高校／こうこう<br>kookoo | haiskul<br>ハイスクゥル | *high school* |
| 孝行／こうこう<br>kookoo | pagkahabag ng anak<br>パグカハバァグ ナン アナク | *filial piety* |
| 広告／こうこく<br>kookoku | anunsiyo<br>アヌンシヨ | *advertisement* |
| 広告する／こうこくする<br>kookokusulu | ianunsiyo<br>イアヌンシヨ | *advertise* |

| | | |
|---|---|---|
| 交際／こうさい<br>koosai | unawaan<br>ウナワアン | *intercourse* |
| 絞殺／こうさつ<br>koosatsu | pagsakal<br>パグサカァル | *strangulation* |
| 鉱山／こうざん<br>koozan | mina<br>ミナ | *mine* |
| 講師／こうし<br>kooshi | tagapagturo<br>タガパグトゥロォ | *instructor* |
| 工事／こうじ<br>kooji | konstruksiyon<br>コンストルクシヨン | *construction* |
| 口実／こうじつ<br>koojitsu | dahilan<br>ダヒラァン | *excuse* |
| 工場／こうじょう<br>koojyoo | pabrika(o)<br>パブリカ（コ） | *factory* |
| 向上／こうじょう<br>koojoo | pagpapabuti<br>パグパパブティ | *improvement* |
| 香水／こうすい<br>koosui | pabango<br>パバンゴ | *perfume* |
| 洪水／こうずい<br>koozui | baha<br>バハァ | *flood* |
| 交代／こうたい<br>kootai | kahalili<br>カハリリ | *alternation* |
| 後退／こうたい<br>kootai | urong<br>ウロン | *retreat* |
| 広大な／こうだいな<br>koodaina | malawak<br>マラワク | *vast* |
| 光沢／こうたく<br>kootaku | kinang<br>キナング | *luster* |
| 強奪する／ごうだつする<br>goodatsusulu | manloob<br>マンロオブ | *blunder* |
| 紅茶／こうちゃ<br>koocha | tsaa<br>チャア | *black tea* |
| 校長／こうちょう<br>koochoo | prinsipal<br>プリンシパル | *principal* |

| 交通／こうつう<br>kootsuu | trapiko<br>トラピコ | *traffic* |
| 交通事故／こうつうじこ<br>kootsuujiko | aksidente ng sasakyan<br>アクシデンテ　ナン　ササクヤン | *traffic accident* |
| 交通費／こうつうひ<br>kootsuuhi | gastos sa paglalakbay<br>ガストス　サ　パグララクバイ | *travelling expenses* |
| 好都合／こうつごう<br>kootsugoo | bentaha<br>ベンタハ | *advantage* |
| 肯定／こうてい<br>kootei | pagpapahayag<br>パグパパハヤグ | *affirmation* |
| 肯定する／こうていする<br>kooteisulu | patibayin<br>パティバイン | *affirm* |
| 行動／こうどう<br>koodoo | aksiyon<br>アクション | *action* |
| 合同する／ごうどうする<br>godoosulu | isahin<br>イサヒン | *unite* |
| 購入／こうにゅう<br>koonyuu | pagbili<br>パグビリィ | *purchase* |
| 交番／こうばん<br>kooban | lugar ng pulis<br>ルガァル　ナン　プゥリス | *police box* |
| 幸福／こうふく<br>koofuku | kaligayahan<br>カリガヤハン | *happiness* |
| 降伏／こうふく<br>koofuku | pagsuko<br>パグスコォ | *surrender* |
| 好物／こうぶつ<br>koobutsu | paboritoa<br>パボリトア | *favorite dish* |
| 興奮／こうふん<br>koofun | pananabik<br>パナナビィク | *excitement* |
| 公平／こうへい<br>koohei | makatarungan<br>マカタルンガン | *fair* |
| 候補者／こうほしゃ<br>koohosha | kandidato<br>カンディダト | *candidate* |
| 効用／こうよう<br>kooyoo | kahalagahan<br>カハラァガアハン | *utility* |

| 口論／こうろん koolon | pagtatalo パグタタロ | *dispute* |
| 声／こえ koe | tinig ティニグ | *voice* |
| 小海老／こえび koebi | alamang アラマング | *tiny shrimp* |
| コース／こーす koosu | paraan パラァーン | *process* |
| コーヒー／こーひー koohii | kape カペ | *coffee* |
| 氷／こおり kooli | yeio イエロ | *ice* |
| 誤解／ごかい gokai | maling pagkakaintindi マリング　パグカカインティンディ | *misunderstanding* |
| 五月／ごがつ gogatsu | mayo マヨ | *May* |
| 小切手／こぎって koggite | tseke ツェケ | *check* |
| ゴキブリ／ごきぶり gokibuli | ipis イピス | *cockroach* |
| 呼吸／こきゅう kokyuu | paghinga パグヒンガ | *breathing* |
| 故郷／こきょう kokyoo | sinilangang bayan シニランガン　バヤン | *hometown* |
| 漕ぐ／こぐ kogu | gumaod グマオド | *row* |
| 国籍／こくせき kokuseki | nasyonalidad ナショナリダド | *nationality* |
| 告訴／こくそ kokuso | paratang パラタン | *accusation* |
| 国内／こくない kokunai | pambansa パムバンサァ | *domestic* |
| 告白／こくはく kokuhaku | kumpisal クムピサァル | *confession* |

64

| 国民／こくみん<br>kokumin | nasyon<br>ナション | nation, people |
|---|---|---|
| ここ<br>koko | dito, rito<br>ディトォ、リト | here |
| 午後／ごご<br>gogo | hapon<br>ハポン | in the afternoon |
| 心／こころ<br>kokolo | pag-iisip<br>パグ イーシプ | mind |
| 心からの／こころからの<br>kokolokalano | malugod<br>マルゴド | cordial |
| 心苦しい／こころぐるしい<br>kokologulushii | masakit<br>マサキイト | painful |
| 志／こころざし<br>kokolozashi | loob<br>ロォオブ | will |
| 心細い／こころぼそい<br>kokolobosoi | walang-kaya<br>ワラン カヤ | helpless, forlorn |
| 腰／こし<br>koshi | bawang<br>バワン | waist |
| 五十／ごじゅう<br>gojuu | limampu<br>リマンプ | fifty |
| 胡椒／こしょう<br>koshoo | paminta<br>パミンタァ | pepper |
| 個人／こじん<br>kojin | bawat isa<br>バワト イサ | individual |
| 個人の／こじんの<br>kojinno | pag-aari<br>パグ アーリ | personal |
| 個性／こせい<br>kosei | personalidad(ugali)<br>ペルソナリダァド（ウガリ） | personality |
| 午前／ごぜん<br>gozen | umaga<br>ウマガ | in the morning |
| 答え／こたえ<br>kotae | sagot<br>サゴォト | answer |
| 国会／こっかい<br>kokkai | kongreso<br>コングレソ | congress |

| | | |
|---|---|---|
| 国境／こっきょう<br>kokkyoo | hangganan<br>ハンガナン | *border* |
| 骨折／こっせつ<br>kossetsu | bale<br>バレ | *fracture of bone* |
| こっそり<br>kossoli | pansarilinan<br>パンサァリリナン | *secretly* |
| 小包／こづつみ<br>kozutsumi | parsela<br>パルセラ | *parcel* |
| コップ／こっぷ<br>koppu | baso<br>バソ | *glass* |
| 孤独／こどく<br>kodoku | pag-iisa<br>パグ イイサァ | *solitude* |
| 今年／ことし<br>kotoshi | sataongito<br>サタオンイト | *this year* |
| 異なった／ことなった<br>kotonatta | iba<br>イバ | *different* |
| 言葉／ことば<br>kotoba | wika<br>ウイカ | *language* |
| 子供／こども<br>kodomo | anak<br>アナァク | *child* |
| 断る／ことわる<br>kotowalu | tinanggihan<br>ティナンギハン | *refuse* |
| 粉／こな<br>kona | harina, pulbos<br>ハリナ、プゥルボス | *flour, powder* |
| この<br>kono | ito<br>イト | *this* |
| この間／このあいだ<br>konoaida | sa ngayon<br>サ ナヨン | *now a days* |
| この頃／このごろ<br>konogolo | kamakailan<br>カマカイラァン | *recently* |
| 好む／このむ<br>konomu | nagugustuhan<br>ナググストゥハン | *like* |
| 拒む／こばむ<br>kobamu | magpahindi<br>マグパヒンディ | *reject* |

66

| | | |
|---|---|---|
| こぼす<br>kobosu | **magligwak**<br>マグリグワク | *spill* |
| 胡麻／ごま<br>goma | **linga**<br>リンガァ | *sesame* |
| 細かい／こまかい<br>komakai | **detalyado**<br>デタリヤド | *small, detailed* |
| 困る／こまる<br>komalu | **mapahiya**<br>マパヒヤ | *feel embarrassed* |
| ごみ<br>gomi | **basura**<br>バスラ | *dust* |
| 混む／こむ<br>komu | **dumagsa**<br>ドゥマグサ | *crowd* |
| ゴム／ごむ<br>gomu | **gulong**<br>グロング | *rubber* |
| 小麦／こむぎ<br>komugi | **trigo**<br>トリゴ | *wheat* |
| 米／こめ<br>kome | **bigas**<br>ビガス | *rice* |
| 雇用／こよう<br>koyoo | **empleyo**<br>エムプレオヨ | *employment* |
| ゴルフ／ごるふ<br>golufu | **golp**<br>ゴルプ | *golf* |
| これ<br>kole | **ito**<br>イト | *this* |
| 転がる／ころがる<br>kologalu | **gumulong**<br>グムロン | *roll* |
| 殺す／ころす<br>kolosu | **papatay**<br>パパタイ | *kill* |
| 怖い／こわい<br>kowai | **kakila-kilabot**<br>カキラァ キラボト | *terrible* |
| 壊れる／こわれる<br>kowalelu | **masira**<br>マシラ | *break* |
| 今月／こんげつ<br>kongetsu | **sa buwang ito**<br>サ ブワン イト | *this month* |

67

| | | |
|---|---|---|
| 今後／こんご<br>kongo | mula ngayon<br>ムラ　ンガヨン | *from now on* |
| 混雑／こんざつ<br>konzatsu | kaguluhan ng mga tao<br>カグルハン　ナン　マガ　タオ | *jam* |
| 昆虫／こんちゅう<br>konchuu | kulisap<br>クリサプ | *insect* |
| コンテスト／こんてすと<br>kontesuto | paligusahan<br>パリグサハン | *contest* |
| 今度／こんど<br>kondo | sa panahong ito<br>サ　パナホン　イト | *this time* |
| こんにちは<br>konnichiwa | Helo<br>ヘロ | *Hello* |
| 今晩／こんばん<br>konban | ngayong gabi<br>ンガヨン　ガビ | *tonight* |
| コンピュータ／こんぴゅーた<br>konpyuuta | panuos<br>パヌオス | *computer* |
| 今夜／こんや<br>konya | sa gabing ito<br>サ　ガビン　イト | *tonight* |
| 婚約者［男］／こんやくしゃ<br>konyakusha | nobya<br>ノビヤ | *fiancee* |
| 婚約者［女］／こんやくしゃ<br>konyakusha | nobyo<br>ノビヨ | *fiance* |

| 災害／さいがい<br>saigai | sakuna<br>サクナ | *calamity* |
| 最後／さいご<br>saigo | huli<br>フリ | *last* |
| 財産／ざいさん<br>zaisan | ari-arian<br>アリ　アリアン | *property* |
| 最上の／さいじょうの<br>saijoono | pinaka<br>ピナカ | *(the) best* |
| 最新／さいしん<br>saishin | pinaka<br>ピナカ | *(the) newest* |
| 才能／さいのう<br>sainoo | abilidad<br>アビリダド | *ability* |
| 才能／さいのう<br>sainoo | talino<br>タリノ | *talent* |
| 栽培／さいばい<br>saibai | bulas<br>ブラス | *growth* |
| 再発［病気の］／さいはつ<br>saihatsu | binat<br>ビナト | *relapse* |
| 裁判／さいばん<br>saiban | paglilitis<br>パグリリティス | *justice, trial* |
| 裁判所／さいばんしょ<br>saibansho | hukuman<br>フクゥマン | *courthouse* |
| 財布／さいふ<br>saifu | pitaka<br>ピタカ | *purse* |
| 細胞／さいぼう<br>saiboo | selula<br>セェルラァ | *cell* |
| 採用する／さいようする<br>saiyoosuru | ampunin<br>アムピュニン | *adopt* |
| 材料／ざいりょう<br>zailyoo | sankap<br>サンカプ | *material* |

69

| 幸い／さいわい<br>saiwai | ligaya<br>リガヤ | *happiness* |
| 幸いにも／さいわいにも<br>saiwainimo | sinusuwerteat<br>シヌスエルテアット | *fortunately* |
| 竿／さお<br>sao | tikin<br>ティキン | *pole* |
| 栄えて／さかえて<br>sakaete | prospero<br>プロスペロ | *prosperous* |
| 逆さま／さかさま<br>sakasama | baligtad<br>バリグタド | *up side down* |
| 捜す／さがす<br>sagasu | maghanap<br>マグハナァプ | *seek* |
| 魚／さかな<br>sakana | isda<br>イスダ | *fish* |
| 酒場／さかば<br>sakaba | barikan<br>バァリィカン | *bar* |
| 下がる／さがる<br>sagalu | bumaba<br>ブマバ | *go down* |
| 詐欺／さぎ<br>sagi | pagdaraya<br>パグダラヤァ | *fraud* |
| 作業／さぎょう<br>sagyoo | paggawa<br>パグガワァ | *work* |
| 咲く／さく<br>saku | mamulaklak<br>マムラクラァク | *bloom* |
| 搾取する／さくしゅする<br>sakushusulu | pagain<br>パガイン | *wring* |
| 作文／さくぶん<br>sakubun | katha<br>カサ | *composition* |
| 作物／さくもつ<br>sakumotsu | pananim<br>パナニィム | *crops* |
| 昨夜／さくや<br>sakuya | kagabi<br>カガビ | *last night* |
| 桜／さくら<br>sakula | punongseresa<br>プゥノナンセレサ | *cherry tree* |

| 酒／さけ<br>sake | alak<br>アラク | *liquor* |
| 鮭／さけ<br>sake | salmon<br>サルモォン | *salmon* |
| 叫ぶ／さけぶ<br>sakebu | humiyaw<br>フミヤァウ | *shout* |
| 避ける／さける<br>sakelu | umiwas<br>ウミワス | *avoid* |
| 下げる／さげる<br>sagelu | humupa<br>フムパ | *abate* |
| 誘い／さそい<br>sasoi | anyaya<br>アンヤヤ | *invitation* |
| 作家／さっか<br>sakka | autor<br>オウトル | *writer, author* |
| 雑貨／ざっか<br>zakka | miselanea<br>ミセラネア | *miscellaneous goods* |
| 殺人／さつじん<br>satsujin | pagpatay ng tao<br>パグパタイ　ナン　タオ | *murder* |
| 雑談／ざつだん<br>zatsudan | usap-usapan<br>ウサァプ　ウサァパン | *chat* |
| 殺虫剤／さっちゅうざい<br>sacchuuzai | pamatay insekto<br>パマタイ　インセクト | *insecticide* |
| さつま芋／さつまいも<br>satsumaimo | kamote<br>カモテ | *sweet potato* |
| 砂糖／さとう<br>satoo | asukal<br>アスカル | *sugar* |
| 鯖／さば<br>saba | hasa-hasa<br>ハサハサ | *mackerel* |
| 寂しい／さびしい<br>sabishii | malungkot<br>マルンコト | *lonely* |
| 差別／さべつ<br>sabetsu | pagtatangi tangi<br>パグタタンギ　タンギ | *discrimination* |
| 寒い／さむい<br>samui | maginaw<br>マギナウ | *cold* |

さ

| | | |
|---|---|---|
| 鮫／さめ<br>same | pating<br>パティン | *shark* |
| さようなら<br>sayoonala | paalam<br>パァアラム | *good-bye* |
| 皿／さら<br>sala | mangkok<br>マンコォク | *bowl* |
| サラダ／さらだ<br>salada | ensalada<br>エンサラダ | *salad* |
| 更に／さらに<br>salanii | bukod sa<br>ブコォド　サ | *beside* |
| 更に／さらに<br>salani | bukod diyan<br>ブコド　ディヤァン | *moreover* |
| 去る／さる<br>salu | lumakad, umalis<br>ルマカド、ウマリス | *leave* |
| 猿／さる<br>salu | unggoy<br>ウンゴォイ | *monkey* |
| 爽やか／さわやか<br>sawayaka | pagpapapresko<br>パグパパプレスコ | *refreshing, refreshment* |
| 三／さん<br>san | tatlo<br>タトロ | *three* |
| 参加／さんか<br>sanka | partisipasyon<br>パルテシパション | *participation* |
| 三角形／さんかくけい<br>sankakukei | trianggulo<br>トリアングロ | *triangle* |
| 参加する／さんかする<br>sankasulu | ikabit<br>イカビト | *join* |
| 三月／さんがつ<br>sangatsu | marso<br>マルソ | *March* |
| 産業／さんぎょう<br>sangyoo | pagawaan<br>パガワーン | *factory, industry* |
| 残業する／ざんぎょうする<br>zangyoosulu | mag-obertaim<br>マグ　オベルタイム | *work over time* |
| 珊瑚／さんご<br>sango | koral<br>コラル | *coral* |

72

| 参考／さんこう sankoo | sanggunian サングゥニアン | *reference* |
| 参考書／さんこうしょ sankoosho | aklatnapang-reperens アクラァトナンパン　レペレンス | *reference book* |
| 賛成／さんせい sansei | pagpapatibay パグパパティバァイ | *approval* |
| 賛成する／さんせいする sanseisuru | magkaisa マグカイサ | *agree* |
| 酸素／さんそ sanso | hangin ハングイン | *oxygen* |
| 残高／ざんだか zandaka | balanse バランセ | *balance* |
| 残念／ざんねん zannen | nagdaramdam ナグダラムダム | *sorry* |
| 残念な／ざんねんな zannenna | kalungkot-lungkot カルンコト　ルンコト | *regrettable* |
| 散髪／さんぱつ sanpatsu | pagupit パグピト | *haircut* |
| 賛美歌／さんびか sanbika | himno ヒムノ | *hymn* |
| 産婦人科医院／さんふじんかいいん sanfujinkabyooin | ospital ng paanakan オスピタル　ナン　パーナカン | *hospital of obstetrics* |
| サンプル／さんぷる sanpulu | muwestra ムウェストラ | *sample* |
| 散歩／さんぽ sanpo | lakad ラカド | *strol1* |
| 散歩する／さんぽする sanposuru | magpasyal マグパシャル | *take walk* |
| 死／し shi | kamatayan カマタヤァン | *death* |
| 市／し shi | siyudad シュダド | *city* |
| 詩／し shi | tula トゥラァ | *poem* |

さ

73

| 試合／しあい shiai | pagreret パグレレト | *match* |
|---|---|---|
| 幸せ／しあわせ shiawase | kasayahan カサヤハン | *happiness* |
| 塩／しお shio | asin アシィン | *salt* |
| 塩辛い／しおからい shiokalai | maasin, may-asin マーシン、マイ　アシィン | *salty* |
| 鹿／しか shika | usa ウサ | *deer* |
| 歯科医／しかい shikai | dentista デンティスタ | *dentist* |
| 仕返し／しかえし shikaeshi | paghihiganti パグヒヒガンティ | *revenge* |
| 資格／しかく shikaku | katangian カタンギアン | *qualification* |
| しかし shikashi | datapuwa't, ngunit ダタプゥワト、ヌニィト | *but* |
| 四月／しがつ shigatsu | abril アブリル | *April* |
| 叱る／しかる shikalu | magmura マグムラァ | *scold* |
| 時間／じかん jikan | oras オラス | *time, hour* |
| 式／しき shiki | seremonya セレモニヤ | *ceremony* |
| 時期／じき jiki | panahon パナホォン | *season* |
| 磁器／じき jiki | porselana ポルセラナ | *porcelain china* |
| 敷布団／しきぶとん shikibuton | kuston クストン | *mattress* |
| 子宮／しきゅう shikyuu | matris マトリィス | *womb* |

74

| 事業／じぎょう<br>jigyoo | trabaho<br>トラバホ | *business enterprise* |
| 資金／しきん<br>shikin | puhunan<br>プフナン | *investment* |
| 敷く／しく<br>shiku | ikalat<br>イカラット | *spread* |
| 刺激／しげき<br>shigeki | pagganyak<br>パグガニヤァク | *motivation* |
| 刺激する／しげきする<br>shigekisulu | magbuyo<br>マグブヨォ | *motivate* |
| 試験／しけん<br>shiken | exam, iksamen<br>エグザム、イクサメン | *examination* |
| 試験を受ける／しけんをうける<br>shikenwoukelu | kumuha ng pagsusulit<br>クムハ　ナン　パグススリット | *take a test* |
| 事故／じこ<br>jiko | aksidente, sakuna<br>アクシデンテ、サクナ | *accident* |
| 時刻表／じこくひょう<br>jikokuhyoo | eskedgul<br>エスケジュール | *timetable* |
| 仕事／しごと<br>shigoto | gawa<br>ガワァ | *work* |
| 自殺／じさつ<br>jisatsu | pagpapakamatay<br>パグパパカマタァイ | *suicide* |
| 自殺する／じさつする<br>jisatsusulu | magpatiwakal<br>マグパティワカァル | *suicide* |
| 磁石／じしゃく<br>jishaku | balani<br>バラニ | *magnet* |
| 辞書／じしょ<br>jisho | diksiyunaryo<br>ディクシュナーリョ | *dictionary* |
| 事情／じじょう<br>jijoo | bagay-bagay<br>バガイ　バガイ | *circumstances* |
| 詩人／しじん<br>shijin | poeta<br>ポエタ | *poet* |
| 地震／じしん<br>jishin | lindol<br>リンドォル | *earthquake* |

し

| 自信／じしん<br>jishin | tiwala sa sarili<br>ティワラ　サ　サリリ | *self-confidence* |
| 静かな／しずかな<br>shizukana | tahimik<br>タヒミク | *quiet* |
| 沈む／しずむ<br>shizumu | lumubog<br>ルムボグ | *sink* |
| 姿勢／しせい<br>shisei | pustura<br>プウストゥラ | *posture* |
| 自然／しぜん<br>shizen | kalikasan<br>カリカサン | *nature* |
| 持続する／じぞくする<br>jizokusulu | mamalagi<br>ママラギ | *abide* |
| 子孫／しそん<br>shison | inapo<br>イナポォ | *descendant* |
| 舌／した<br>shita | dila<br>ディラ | *tongue* |
| 辞退／じたい<br>jitai | pagtanggi<br>パグタンギィ | *refusal* |
| 時代／じだい<br>jidai | panahon<br>パナホォン | *age* |
| 従う／したがう<br>shitagau | sumunod<br>スムノォド | *follow* |
| 下着／したぎ<br>shitagi | damit-panloob<br>ダミィト　パンローブ | *underwear* |
| 支度／したく<br>shitaku | preparasyon<br>プレパラション | *preparation* |
| 親しい／したしい<br>shitashii | matalik<br>マタリク | *intimate* |
| 七／しち<br>shichi | pito<br>ピト | *seven* |
| 七月／しちがつ<br>shichigatsu | hulyo<br>フリヨ | *July* |
| 七面鳥／しちめんちょう<br>shichimenchoo | pabo<br>パボ | *turkey* |

| 失業／しつぎょう shitsugyoo | disempleyo ディセムプレヨ | *unemployment* |
| 湿気／しっけ shikke | mahalumigmig マハルミグミィグ | *humid* |
| 実験／じっけん jikken | pagsubok パグスボク | *experiment* |
| しつこい shitsukoi | mapilit マピリト | *persistent* |
| 実際に／じっさいに jissaini | talaga nga タラガ　ナガ | *really* |
| 実際の／じっさいの jissaino | totoo トオトオー | *real* |
| 質素／しっそ shisso | simple シンプレ | *simple* |
| 室内の／しつないの shitsunaino | pambahay パムバハァイ | *indoor* |
| 失敗／しっぱい shippai | kagkabigo カグカビゴ | *failure* |
| 失望／しつぼう shitsuboo | pagkabigo パグカビゴ | *disappointment* |
| 質問／しつもん shitsumon | tanong タノン | *question* |
| 実用／じつよう jitsuyoo | paggamit パグガミト | *practical use* |
| 失恋／しつれん shitsulen | kasawian sa pag-ibig カサウィアン　サ　パグ　イビグ | *broken heart* |
| 支店／してん shiten | sangay サンガイ | *branch shop* |
| 自転車／じてんしゃ jitensha | bisikleta ビシクレタ | *bicycle* |
| 指導／しどう shidoo | pag-akay パグ　アカイ | *guidance* |
| 児童／じどう jidoo | bata バタァ | *child* |

| 自動車／じどうしゃ jidoosha | kotse コッチェ | *car* |
|---|---|---|
| ～しない ～ shinai | huwag フワグ | *do not* |
| 品物／しなもの shinamono | kalakal カラカル | *goods* |
| 死ぬ／しぬ shinu | mamatay ママタァイ | *die* |
| 支配／しはい shihai | paghahari パグハハリィ | *control, domination* |
| 芝居／しばい shibai | dula ドゥラァ | *play* |
| しばしば shibashiba | malimit マリミト | *often* |
| 支払い／しはらい shihalai | bayad, pagbabayad バヤド、パグババヤド | *payment* |
| 支払う／しはらう shihalau | bayaran バヤラン | *pay* |
| 暫く／しばらく shibalaku | samantala サマンタラ | *meantime* |
| 縛る／しばる shibalu | talian タリアン | *bind* |
| 痺れ／しびれ shibile | paralisa パラリサ | *palsy* |
| 脂肪／しぼう shiboo | taba タバァ | *fat* |
| 島／しま shima | isla, pulo イスラ、プロ | *island* |
| ～しますか？ ～ shimasuka | bang? バング | *Do you ～ ?* |
| 姉妹／しまい shimai | kapatid na babae カパティド　ナ　ババエ | *sister* |
| 自慢／じまん jiman | yabang ヤバング | *pride* |

78

| 染み／しみ shimi | mantsa マンツァ | *stain* |
| 市民／しみん shimin | mamamayan マママヤン | *citizen* |
| 事務所／じむしょ jimusho | tanggapan タンガパン | *office* |
| 氏名／しめい shimei | pangalan パンガラン | *name* |
| 示す／しめす shimesu | ipakita イパキタ | *show* |
| 湿る／しめる shimelu | basa-basain バサ バサイン | *dampen* |
| 締める／しめる shimelu | magpahigpit マグパヒグピィト | *tighten* |
| 閉める／しめる shimelu | magsara マグサラ | *close* |
| 地面／じめん jimen | lupa ルパ | *ground* |
| ジャーナリスト／じゃーなりすと jaanalisuto | peryodista ペルヨディスタ | *journalist* |
| 社会／しゃかい shakai | sosyedad ソシェダァド | *society* |
| 社会主義／しゃかいしゅぎ shakaishugi | sosyalismo ソシャリスモ | *socialism* |
| ジャガイモ／じゃがいも jagaimo | gabi, ubi ガビ、ウビ | *yam* |
| 市役所／しやくしょ shiyakusho | munisipyo ムニシピョ | *city government* |
| 車庫／しゃこ shako | garahe ガラヘ | *garage* |
| 謝罪／しゃざい shazai | paghingi ng tawad パグヒンギ ナン タワド | *apology* |
| 社長／しゃちょう shachoo | presidente プレシデンテ | *president* |

し

| 若干の／じゃっかん jakkanno | alinman アリンマァン | some |
|---|---|---|
| 借金／しゃっきん shakkin | pagkakautang パグカカウタン | debt |
| 喋る／しゃべる shabelu | magsalita マグサリタ | talk |
| 邪魔／じゃま jama | abala アバラ | interruption, inconvenient |
| 邪魔／じゃま jama | panggulo パングロ | disturbance |
| 邪魔する／じゃまする jamasulu | abaiahin アバラヒン | bother |
| ジャム／じゃむ jamu | diyam ディアム | jam |
| 車輪／しゃりん shalin | gulong グロング | wheel |
| シャワー／しゃわー shawaa | syawer シャウエル | shower |
| シャンプー／しゃんぷー shanpuu | syampo シャンポ | shampoo |
| ジャーナリスト／じゃーなりすと jaanalisuto | mamahayag ママハヤグ | journalist |
| 週／しゅう shuu | lingo リンゴ | week |
| 10（十）／じゅう juu | sampu サムプ | ten |
| 自由／じゆう jiyuu | kalayaan カラヤーン | freedom |
| 十一月／じゅういちがつ juuichigatsu | nobyembre ノビィェムブレ | November |
| 収穫／しゅうかく shuukaku | ani, pag-aani アニィ、パグ　アアニ | harvest |
| 十月／じゅうがつ juugatsu | oktubre オクトウブレ | October |

| 習慣／しゅうかん shuukan | ugali ウガリ | *custom* |
| 宗教／しゅうきょう shuukyoo | relihiyon レリヒヨン | *religion* |
| 従業員／じゅうぎょういん juugyooin | empleado エムプレアド | *employee* |
| 習字／しゅうじ shuuji | akda アクダァ | *calligraphy* |
| 終止符／しゅうしふ shuushifu | tuldok トゥルドク | *period* |
| 収集／しゅうしゅう shuushuu | pagtitipon パグティティポン | *collection* |
| 従順／じゅうじゅん juujun | pagsunod パグスノォド | *obedience* |
| 住所／じゅうしょ juusho | tirahan ティラァハン | *address* |
| 修正／しゅうせい shuusei | susog スソグ | *amendment* |
| 充電する／じゅうでんする juudensulu | ikarga ang baterya イカルガ アン バテリヤ | *charge battery* |
| 姑／しゅうとめ shuutome | biyenang babae ビイェナン ババエ | *mother in low* |
| 十二月／じゅうにがつ juunigatsu | disyembre ディスイエムブレ | *December* |
| 収入／しゅうにゅう shuunyuu | kita キタ | *income* |
| 十分／じゅうぶん juubun | husto フスト | *enough* |
| 十分な／じゅうぶんな juubunna | sapat サパァト | *adequate* |
| 重要／じゅうよう juuyoo | importante イムボルタンテ | *important* |
| 修理／しゅうり shuuli | kumpuni クムプゥニ | *repair* |

し

| 修理する／しゅうりする<br>shuulisulu | baguhin, ibahin<br>バグヒン、イバヒン | *amend* |
|---|---|---|
| 主義／しゅぎ<br>shugi | prinsipyo<br>プリンシピョ | *principle* |
| 修業／しゅぎょう<br>shugyoo | sariling ehersisyo<br>サリリン　エヘルシショ | *discipline* |
| 授業料／じゅぎょうりょう<br>jugyoolyoo | matrikula<br>マトリクラ | *tuition* |
| 熟語／じゅくご<br>jukugo | tambalang salita<br>タムバラン　サリタ | *compound word* |
| 宿題／しゅくだい<br>shukudai | araling-bahay<br>アラリン　バハイ | *homework* |
| 宿泊／しゅくはく<br>shukuhaku | pangaserahan<br>パンガセラハァン | *lodging* |
| 手芸／しゅげい<br>shugei | pagyari sa kamay<br>パグヤリ　サ　カマイ | *handicraft* |
| 主語／しゅご<br>shugo | sumuno<br>スムノォ | *subject* |
| 手術／しゅじゅつ<br>shujutsu | operasyon<br>オペラション | *surgical operation* |
| 首相／しゅしょう<br>shushoo | punong ministro<br>プゥノン　ミニストロ | *prime minister* |
| 手段／しゅだん<br>shudan | paraan<br>パラァーン | *means* |
| 主張する／しゅちょうする<br>shuchoosulu | ipilit<br>イピリト | *insist* |
| 出血／しゅっけつ<br>shukketsu | balinguyngoy<br>バリングインゴイ | *hemorrhage* |
| 出血する／しゅっけつする<br>shukketsusulu | dumugo<br>ドゥムゴ | *bleed* |
| 出産／しゅっさん<br>shussan | pagsilang<br>パグシラン | *birth* |
| 出席／しゅっせき<br>shusseki | ang dumadalo, pagdalo<br>アン　ドゥマダロ、パグダロ | *attendance* |

| 出発／しゅっぱつ shuppatsu | alis アリス | *departure* |
|---|---|---|
| 出発／しゅっぱつ shuppatsu | aalis, pag-alis アーリィス、パグ アリス | *departure* |
| 出発する／しゅっぱつする shuppatsusulu | yumao ユマオ | *depart* |
| 出版／しゅっぱん shuppan | paglalathala パグララザァラ | *publication* |
| 首都／しゅと shuto | kabisera カビセラ | *capital* |
| 主任／しゅにん shunin | pinuno ピヌノ | *chief* |
| 主婦／しゅふ shufu | asawang babae, maybahay アサワン ババエ、マイバハアイ | *housewife* |
| 寿命／じゅみょう jumyoo | buhay ブハイ | *life* |
| 呪文／じゅもん jumon | orasyon オラション | *spell* |
| 需要／じゅよう juyoo | kailangan カイランガン | *demand* |
| 種類／しゅるい shului | klase, uri クラセ、ウリ | *kind, sort* |
| 瞬間／しゅんかん shunkan | isang-saglit イサン サグリト | *moment* |
| 純金／じゅんきん junkin | purongginto プゥロンギント | *pure gold* |
| 純潔／じゅんけつ junketsu | pagkamalinis パグカマリニス | *purity* |
| 順序／じゅんじょ junjo | kaayusan カァアユサン | *order* |
| 順番に／じゅんばんに junbanni | sunod-sunod スノド スノド | *by turn* |
| 準備／じゅんび junbi | preparasyon プレパラション | *preparation* |

し

83

| 使用／しょう<br>shiyoo | kagamitan<br>カガミタァン | *use* |
| 情／じょう<br>joo | damdamin<br>ダムダミン | *emotion* |
| 消化／しょうか<br>shooka | pagtunaw<br>パグトゥナウ | *digestion* |
| 生姜／しょうが<br>shooga | luwang<br>ルワン | *ginger* |
| 紹介／しょうかい<br>shookai | introduksiyon<br>イントロダクシヨン | *introduction* |
| 正月／しょうがつ<br>shoogatsu | bagong taon<br>バゴン　タオン | *New Year* |
| 小学校／しょうがっこう<br>shoogakkoo | mababang paaralan<br>マババン　パーララン | *primary school* |
| 正気／しょうき<br>shooki | matino<br>マティノ | *sober* |
| 定規／じょうぎ<br>joogi | maytatlong sulok<br>マイタトロン　スロク | *ruler* |
| 乗客／じょうきゃく<br>jookyaku | pasahero<br>パサヘロ | *passenger* |
| 証言／しょうげん<br>shoogen | patotoo<br>バトトォー | *testimony* |
| 条件／じょうけん<br>jooken | kundisyon<br>クンディシヨン | *condition, terms* |
| 証拠／しょうこ<br>shooko | ebidensiya<br>エビデンシヤ | *evidence* |
| 正午／しょうご<br>shoogo | tanghali<br>タンハリ | *noon* |
| 使用される／しようされる<br>shiyoosalelu | maubos<br>マウボス | *be used* |
| 賞賛／しょうさん<br>shoosan | paghanga<br>パグハンガ | *admiration* |
| 正直／しょうじき<br>shoojiki | tapat<br>タバト | *honest* |

| 常識／じょうしき jooshiki | sintidu-kumon シンティドゥ クモン | *commonsense* |
|---|---|---|
| 乗車／じょうしゃ joosha | pagsakay パグサカイ | *getting into a car* |
| 証書／しょうしょ shoosho | bono ボノ | *bond* |
| 少女／しょうじょ shoojo | dalagita ダラギタ | *girl* |
| 昇進／しょうしん shooshin | pagsulong パグスロング | *advance* |
| 昇進する／しょうしんする shooshinsuru | magpauna マグパウナ | *advance* |
| 小説／しょうせつ shoosetsu | nobela ノベラ | *novel* |
| 招待／しょうたい shootai | imbitasyon, yaya イムビタション、ヤヤ | *invitation* |
| 状態／じょうたい jootai | kondisyon コンディション | *condition* |
| 招待する／しょうたいする shootaisulu | anyayahan アンヤヤハン | *invite* |
| 冗談／じょうだん joodan | bilo ビロ | *joke* |
| 商店／しょうてん shooten | tindahan ティンダハン | *shop* |
| 消毒／しょうどく shoodoku | di mahawaan ディ マハワーン | *disinfection* |
| 衝突／しょうとつ shoototsu | banggaan バンガーン | *collision* |
| 少年／しょうねん shoonen | batang lalaki バタン ララキ | *boy* |
| 勝敗／しょうはい shoohai | reto レト | *match* |
| 消費する／しょうひする shoohisulu | ubusin ウブシン | *consuming* |

| 消防士／しょうぼうし shoobooshi | bombero ボムベロ | *fireman* |
| 静脈／じょうみゃく joomyaku | ugat ウガァト | *vein* |
| 照明／しょうめい shoomei | ilaw イラウ | *illumination* |
| 証明／しょうめい shoomei | pruweba プルウェバ | *proof* |
| 正面／しょうめん shoomen | unahan ウナハン | *front* |
| 醤油／しょうゆ shooyu | toyo トヨ | *soy sauce* |
| 将来／しょうらい shoolai | hinaharap ヒナハラプ | *future* |
| 省略／しょうりゃく shoolyaku | daglat ダグラァト | *abbreviation* |
| 職業／しょくぎょう shokugyoo | hanapbuhay ハナプブハイ | *occupation* |
| 食事／しょくじ shokuji | pagkain パグカイン | *meal* |
| 食堂／しょくどう shokudoo | komedor コメドル | *dining-room* |
| 職人／しょくにん shokunin | manggagawa マンガガワァ | *work man* |
| 食品／しょくひん shokuhin | komestibles コメスティブレス | *groceries, foods* |
| 植物／しょくぶつ shokubutsu | tanim タニム | *plant* |
| 食欲／しょくよく shokuyoku | gana ガナ | *appetite* |
| 助言／じょげん jogen | turo トゥロ | *advice* |
| 助言する／じょげんする jogensulu | truan トルアン | *advise* |

| 徐々に／じょじょに<br>jojoni | unti-unti<br>ウンティ　ウンティ | *gradually* |
|---|---|---|
| 女性／じょせい<br>josei | babae<br>ババエ | *female* |
| ショック／しょっく<br>shokku | gitla<br>ギトラ | *shock* |
| 庶民／しょみん<br>shomin | madla<br>マドラ | *common* |
| 署名／しょめい<br>shomei | lagda<br>ラグダァ | *signature* |
| 女優／じょゆう<br>joyuu | artistang babae<br>アルティスタン　ババエ | *actress* |
| 書類／しょるい<br>sholui | dokumento<br>ドクメント | *documents* |
| 地雷／じらい<br>jilai | mina<br>ミナ | *mine* |
| 白髪／しらが<br>shilaga | putting buhok<br>プゥティン　ブホォク | *white hair* |
| 知らせ／しらせ<br>silase | abiso<br>アビソ | *notification* |
| 知らせ／しらせ<br>shilase | ipaalam<br>イパーラム | *announcement* |
| 知らせ／しらせ<br>shilase | saad<br>サード | *information* |
| 尻／しり<br>shili | puwit<br>プゥウィト | *buttocks* |
| 知り合い／しりあい<br>shiliai | pagkakakilala<br>パグカカキララ | *acquaintance* |
| 退く／しりぞく<br>shilizoku | manliit<br>マンリート | *retreat* |
| 汁／しる<br>shilu | katas<br>カタス | *juice, soup* |
| 知る／しる<br>shilu | makilala<br>マキララ | *know* |

し

| 記す／しるす<br>shiIusu | sumulat<br>スムラト | *write* |
| 城／しろ<br>shiIo | kastilyo<br>カスティリヨ | *castle* |
| 白／しろ<br>shiIo | puti<br>プゥティ | *white* |
| 白いご飯／しろいごはん<br>shiroigohan | kanin<br>カニン | *boiled rice* |
| 皺／しわ<br>shiwa | kulubot<br>クルボト | *wrinkles* |
| 芯／しん<br>shin | ubod<br>ウボド | *core* |
| 親愛なる〜［手紙］／しんあいなる〜<br>shin-ainaru 〜 | mahalkong 〜<br>マハルコン〜 | *Dear* |
| 人格／じんかく<br>jinkaku | pagkatao<br>パグカタオ | *character* |
| 神経／しんけい<br>shinkei | kaba, nerbiyos<br>カバ、ネルビヨス | *nerve* |
| 真剣な／しんけんな<br>shinkenna | taimtim<br>タイムティム | *earnest* |
| 信仰／しんこう<br>shinkoo | paniniwala<br>パニニワラァ | *belief* |
| 信号／しんごう<br>shingoo | senyas<br>センヤス | *traffic signal* |
| 人口／じんこう<br>jinkoo | populasyon<br>ポプゥラション | *population* |
| 深呼吸／しんこきゅう<br>shinkokyuu | hingang malalim<br>ヒンガン　マラリム | *deep breath* |
| 深刻／しんこく<br>shinkoku | mabigat<br>マビガァト | *serious* |
| 真珠／しんじゅ<br>shinju | perlas<br>ペルラス | *pearl* |
| 信じられない／しんじられない<br>shinjilalenai | hindi maniwala<br>ヒンディ　マニワラ | *unbelievable* |

| 信じる／しんじる shinjilu | magpautang マグパウタン | *trust* |
| 神聖な／しんせいな shinseina | banal バナァル | *sacred* |
| 親切／しんせつ shinsetsu | mabait マバイト | *kind* |
| 新鮮な／しんせんな shinsenna | sariwa サリワ | *fresh* |
| 心臓／しんぞう shinzoo | puso プゥソ | *heart* |
| 腎臓病／じんぞうびょう jinzoobyoo | sakit sa bato サキト　サ　バト | *kidney trouble* |
| 診断／しんだん shindan | diyagnosis ディヤグノシス | *diagnosis* |
| 慎重／しんちょう shinchoo | hinahon ヒナホン | *prudence* |
| 侵入／しんにゅう shinnyuu | pagsalakay パグサラカイ | *invasion* |
| 神秘／しんぴ shinpi | hiwaga ヒワガ | *mystery* |
| 新聞／しんぶん shinbun | diyaryo, pahayagan ディヤァルヨ、パハヤガン | *newspaper* |
| 新聞記者／しんぶんきしゃ shinbunkisha | tagapamahayag タガパマハヤグ | *reporter* |
| 心配する／しんぱいする shinpaisulu | mag-alaala マグ　アラーラ | *worry* |
| 進歩する／しんぽする shinposulu | bumuti ブムティ | *progress* |
| 深夜／しんや shin-ya | hatinggabi ハティンガビ | *midnight* |
| 信用／しんよう shin-yoo | tiwala ティワラ | *trust* |
| 信頼／しんらい shinlai | kumpiyansa クムピヤンサ | *confidence* |

し

89

| | | |
|---|---|---|
| 心理／しんり<br>shinli | sikolohiya<br>シコロヒヤ | *psychology* |
| 侵略／しんりゃく<br>shinlyaku | pagsalakay<br>パグサラカイ | *aggression* |
| 森林／しんりん<br>shinlin | kagubatan<br>カグバタン | *woods* |
| 新郎／しんろう<br>shinloo | lalaking ikasal<br>ララキング　イカサル | *bridegroom* |
| シーツ／しーつ<br>shiitsu | kumot<br>クモト | *sheets* |
| 水泳／すいえい<br>suiei | paglangoy<br>パグランゴイ | *swimming* |
| 炊事／すいじ<br>suiji | pagkain<br>パグカイン | *cooking, meal* |
| 衰弱／すいじゃく<br>suijaku | hina<br>ヒナ | *weakness* |
| 水晶／すいしょう<br>suishoo | bubog<br>ブボグ | *crystal* |
| 推薦／すいせん<br>suisen | rekomendasyon<br>レコメンダション | *recommendation* |
| 推測する／すいそくする<br>suisokusulu | ipagpalagay<br>イパグパラガイ | *suppose* |
| 垂直／すいちょく<br>suichoku | tadlong<br>タドロン | *perpendicular* |
| スイッチ／すいっち<br>suicchi | kabtol<br>カブトル | *switch* |
| 水平線／すいへいせん<br>suiheisen | horayson<br>ホライソン | *horizon* |
| 睡眠／すいみん<br>suimin | tulog<br>トゥログ | *sleeping* |
| 水曜日／すいようび<br>suiyoobi | miyerkoles<br>ミイェルコレス | *Wednesday* |
| 吸う／すう<br>suu | sipsipin<br>シプシピン | *suck* |

| 数学／すうがく<br>suugaku | matematika<br>マテマティカ | *mathematics* |
| スーツケース／すーつけーす<br>suutsukeesu | maleta<br>マレタ | *suitcase* |
| スーパー／すーぱー<br>suupaa | supermarket<br>スゥペルマルケト | *supermarket* |
| 崇拝／すうはい<br>suuhai | pagsamba<br>パグサムバァ | *adoration* |
| 崇拝する／すうはいする<br>suuhaisulu | sumamba<br>スマムバ | *adore* |
| スープ／すーぷ<br>suupu | sabaw<br>サバウ | *soup* |
| スカート／すかーと<br>sukaato | palda<br>パルダ | *skirt* |
| 姿／すがた<br>sugata | pigura<br>ピグラ | *figure* |
| 好き／すき<br>suki | gusto<br>グスト | *like* |
| スキー／すきー<br>sukii | iski<br>イスキ | *skiing* |
| 救う／すくう<br>sukuu | iniligtas<br>イニリグタス | *rescue* |
| すぐ近くの／すぐちかくの<br>suguchikakuno | kasunod<br>カスノド | *nearest* |
| 少ない／すくない<br>sukunai | ilan<br>イラン | *few, little,* |
| すぐに<br>suguni | agad<br>アガド | *at once* |
| 勝れる／すぐれる<br>sugulelu | dumaig<br>ドゥマイグ | *surpass* |
| 少し［数］／すこし<br>sukoshi | kakaunti<br>カカウンティ | *a few* |
| 少し前／すこしまえ<br>sukoshimae | kanina<br>カニナ | *a little while ago* |

す

| | | |
|---|---|---|
| 筋／すじ<br>suji | kaba<br>カバ | *nerve* |
| 涼しい／すずしい<br>suzushii | malamig<br>マラミグ | *cold* |
| 進む／すすむ<br>susumu | iuna<br>イウナ | *advance* |
| 進む／すすむ<br>susumu | sumugod<br>スムゴド | *advance* |
| 雀／すずめ<br>suzume | pipit<br>ピピト | *sparrow* |
| 頭痛／ずつう<br>zutsuu | sakit ng ulo<br>サキト　ナン　ウロ | *headache* |
| 素敵な／すてきな<br>sutekina | napakagaling<br>ナァパカガリィン | *fine* |
| すでに<br>sudeni | naposu na<br>ナポス　ナ | *already* |
| 捨てる／すてる<br>sutelu | ihagis<br>イハギス | *throw away* |
| 捨てる／すてる<br>sutelu | iwanan<br>イワナン | *abandon* |
| 砂／すな<br>suna | buhangin<br>ブハンギン | *sand* |
| 素早い／すばやい<br>subayai | matulin<br>マトゥリン | *quick* |
| 素晴らしい／すばらしい<br>subalashii | kahanga-hanga<br>カハンガ　ハンガ | *wonderful* |
| スプーン／すぷーん<br>supuun | kutsara<br>クッサラ | *spoon* |
| スペイン／すぺいん<br>supein | espanya<br>エスパニヤ | *Spain* |
| スペインの／すぺいんの<br>supeinno | kastila<br>カスティラ | *Spanish* |
| スポーツ／すぽーつ<br>supootsu | isport<br>イスポルト | *sports* |

| | | |
|---|---|---|
| ズボン／ずぼん<br>zubon | salawal<br>サラワァル | *trousers* |
| 炭／すみ<br>sumi | uling<br>ウリン | *charcoal* |
| すみません<br>sumimasen | patawad po<br>パタワド　ポ | *Excuse me* |
| 擦り傷／すりきず<br>surikizu | gasgas<br>ガスガス | *abrasion* |
| スリッパ／すりっぱ<br>surippa | tsinelas<br>ツイネラス | *slippers* |
| 鋭い／するどい<br>surudoi | matalim<br>マタリィム | *sharp* |
| 座る／すわる<br>suwaru | umupo<br>ウムポ | *sit* |
| 性／せい<br>sei | sekso<br>セクソ | *sex* |
| 正解／せいかい<br>seikai | tamang sagot<br>タマン　サゴト | *correct answer* |
| 正確な／せいかくな<br>seikakuna | wasto<br>ワストォ | *correct* |
| 生活／せいかつ<br>seikatsu | kabuhayan<br>カブハヤン | *living* |
| 正義／せいぎ<br>seigi | katarungan<br>カタァルゥンガン | *justice* |
| 税金／ぜいきん<br>zeikin | buwis<br>ブウィス | *tax* |
| 清潔な／せいけつな<br>seiketsuna | malinis<br>マリニス | *clean* |
| 政権／せいけん<br>seiken | autoridad<br>アウトリダァド | *authority* |
| 成功／せいこう<br>seikoo | tagumpay<br>タグムパァイ | *success* |
| 成功する／せいこうする<br>seikoosuru | magtagumpay<br>マグタグムパァイ | *succeed* |

す

| 制作／せいさく seisaku | produksyon プロドゥクション | *production* |
| 生産／せいさん seisan | produkto プロドゥクト | *output, production* |
| 政治／せいじ seiji | pulitika(politika) プリティカ（ポリティカ） | *politics* |
| 政治家／せいじか seijika | pulitiko(politiko) プリティコ（ポリティコ） | *Politician* |
| 正式／せいしき seishiki | pormalidad ポルマリダド | *formality* |
| 性質／せいしつ seishitsu | disposisyon ディスポシション | *nature, disposition* |
| 誠実／せいじつ seijitsu | katapatan カタァパアタン | *sincerity* |
| 成熟／せいじゅく seijuku | matanda マタンダ | *adult* |
| 青春［時代］／せいしゅん seishun | kabataan カバタアン | *youth* |
| 聖書／せいしょ seisho | Bibliya ビブリヤ | *Bible* |
| 精神／せいしん seishin | espiritu エスピリトゥ | *spirit* |
| 精神／せいしん seishin | pag-iisip パグ　イーシプ | *mind* |
| 贅沢／ぜいたく zeitaku | karangyaan カランギヤーン | *luxury* |
| 成長／せいちょう seichoo | paglaki パグラキイ | *growth* |
| 成長する／せいちょうする seichoosulu | yumaman ユママン | *grow* |
| 生徒／せいと seito | estudyante エストゥドヤンテ | *student* |
| 制度／せいど seido | patakaran パタカラァン | *system* |

| | | |
|---|---|---|
| 政党／せいとう<br>seitoo | lapiang pampolitika<br>ラピアン　パムポリティカ | *political party* |
| 政府／せいふ<br>seifu | gobyerno, pamahalaan<br>ゴビェルノ、パマハラーン | *government* |
| 制服／せいふく<br>seifuku | uniniporme<br>ユニポルメ | *uniform* |
| 性別／せいべつ<br>seibetsu | tauhin<br>タウヒィン | *sex distinction* |
| 整理／せいり<br>seili | pag-aayos<br>パグ　アアヨス | *arrangement* |
| 世界／せかい<br>sekai | daigdig, mundo<br>ダイグディグ、ムンドォ | *world* |
| 咳／せき<br>seki | ubo<br>ウボ | *cough* |
| 席／せき<br>seki | upuan<br>ウプゥアン | *seat* |
| 石炭／せきたん<br>sekitan | karbon<br>カルボン | *coal* |
| 責任／せきにん<br>sekinin | responsibilidad<br>レズポンシビリダド | *responsibility* |
| 石油／せきゆ<br>sekiyu | petrolyo<br>ペトローリョ | *petroleum* |
| 世間／せけん<br>seken | samahan<br>サマハァン | *society* |
| 世代／せだい<br>sedai | lipi<br>リピ | *generation* |
| 石灰／せっかい<br>sekkai | apog<br>アポグ | *lime* |
| 接近／せっきん<br>sekkin | paglapit<br>パグラピィト | *approach* |
| 設計／せっけい<br>sekkei | disenyo<br>ディセンヨ | *design* |
| 石鹸／せっけん<br>sekken | sabon<br>サボン | *soap* |

| | | |
|---|---|---|
| 絶対の／ぜったいの<br>zettaino | absoluto<br>アブソルト | *absolute* |
| 設置／せっち<br>secchi | pagtatatag<br>パグタタタグ | *establishment* |
| 説得／せっとく<br>settoku | paghikayat<br>パグヒカヤット | *persuasion* |
| 説得する／せっとくする<br>settokusulu | himukin<br>ヒムキン | *persuade* |
| 設備／せつび<br>setsubi | pagbibigay ng kagamitan<br>パグビビガァイ　ナン　カガミィタン | *equipment* |
| 絶望／ぜつぼう<br>zetsuboo | kawalang-pag-asa<br>カワラァン　パグ　アサ | *despair* |
| 説明／せつめい<br>setsumei | eksplanasyon<br>エクスプラナション | *explanation* |
| 説明する／せつめいする<br>setsumeisulu | ipali-wanag<br>イパリ　ワナグ | *explain* |
| 絶滅／ぜつめつ<br>zetsumetsu | paglipol<br>パグリポル | *extermination* |
| 絶滅する／ぜつめつする<br>zetsumetsusulu | lipulin<br>リプリン | *annihilate* |
| 節約／せつやく<br>setsuyaku | bawas oras<br>バワス　オラス | *savings* |
| 設立／せつりつ<br>setsulitsu | pagtatayo<br>パグタタヨ | *establishment* |
| 背中／せなか<br>senaka | likod<br>リコド | *back* |
| 責める／せめる<br>semelu | sumisi<br>スミシ | *blame* |
| ゼリー／ぜりー<br>zelii | halaya<br>ハラヤ | *jelly* |
| ゼロ／ぜろ<br>zelo | cero, sero, wala<br>セロ、セロ、ワラ | *zero* |
| 世話／せわ<br>sewa | alaga<br>アラガ | *care* |

| 世話をする／せわをする<br>sewawosulu | aruga<br>アルガ | *take care of* |
| 線／せん<br>sen | hanay, linya<br>ハナイ、リンヤ | *line* |
| 千／せん<br>sen | libo<br>リボ | *thousand* |
| 善意／ぜんい<br>zen-i | buti<br>ブティ | *goodwill* |
| 全額／ぜんがく<br>zengaku | suma<br>スマ | *sum* |
| 選挙／せんきょ<br>senkyo | eleksiyon<br>エレクシヨン | *election* |
| 先月／せんげつ<br>sengetsu | noong nakaraang buwan<br>ノーン　ナカラァーン　ブワン | *last month* |
| 宣言／せんげん<br>sengen | pagpapahayag<br>パグパパハヤグ | *declaration* |
| 選手／せんしゅ<br>senshu | manlalaro<br>マンラララォ | *player* |
| 先週／せんしゅう<br>senshuu | noong isang linggo<br>ノーン　イサァン　リンゴォ | *last week* |
| 宣誓／せんせい<br>sensei | sumpa<br>スンパァ | *oath* |
| 占星学／せんせいがく<br>senseigaku | astrolohiya<br>アストロロヒヤァ | *astrology* |
| 全然／ぜんぜん<br>zenzen | lubos<br>ルボス | *completely* |
| 戦争／せんそう<br>sensoo | digma<br>ディグマァ | *war* |
| 選択／せんたく<br>sentaku | pagpili<br>パグピリィ | *selection* |
| 宣伝／せんでん<br>senden | propaganda<br>プロパガンダ | *propaganda* |
| 先輩／せんぱい<br>senpai | nakatatanda<br>ナカタァタンダ | *senior* |

せ

| 扇風機／せんぷうき<br>senpuuki | bentilador<br>ベンティラドール | *fan* |
| 洗面器／せんめんき<br>senmenki | palanggana<br>パランガナ | *washbasin* |
| 洗面所／せんめんじょ<br>senmenjo | hugasan<br>フガサァン | *lavatory* |
| 専門／せんもん<br>senmon | espesyalidad<br>エスペシャリダド | *specialty* |
| 専用／せんよう<br>sen-yoo | pangsarilinggamit<br>パンサリリンガミト | *exclusive use* |
| 線路／せんろ<br>senlo | riles<br>リレス | *rail* |
| 象／ぞう<br>zoo | elepante<br>エレパンテ | *elephant* |
| 増加／ぞうか<br>zooka | dagdag, pagdami<br>ダグダグ、パグダミ | *increase* |
| 葬儀／そうぎ<br>soogi | libing<br>リビィング | *burial* |
| 倉庫／そうこ<br>sooko | bodega<br>ボデガ | *warehouse* |
| 捜査／そうさ<br>soosa | pagsusuri<br>パグススリ | *search* |
| 相殺する／そうさいする<br>soosaisulu | magpagaan<br>マグパガーン | *offset* |
| 掃除／そうじ<br>sooji | paglilinis<br>パグリリニス | *cleaning* |
| 掃除する／そうじする<br>soojisulu | maglampaso<br>マグラムパソ | *mop* |
| 想像／そうぞう<br>soozoo | imahinasyon<br>イマヒナション | *imagination* |
| 想像する／そうぞうする<br>soozoosulu | guniguni<br>グニグニ | *imagine* |
| 相続／そうぞく<br>soozoku | pagkamana<br>パグカマナ | *inheritance* |

| 相談／そうだん soodan | kunsulta クンスルタ | *consultation* |
| 贈呈／そうてい zootei | paghahandog パグハハンドォグ | *presentation* |
| 相場／そうば sooba | halaga ハラガ | *current price* |
| 送別会／そうべつかい soobetsukai | despedida デスペディダ | *farewell party* |
| 創立／そうりつ soolitsu | pagtatatag パグタタタグ | *establishment* |
| 僧侶／そうりょ soolyo | ministro ミニストロ | *pastor, priest* |
| 送料／そうりょう soolyoo | bayad sa kargada バヤド　サ　カルガダ | *carriage* |
| ソース／そーす soosu | sarsa サルサ | *sauce* |
| 速達／そくたつ sokutatsu | natatanging paghahatid ナタタニィン　パグハハティド | *special delivery* |
| 測定／そくてい sokutei | pagsukat パグスカト | *measurement* |
| 速度／そくど sokudo | kabilisan カビリサン | *speed* |
| 束縛／そくばく sokubaku | saway サワァイ | *restraint* |
| そこに sokoni | naririyan(nariyan) ナリリヤン（ナリヤン） | *there* |
| 組織／そしき soshiki | organisasyon オルガニサション | *organization* |
| そして soshite | at アト | *and* |
| 祖先／そせん sosen | nuno ヌノォ | *ancestor* |
| 注ぐ／そそぐ sosogu | isalin イサリン | *pour* |

そ

| 育てる／そだてる sodatelu | palakihin パラキヒン | *bring up* |
| 卒業／そつぎょう sotsugyoo | pagtatapos パグタタポス | *graduation* |
| そっち socchi | diyan ディヤァン | *there* |
| その sono | niya ニヤァ | *it* |
| その代り／そのかわり sonokawali | kundi クンディ | *instead* |
| その後／そのご sonogo | pagkaraan パグカラアン | *afterwards* |
| そば soba | satabi サタビ | *near* |
| 祖父母／そふぼ sofubo | nuno ヌノォ | *grandparents* |
| 素朴／そぼく soboku | pagkasimple パグカシムプレ | *simplicity* |
| 空／そら sola | langit ランギィト | *sky* |
| それ sole | iyan イヤン | *it* |
| それ（は） sole(wa) | siya シヤァ | *it* |
| それから solekala | samakatuwid サマカトゥウィズ | *then* |
| それぞれの solezoleno | balang バラング | *each* |
| 揃える／そろえる soloelu | ayusin アユシン | *put in order* |
| 損／そん son | pagkawala パグカワラァ | *loss* |
| 損害／そんがい songai | pinsala ピンサラ | *damage* |

| 尊敬／そんけい<br>sonkei | paggalang<br>パグガラング | *respect* |
| 尊敬する／そんけいする<br>sonkeisulu | gumalang<br>グマラン | *respect* |
| 存在／そんざい<br>sonzai | buhay, pagkakaroon<br>ブハイ、パグカカローン | *existence* |
| そんな<br>sonna | gayang<br>ガヤン | *such* |
| ソーセージ／そーせーじ<br>sooseiji | longganisa<br>ロンガニサ | *sausage* |

そ

# た

| | | |
|---|---|---|
| 田／た<br>ta | palayan<br>パラヤン | *rice field* |
| 台／だい<br>dai | base<br>バセェ | *base* |
| 体育／たいいく<br>taiiku | edukasyong pangkatawan<br>エドゥカション　パンカタワン | *physical education* |
| 第一／だいいち<br>daiichi | numero uno<br>ヌメロ　ウノ | *first* |
| 退院／たいいん<br>taiin | pag-alis sa ospital<br>パグ　アリス　サ　オスピタル | *leaving hospital* |
| 体温／たいおん<br>taion | temperatura<br>テムペラトゥラ | *temperature* |
| 体温計／たいおんけい<br>taionkei | termometro<br>テルモメトロ | *thermometer* |
| 大会／たいかい<br>taikai | kumbensiyon<br>クムベンシヨン | *convention* |
| 体格／たいかく<br>taikaku | pangangatawan<br>パンガンガタワン | *bodily structure* |
| 大学／だいがく<br>daigaku | unibersidad<br>ユニベルシダド | *university* |
| 大嫌い／だいきらい<br>daikilai | mainis, kasuklaman<br>マイニス、カスクラマァン | *abhor* |
| 大工／だいく<br>daiku | alwagi<br>アルワギ | *carpenter* |
| 待遇／たいぐう<br>taiguu | pagpapalagay<br>パグパパラガァイ | *treatment* |
| 退屈／たいくつ<br>taikutsu | nakalinis<br>ナカリニス | *boring* |
| 体型／たいけい<br>taikei | istilo<br>イスティロ | *style* |

| 体験／たいけん<br>taiken | sariling karanasan<br>サリリン　カラナサン | *experience* |
| 太鼓／たいこ<br>taiko | tambol<br>タムボル | *drum* |
| 大根／だいこん<br>daikon | labanos<br>ラバノス | *radish* |
| 滞在／たいざい<br>taizai | pagtigil<br>パグティギル | *stay* |
| 滞在する／たいざいする<br>taizaisuiu | magpaiwan<br>マグパイワァン | *stay* |
| 第三 (の)／だいさん<br>daisan(no) | ikatlo<br>イカトロ | *third* |
| 体重／たいじゅう<br>taijuu | bigat<br>ビガト | *weight* |
| 大丈夫／だいじょうぶ<br>daijoobu | okay<br>オッケイ | *okay* |
| 大切な／たいせつな<br>taisetsuna | mahalaga<br>マハラガァ | *important* |
| 体操／たいそう<br>taisoo | himnasya<br>ヒムナシヤ | *exercise* |
| 態度／たいど<br>taido | aktitudo<br>アクティトゥッド | *attitude* |
| 大統領／だいとうりょう<br>daitoolyoo | pangulo<br>パンヌロ | *president* |
| 台所／だいどころ<br>daidokolo | kusina<br>クシナ | *kitchen* |
| 体罰／たいばつ<br>taibatsu | parusa<br>パルサ | *penalty* |
| 代表する／だいひょうする<br>daihyoosulu | katawanin<br>カタワニン | *represent* |
| 太平洋／たいへいよう<br>taiheiyoo | ang Karagatang Pasipiko<br>アン　カラガタン　パシピコ | *The Pacific Ocean* |
| 大変／たいへん<br>taihen | mahalaga<br>マハラガァ | *serious* |

た

| 大変／たいへん<br>taihen | na<br>ナ | *very* |
| 大便／だいべん<br>daiben | dumi<br>ドゥミィ | *excrement* |
| 逮捕／たいほ<br>taiho | paghuli<br>パグプリ | *arrest* |
| 逮捕する／たいほする<br>taihosulu | dakpin<br>ダクピィン | *nab* |
| 怠慢／たいまん<br>taiman | pabaya<br>パバヤ | *neglect, negligent* |
| 代名詞／だいめいし<br>daimeishi | panghalip<br>パンハリィプ | *pronoun* |
| 体面／たいめん<br>taimen | dignidad<br>ディグニダァド | *sense of honor* |
| タイヤ／たいや<br>taiya | gulong<br>グロング | *tire* |
| ダイヤモンド／だいやもんど<br>daiyamondo | brilyante<br>ブリルヤンテ | *diamond* |
| 太陽／たいよう<br>taiyoo | araw<br>アラウ | *sun* |
| 代理／だいり<br>daili | pagkatawan<br>パグカタワァン | *proxy* |
| 大陸／たいりく<br>tailiku | kontinente<br>コンティネンテ | *continent* |
| 対話／たいわ<br>taiwa | usapan<br>ウサパン | *dialogue* |
| 田植え／たうえ<br>taue | pagtatanim ng palay<br>パグタタニム　ナン　パライ | *rice-planting* |
| 耐える／たえる<br>taelu | matagalan<br>マタガラァン | *endure, abide* |
| 絶える／たえる<br>taelu | tumigil<br>トゥミギル | *die out* |
| 倒す／たおす<br>taosu | pinatumba<br>ピナトゥムバ | *knock down* |

| 日本語 | タガログ語 | 英語 |
|---|---|---|
| タオル／たおる<br>taolu | tuwalya<br>トゥワルヤ | *towel* |
| 鷹／たか<br>taka | lawin<br>ラウィン | *hawk* |
| 〜だが<br>〜 daga | bagaman<br>バガマン | *although* |
| 高い／たかい<br>takai | mataas<br>マタース | *high* |
| 耕す／たがやす<br>tagayasu | araruhin<br>アラルヒン | *plow* |
| 宝／たから<br>takala | kayamanan<br>カヤマナン | *treasure* |
| だから<br>dakala | upang<br>ウパング | *(and) so* |
| 宝くじ／たからくじ<br>takarakuji | loteriya<br>ロテリィヤ | *lottery* |
| 滝／たき<br>taki | talon<br>タロン | *waterfall, fall* |
| 妥協／だきょう<br>dakyoo | kasunduan<br>カァスンドゥアン | *compromise* |
| 抱く／だく<br>daku | tanganan<br>タンアナン | *hold in the arm* |
| 沢山／たくさん<br>takusan | marami<br>マラミ | *a lot* |
| タクシー／たくしー<br>takusii | taksi<br>タクシ | *taxi* |
| 企み／たくらみ<br>takulami | sabwatan<br>サブワタン | *plot* |
| 竹／たけ<br>take | kawayan<br>カワヤン | *bamboo* |
| 打撃／だげき<br>dageki | dagok<br>ダゴク | *shock* |
| 筍／たけのこ<br>takenoko | labong<br>ラボン | *bamboo shoot* |

た

| | | |
|---|---|---|
| 蛸／たこ<br>tako | pugita<br>プゥギタ | *octopus* |
| 凧／たこ<br>tako | saranggola<br>サランゴラ | *kite* |
| 確かめる／たしかめる<br>tashikamelu | siguruhin<br>シグルヒン | *make sure* |
| 足し算／たしざん<br>tashizan | pagdagdag<br>パグダグダグ | *addition* |
| 多少／たしょう<br>tashoo | humigit-kumulang<br>フミギト　クムラン | *some* |
| 助け合い／たすけあい<br>tasukeai | pagtutulungan<br>パグトゥトゥルンガァン | *mutual help* |
| 助ける／たすける<br>tasukelu | tumulong<br>トゥムロン | *help* |
| 訪ねる／たずねる<br>tazunelu | bisitahin<br>ビシタヒン | *visit* |
| 尋ねる／たずねる<br>tazunelu | magtanong<br>マグタノン | *ask, inquire* |
| ただ<br>tada | libre<br>リブレ | *free* |
| 戦う／たたかう<br>tatakau | lumaban<br>ルマバン | *fight* |
| 叩く／たたく<br>tataku | suntukin<br>スントゥキン | *strike* |
| 正しい／ただしい<br>tadashii | tama<br>タマァ | *correct* |
| 直ちに／ただちに<br>tadachini | agad-agad<br>アガド　アガド | *immediate* |
| 立入り禁止／たちいりきんし<br>tachiilikinshi | bawal pumasok<br>バワル　プゥマソク | *No trespassing* |
| 立つ／たつ<br>tatsu | tumindig<br>トゥミィンディグ | *stand up* |
| 達者な／たっしゃな<br>tasshana | malusog<br>マルソォグ | *healthy* |

| | | |
|---|---|---|
| たった一つ／たったひとつ<br>tattahitotsu | **lamang**<br>ラマング | *single* |
| 縦に／たてに<br>tateni | **patayo**<br>パタヨ | *vertically* |
| 建物／たてもの<br>tatemono | **gusali**<br>グサリ | *building* |
| 建てる／たてる<br>tatelu | **magtatag**<br>マグタタグ | *build* |
| 例えば／たとえば<br>tatoeba | **halimbawa**<br>ハリムバワ | *for example* |
| 棚／たな<br>tana | **istante**<br>イスタンテ | *shelf* |
| 谷／たに<br>tani | **lambak**<br>ラムバク | *valley* |
| 他人／たにん<br>tanin | **ibang tao**<br>イバン　タオ | *others* |
| 狸／たぬき<br>tanuki | **tuso**<br>トゥソ | *raccoon dog* |
| 種／たね<br>tane | **buto**<br>ブト | *seed* |
| 楽しい／たのしい<br>tanoshii | **kasiya-siya**<br>カシヤ　シヤァ | *pleasant* |
| 楽しむ／たのしむ<br>tanoshimu | **nasiyahan**<br>ナシヤハン | *enjoy* |
| 頼む／たのむ<br>tanomu | **hilingan**<br>ヒリンガン | *ask for* |
| 頼む／たのむ<br>tanomu | **mamanhik**<br>ママンヒク | *beg, request* |
| 束／たば<br>taba | **bultan**<br>ブルタン | *bundle* |
| 旅／たび<br>tabi | **paglalakbay**<br>パグララクバイ | *travel* |
| 旅人／たびびと<br>tabibito | **manlalakbay**<br>マンララクバイ | *traveler* |

た

| | | |
|---|---|---|
| 多分／たぶん<br>tabun | baka<br>バカ | *maybe, perhaps* |
| 食べ物／たべもの<br>tabemono | pagkain<br>パグカイン | *food* |
| 食べる／たべる<br>tabelu | kumain<br>クマイン | *eat* |
| 多忙／たぼう<br>taboo | maraming<br>マラミン | *busy* |
| 玉／たま<br>tama | bola<br>ボラ | *ball* |
| 卵／たまご<br>tamago | itlog<br>イトロォグ | *egg* |
| 魂／たましい<br>tamashii | kaluluwa<br>カルルワ | *soul* |
| 騙す／だます<br>damasu | dayain<br>ダヤ | *deceive* |
| 玉葱／たまねぎ<br>tamanegi | sibuyas<br>シブヤス | *onion* |
| たまらない<br>tamalanai | di na matitiis<br>ディ　ナ　マティティース | *ache* |
| 黙る／だまる<br>damagu | tumahimik<br>トゥマヒミク | *become silent* |
| 駄目／だめ<br>dame | Hindi<br>ヒンディ | *No, don't* |
| 試す／ためす<br>tamesu | subukin<br>スブキン | *try* |
| 貯める／ためる<br>tamelu | magtago impok<br>マグタゴ　イムボク | *save* |
| 便り／たより<br>tayoli | liham<br>リハム | *letter* |
| 頼る／たよる<br>tayolu | manalig<br>マナリグ | *rely on* |
| 鱈／たら<br>tala | bakalaw<br>バカラウ | *codfish* |

| 足りる／たりる<br>talilu | mahusto<br>マフスト | *suffice* |
|---|---|---|
| だるい<br>dalui | lupaypay<br>ルパイパアイ | *languid* |
| 誰／だれ<br>dale | sino<br>シノ | *Who* |
| 誰か／だれか<br>daleka | balang tao<br>バラング　タオ | *anyone* |
| 誰の／だれの<br>daleno | kanino<br>カニノ | *whose* |
| 痰／たん<br>tan | pleura<br>プレマ | *phlegm* |
| 単位／たんい<br>tan-i | yunit<br>ユニイト | *unit* |
| 単語／たんご<br>tango | kataga<br>カタガ | *a word* |
| ダンサー／だんさー<br>dansaa | magsasayaw, mananayaw<br>マグササヤウ、マナナウヤウ | *dancer* |
| 炭酸／たんさん<br>tansan | soda<br>ソォダ | *carbonic acid* |
| 断食／だんじき<br>danjiki | ayuno<br>アユノ | *fast* |
| 短縮する／たんしゅくする<br>tanshukusulu | paikliin<br>パイクリーン | *abbreviate* |
| 単純／たんじゅん<br>tanjun | pagkasimple<br>パグカシムプレ | *simplicity* |
| 誕生／たんじょう<br>tanjoo | pagsilang<br>パグシラン | *birth* |
| 誕生日／たんじょうび<br>tanjoobi | kaarawan<br>カーラワァン | *birthday* |
| 箪笥／たんす<br>tansu | aparador, komoda<br>アパラドール、コモダ | *wardrobe* |
| 男性／だんせい<br>dansei | lalake<br>ララケ | *male* |

た

| 団体／だんたい<br>dantai | opartido<br>パルティド | *party* |
| たんぽぽ<br>tanpopo | amargon<br>アマルゴン | *dandelion* |
| 男優／だんゆう<br>dan-yuu | artistang lalaki<br>アルティスタン　ララキイ | *actor* |
| 血／ち<br>chi | dugo<br>ドゥゴォ | *blood* |
| 地域／ちいき<br>chiiki | laki<br>ラキ | *area* |
| 小さい／ちいさい<br>chiisai | maliit<br>マリィイト | *little, small* |
| 知恵／ちえ<br>chie | alam<br>アラム | *wisdom* |
| 地下／ちか<br>chika | silong<br>シロン | *underground* |
| 違い／ちがい<br>chigai | kaibhan<br>カイブハン | *difference* |
| 誓う／ちかう<br>chikau | sumumpa<br>スムムパ | *swear* |
| 近くに／ちかくに<br>chikakuni | malapit<br>マラピト | *near* |
| 地下鉄／ちかてつ<br>chikatetsu | daan sa ilalim<br>ダァーン　サ　イラリム | *subway* |
| 近道／ちかみち<br>chikamichi | padali<br>パダリ | *shortcut* |
| 力／ちから<br>chikala | lakas<br>ラカァス | *strength* |
| 地球／ちきゅう<br>chikyuu | globo<br>グロボ | *globe* |
| チケット／ちけっと<br>tiketto | ticket<br>ティケット | *ticket* |
| 知識／ちしき<br>chishiki | kaalaman<br>カーラマン | *knowledge* |

| 知人／ちじん chijin | kakilala カキララ | *acquaintance* |
| 地図／ちず chizu | mapa マパ | *map* |
| 知性／ちせい chisei | talino タリノ | *intellect* |
| 乳／ちち chichi | suso スソ | *bust* |
| 窒素／ちっそ chisso | nitrogeno ニトロゲノ | *nitrogen* |
| 知的／ちてき chiteki | pangkaisipan パンカイシパァン | *intellectual* |
| 知能／ちのう chinoo | isip イシィプ | *intellect* |
| 地方／ちほう chihoo | distrito ディストリト | *district_* |
| 茶／ちゃ cha | tsa チャ | *tea* |
| 注意／ちゅうい chuui | bala バラァ | *warning* |
| 注意／ちゅうい chuui | pansin パンシン | *attention* |
| 仲介する／ちゅうかいする chuukaisulu | interes インテレェス | *intermediate* |
| 中国／ちゅうごく chuugoku | tsina ツィナ | *China* |
| 忠告する／ちゅうこくする chuukokusulu | magpayo マグパヨ | *advise* |
| 中止／ちゅうし chuushi | hinto, suspensiyon ヒント、ススペンシヨン | *stop* |
| 中止する／ちゅうしする chuushisuru | itigil イティギル | *drop out* |
| 注射／ちゅうしゃ chuusha | iniksiyon イニクシヨン | *injection* |

ち

111

| 駐車／ちゅうしゃ<br>chuusha | paghimpil<br>パグヒムピル | *parking* |
|---|---|---|
| 駐車場／ちゅうしゃじょう<br>chuushajoo | paradahan<br>パラダハン | *parking lot* |
| 中傷／ちゅうしょう<br>chuushoo | paninirang-puri<br>パニニラン　プゥリ | *slander* |
| 抽象的／ちゅうしょうてき<br>chuushooteki | mahirap unawain<br>マヒラプ　ウナワイン | *abstract* |
| 昼食／ちゅうしょく<br>chuushoku | tanghalian<br>タンハリアン | *lunch* |
| 中心／ちゅうしん<br>chuushin | gitna, sentro<br>ギトナ、セントロ | *center* |
| 中心街／ちゅうしんがい<br>chuushingai | kabayanan<br>カバヤナン | *downtown* |
| 虫垂炎／ちゅうすいえん<br>chuusuien | apendisitis<br>アペンディシティス | *appendicitis* |
| 中途半端／ちゅうとはんぱ<br>chuutohanpa | nasa kalahatian<br>ナサ　カラハティアン | *halfway* |
| 中年／ちゅうねん<br>chuunen | halagitnaang edad<br>ハラギトナーン　エダド | *middle age* |
| 注目／ちゅうもく<br>chuumoku | ingat, pansiterya<br>インガト、パンシテルヤ | *notice* |
| 注文／ちゅうもん<br>chuumon | utos<br>ウトス | *order* |
| 昼夜／ちゅうや<br>chuuya | arawatgabi<br>アラウアトガビ | *day and night* |
| チューリップ／ちゅーりっぷ<br>chuulippu | tulipan<br>トゥリパン | *tulip* |
| 腸／ちょう<br>choo | bituka<br>ビトゥカ | *intestines* |
| 蝶／ちょう<br>choo | paruparo<br>パルパロ | *butterfly* |
| 聴覚／ちょうかく<br>chookaku | pandinig<br>パンディニィグ | *hearing* |

| 長距離／ちょうきょり<br>chookyoli | pangmalayuan<br>パンマラユアン | *long distance* |
| 調子／ちょうし<br>chooshi | himig<br>ヒミグ | *tune* |
| 長所／ちょうしょ<br>choosho | merito<br>メリト | *merit* |
| 頂上／ちょうじょう<br>choojyoo | tuktok<br>トゥクトク | *summit, top* |
| 朝食／ちょうしょく<br>chooshoku | agahan<br>アガハン | *breakfast* |
| 調整／ちょうせい<br>choosei | pagpipigil<br>パグピピギル | *adjustment* |
| 調停／ちょうてい<br>chootei | arbitrasyon<br>アルビトラション | *arbitration* |
| 長男／ちょうなん<br>choonan | panganay na lalaki<br>パンアナイ　ナ　ララキ | *eldest son* |
| 長老／ちょうろう<br>choloo | matanda<br>マタンダ | *elder* |
| 貯金／ちょきん<br>chokin | ang inimpok<br>アン　イニムポォク | *savings* |
| 直接／ちょくせつ<br>chokusetsu | direkto<br>ディレクト | *direct* |
| 著者／ちょしゃ<br>chosha | autor<br>アウトル | *author* |
| 直径／ちょっけい<br>chokkei | diyametro<br>ディヤメトロ | *diameter* |
| ちょっと<br>chotto | kauntilang<br>カウンティラン | *a bit* |
| 治療／ちりょう<br>chilyoo | lunas<br>ルナス | *medical treatment* |
| 治療する／ちりょうする<br>chilyoosulu | pagalingin<br>パガリンギン | *cure* |
| 散る／ちる<br>chilu | bumulabog<br>ブムラボグ | *scatter* |

ち

113

| 賃貸／ちんたい<br>chintai | pag-upa<br>パグ　ウパ | *lease* |
|---|---|---|
| 珍味／ちんみ<br>chinmi | piling pagkain<br>ピリン　パグカイン | *delicacy* |
| チーズ／ちーず<br>chiizu | keso<br>ケソ | *cheese* |
| チーム／ちーむ<br>chiimu | koponan<br>コポナン | *team* |
| 追加／ついか<br>tsuika | pagdaragdag<br>パグダラグダァグ | *addition* |
| 追跡する／ついせきする<br>tsuisekisulu | humabol, tingis<br>フマボル、ティンギス | *pursue, chase* |
| 遂に／ついに<br>tsuini | sa wakas<br>サ　ワカス | *at last* |
| 通貨／つうか<br>tsuuka | salapi<br>サラピ | *currency* |
| 通行／つうこう<br>tsuukoo | trapiko<br>トラピコ | *traffic* |
| 通行止め／つうこうどめ<br>tsuukoodome | pagtigil sa trapiko<br>パグティギル　サ　トラピコ | *prohibition of traffic* |
| 通報／つうほう<br>tsuuhoo | balita, report<br>バリタァ、レポルト | *report* |
| 通路／つうろ<br>tsuulo | daan<br>ダァーン | *passage* |
| 仕える／つかえる<br>tsukaelu | nagsisilbi<br>ナグシシルビ | *serve* |
| 束の間／つかのま<br>tsukanoma | saisang sandali<br>サイサァン　サンダリ | *momentarily* |
| 掴む／つかむ<br>tsukamu | hawakan<br>ハワカン | *hold, catch* |
| 疲れた／つかれた<br>tsukaleta | nangalay<br>ナンガライ | *fatigued* |
| 月／つき<br>tsuki | buwan<br>ブワァン | *moon* |

114

| | | |
|---|---|---|
| 次／つぎ<br>tsugi | sumusunod<br>スムスノド | *next* |
| 月（〜月）／つき（〜がつ）<br>tsuki( 〜 gatsu) | buwan<br>ブワァン | *month* |
| 付き合い／つきあい<br>tsukiai | pagsasamahan<br>パグササマハァン | *intercourse* |
| 月毎の／つきごとの<br>tsukigotono | buwanan<br>ブワナン | *monthly* |
| 付き添い／つきそい<br>tsukisoi | pagdalo<br>パグダロ | *attendance* |
| 次の時（に）／つぎのとき（に）<br>tsuginotoki(ni) | uli-uli<br>ウリ ウリ | *next time* |
| 着く／つく<br>tsuku | dumating, idatal<br>ドゥマティング、イダタル | *arrive* |
| 付く／つく<br>tsuku | dumikit<br>ドゥミキイト | *paste* |
| 注ぐ／つぐ<br>tsugu | ibuhos<br>イブホス | *pour* |
| 作る／つくる<br>tsukulu | gumawa<br>グマワァ | *make* |
| 漬物／つけもの<br>tsukemono | atsara<br>アトサラ | *pickles* |
| 告げる／つげる<br>tsugelu | magsabi<br>マグサビ | *tell* |
| 伝える／つたえる<br>tsutaelu | maghatid<br>マグハティド | *convey* |
| 続く／つづく<br>tsuzuku | magpatuloy<br>マグパトゥロイ | *continue* |
| 包み／つつみ<br>tsutsumi | bagahe<br>バガヘ | *package* |
| 包む／つつむ<br>tsutsumu | ibalabal<br>イバラバル | *wrap* |
| 綴り／つづり<br>tsuzuli | pagbaybay<br>パグバイバァイ | *spelling* |

つ

115

| 綱／つな<br>tsuna | lubid<br>ルビド | *rope* |
| 常に／つねに<br>tsuneni | lagi na<br>ラギ　ナ | *always* |
| 角／つの<br>tsuno | sungay<br>スンガイ | *horn* |
| 潰す／つぶす<br>tsubusu | dumurog<br>ドゥムログ | *break* |
| 壺／つぼ<br>tsubo | palayok<br>パラヨク | *pot* |
| 妻／つま<br>tsuma | asawa<br>アサワ | *wife* |
| 爪楊枝／つまようじ<br>tsumayooji | palito<br>パリト | *toothpick* |
| 詰まる／つまる<br>tsumalu | sinakal<br>シナカル | *chocked* |
| 罪／つみ<br>tsumi | krimen, sala<br>クリィメン、サラ | *crime* |
| 罪人／つみびと<br>tsumibito | salarin<br>サラリィン | *criminal* |
| 積む／つむ<br>tsumu | maglulan<br>マグルラン | *load* |
| 摘む／つむ<br>tsumu | mamulot<br>マムロト | *pick up* |
| 爪／つめ<br>tsume | kuko, pako<br>クコ、パコォ | *nail* |
| 冷たさ／つめたさ<br>tsumetasa | kalamigan<br>カラミィガァン | *coldness* |
| 詰める／つめる<br>tsumelu | palamanan<br>パラマナァン | *stuff* |
| 強い／つよい<br>tsuyoi | matipuno<br>マティプノォ | *muscular* |
| 釣り／つり<br>tsuli | pangingisda<br>パンギンギスダ | *fishing* |

| 手作り／てづくり tezukuli | yaring kamay ヤリン　カマイ | *handmade* |
|---|---|---|
| 鉄鋼業／てっこうぎょう tekkoogyoo | pambakal na industriya パムバカル　ナ　インダストリヤ | *iron and steel industry* |
| 手伝う／てつだう tetsudau | tulungan トゥルンガン | *help* |
| 手続き／てつづき tetsuzuki | pamamaraan パママラーン | *procedure* |
| 鉄道／てつどう tetsudoo | perokaril ペロカリル | *railway* |
| 鉄砲／てっぽう teppoo | baril バリィル | *gun* |
| デパート／でぱーと depaato | department store デパルトメント　ストア | *department store* |
| 出番／でばん deban | turno トゥルノ | *turn* |
| 手袋／てぶくろ tebukulo | guwantes グワンテス | *gloves* |
| 手間のかかる／てまのかかる temanokakaru | magulo マグロ | *troublesome* |
| デモ／でも demo | pagpapakita パグパパキタ | *demonstration* |
| 寺／てら tela | templo テムプロ | *temple* |
| 出る／でる delu | lubas ルバス | *go out* |
| テレビ／てれび telebi | telebisyon テレビション | *television* |
| 照れる／てれる telelu | mapahiya マパヒヤ | *feel embarrassed* |
| 天／てん ten | glorya グロルヤ | *heaven* |
| 点／てん ten | punta プンタ | *point* |

119

| | | |
|---|---|---|
| 店員／てんいん<br>ten-in | klerk<br>クレルク | *clerk* |
| 展開する／てんかいする<br>tenkaisulu | sumulong<br>スムロン | *develop* |
| 点火する／てんかする<br>tenkasulu | sindihan<br>シンディハアン | *ignite* |
| 天気／てんき<br>tenki | panahon<br>パナホォン | *weather* |
| 電気／でんき<br>denki | elektrisidad<br>エレクトリシダド | *electricity* |
| 天気が良い／てんきがいい<br>tenkigaii | maganda ang panahon<br>マガンダ　アン　パナポン | *fine weather* |
| 電球／でんきゅう<br>denkyuu | bumbilya<br>ブムビルヤ | *bulb* |
| 電気料金／でんきりょうきん<br>denkilyookin | bayad sa koryente<br>バヤド　サ　コルイェンテ | *electric charges* |
| 天国／てんごく<br>tengoku | paraiso<br>パライソ | *heaven* |
| 天才／てんさい<br>tensai | talino<br>タリノ | *genius* |
| 天使／てんし<br>tenshi | anghel<br>アンヘル | *angel* |
| 電車／でんしゃ<br>densha | trambiya<br>トラムビヤ | *electric car* |
| 天井／てんじょう<br>tenjoo | kisame<br>キサメ | *ceiling* |
| 電子レンジ／でんしれんじ<br>denshilenji | maliit na saingang elektrik<br>マリート　ナ　サインガン　エレクトリク | *microwave oven* |
| 点線／てんせん<br>tensen | tulduk-tuldok<br>トゥルドゥクトゥルドゥク | *dotted fine* |
| 伝染／でんせん<br>densen | pagkahawa<br>パグカァハァワ | *infection* |
| 伝染病／でんせんびょう<br>densenbyoo | impeksiyon<br>イムペクシヨン | *infection* |

| 電池／でんち denchi | baterya バテルヤ | *battery* |
| 転倒する／てんとうする tentoosulu | mahulog マフログ | *fall* |
| 天然／てんねん tennen | katutubo カトゥトゥボ | *natives* |
| 天然痘／てんねんとう tennentoo | bulutong ブルトン | *smallpox* |
| 添付する／てんぷする tenpusulu | magdugtong マグダグトォン | *attach* |
| 電報／でんぽう denpoo | telegrama テレグラマ | *telegram* |
| 天文学／てんもんがく tenmongaku | astronomiya アストロノミヤ | *astronomy* |
| 天文学者／てんもんがくしゃ tenmongakusha | astronomo アストロォノモォ | *astronomer* |
| 転落する／てんらくする tenlakusulu | magpasama マグパサマ | *degrade* |
| 展覧会／てんらんかい tenlankai | eksibisyon エクシビション | *exhibition* |
| 電流／でんりゅう denlyuu | koryente コルイェンテ | *electric current* |
| 電話／でんわ denwa | telepono テレポノ | *telephone* |
| 電話する／でんわする denwasulu | tawagan タワガン | *ring up* |
| 電話番号／でんわばんごう denwabangoo | numero ng telepono ヌメロ　ナン　テレポノ | *telephone number* |
| ドア／どあ doa | pinto ピント | *door* |
| ～といえども toiedomo | kahit na カヒト　ナ | *although, though* |
| トイレ／といれ toile | kubeta クベタ | *lavatory* |

て

121

| 同意／どうい<br>dooi | pagpahinuhod<br>パグパヒヌホド | *assent* |
| 同意する／どういする<br>dooisulu | magkaisa<br>マグカイサ | *agree* |
| 動機／どうき<br>dooki | pagganyak<br>パグガニヤァク | *motivation* |
| 洞窟／どうくつ<br>dookutsu | yungib<br>ユングイブ | *cave* |
| 動作／どうさ<br>doosa | pagkilos<br>パグキロス | *action* |
| 投資／とうし<br>tooshi | pamumuhunan<br>パムムフナン | *investment* |
| 同志／どうし<br>dooshi | kasama<br>カサマ | *comrades* |
| 動詞／どうし<br>dooshi | pandiwa<br>パンディワ | *verb* |
| どうして？／どうして？<br>dooshite | bakit?<br>バキト | *Why?* |
| 当選／とうせん<br>toosen | halal<br>ハラァル | *elected* |
| 当然／とうぜん<br>toozen | tama<br>タマァ | *natural* |
| 灯台／とうだい<br>toodai | parola<br>パロラ | *lighthouse* |
| 到着／とうちゃく<br>toochaku | idatal<br>イダタル | *arrival* |
| 道徳／どうとく<br>dootoku | kagandahang-asal, moralidad<br>カガンダハン　アサル、モラリダァド | *morality* |
| 盗難／とうなん<br>toonan | nakawan<br>ナカワァン | *robbery* |
| 糖尿病／とうにょうびょう<br>toonyoobyoo | pag-ihi ng matamis<br>パグ　イヒ　ナン　マタミス | *diabetes* |
| 投票／とうひょう<br>toohyoo | boto<br>ボト | *vote* |

| 動物／どうぶつ<br>doobutsu | hayop<br>ハヨプ | *animal* |
|---|---|---|
| 同盟／どうめい<br>doomei | alyansa, pagtutulungan<br>アリアンサ、パグトゥトゥルンガァン | *alliance* |
| 透明な／とうめいな<br>toomeina | aninag<br>アニナグ | *transparent* |
| 登録／とうろく<br>tooloku | pagpapatala<br>パグパパタラ | *registration* |
| 遠回し／とおまわし<br>toomawashi | paliguy-ligoy<br>パリグイ　リゴイ | *indirect* |
| 通り／とおり<br>tooli | kalye<br>カルイェ | *street* |
| 都会の／とかいの<br>tokaino | lunsod<br>ルンソド | *urban* |
| 溶かす／とかす<br>tokasu | tunawin<br>トゥナウィン | *melt* |
| 時／とき<br>toki | panahon<br>パナホォン | *time* |
| 時々／ときどき<br>tokidoki | manaka-naka<br>マナカ　ナカ | *occasionally* |
| 得／とく<br>toku | gana<br>ガナ | *gain* |
| 解く／とく<br>toku | sumagot<br>スマゴト | *solve* |
| 毒／どく<br>doku | lason<br>ラソン | *poison* |
| 読者／どくしゃ<br>dokusha | ang bumabasa<br>アン　ブマァバサ | *reader* |
| 読書／どくしょ<br>dokusho | pagbasa<br>パグバサ | *reading* |
| 独身／どくしん<br>dokushin | walag-asawa<br>ワラン　アサワ | *single* |
| 得する／とくする<br>tokusulu | tumubo<br>トゥムボ | *benefit* |

| 独占／どくせん<br>dokusen | monopolyo<br>モノポリヨ | *monopoly* |
| 独占する／どくせんする<br>dokusensulu | masarili<br>マサリリ | *monopolize* |
| 得点／とくてん<br>tokuten | puntos<br>プゥントォス | *score* |
| 特別の／とくべつの<br>tokubetsuno | tangi<br>タンギ | *special* |
| 独立／どくりつ<br>dokulitsu | kasarinlan<br>カサリンラァン | *independence* |
| 時計／とけい<br>tokei | relo<br>レロ | *clock* |
| 溶ける／とける<br>tokelu | matunaw<br>マトゥナウ | *melt* |
| どこ<br>doko | saan<br>サーン | *where* |
| どこでも<br>dokodemo | kahit saan<br>カヒト　サーン | *anywhere* |
| どこに<br>dokoni | nasaan<br>ナサーン | *where* |
| ところで<br>tokolode | siya nga pala<br>シヤ　(ナ)ンガ　パラ | *by the way* |
| 登山／とざん<br>tozan | pag-akyat sa bundok<br>パグ　アクヤト　サ　ブンドク | *mountain climbing* |
| 年／とし<br>toshi | edad<br>エダド | *age* |
| 都市／とし<br>toshi | lungsod<br>ルンソォド | *city* |
| 年上／としうえ<br>toshiue | nakatatanda<br>ナカタァタンダ | *older* |
| 年とった／としとった<br>toshitotta | matanda<br>マタンダ | *old* |
| 図書館／としょかん<br>toshokan | bibliyoteka<br>ビブリヨテカ | *library* |

124

| 年寄り／としより toshiyoli | taong matanda タオン マタンダ | *old person* |
| 土地／とち tochi | lupa ルパ | *land* |
| 途中／とちゅう tochuu | buntis ブンティス | *on the way* |
| どちらか dochilaka. | magkabila マグカビラ | *either* |
| 突然／とつぜん totsuzen | kaagad カァアガド | *suddenly* |
| とても totemo | totoo トオトオー | *too, such* |
| 留まる／とどまる todomalu | manatili マナティリ | *remain* |
| 轟く／とどろく todoloku | umatungal ウマトゥンガル | *roar* |
| 隣に／となりに tonalini | kabilang pinto カビラン ピント | *next door* |
| 隣の／となりの tonalino | kanugnog カヌグノォグ | *next* |
| 怒鳴る／どなる donalu | umungal ウムンガル | *roar* |
| とにかく tonikaku | kahit paano カヒト パアノ | *anyhow, anyway* |
| 飛ぶ／とぶ tobu | paliparin パリパリン | *fly* |
| どぶ dobu | alulod アルロド | *gutter* |
| 戸惑う／とまどう tomadou | mapahiya マパヒヤ | *be embarrassed* |
| 止まる／とまる tomalu | tumigil トゥミギル | *stop* |
| 富／とみ tomi | yaman ヤマン | *riches* |

と

125

| | | |
|---|---|---|
| 止める／とめる<br>tomelu | patayin<br>パタイイン | *turn off* |
| 友達／ともだち<br>tomodachi | kaibigan<br>カイビガン | *friend* |
| 土曜日／どようび<br>do-yoobi | sabado<br>サバド | *Saturday* |
| 虎／とら<br>tola | tigre<br>ティグレ | *tiger* |
| トラック／とらっく<br>tolakku | trak<br>トラク | *truck* |
| トランプ／とらんぷ<br>tolanpu | baraha<br>バラハ | *playing cards* |
| 鳥／とり<br>toli | ibon<br>イボン | *bird* |
| 鶏肉／とりにく<br>toliniku | manok<br>マノク | *chicken* |
| 取引／とりひき<br>tolihiki | transaksiyon<br>トランサクション | *transactions* |
| 努力／どりょく<br>dolyoku | pagtitiyaga<br>パグティティヤガ | *effort* |
| 努力する／どりょくする<br>dolyokusulu | magsikap<br>マグシカプ | *endeavor* |
| 泥／どろ<br>dolo | putik<br>プゥティク | *mud* |
| 泥棒／どろぼう<br>doloboo | magnanakaw<br>マグナナカウ | *thief* |
| 丼／どんぶり<br>donbuli | mangkok<br>マンコォク | *bowl* |
| トンボ／とんぼ<br>tonbo | tutubi<br>トゥトゥビ | *dragonfly* |
| 問屋／とんや<br>ton-ya | pakyaw<br>パクヤァウ | *wholesale* |
| 貧欲／どんよく<br>don-yoku | matakaw<br>マタカウ | *greedy* |

# な

| 無い／ない<br>nai | wala<br>ワラ | *there is no, not* |
|---|---|---|
| 内閣／ないかく<br>naikaku | gabinete ng gobyerno<br>ガビネテ　ナン　ゴビェルノ | *cabinet* |
| 内地／ないち<br>naichi | interyor<br>インテルヨル | *inland* |
| ナイフ／ないふ<br>naifu | kutsilyo<br>クッシリョ | *knife* |
| 内容／ないよう<br>naiyoo | laman, nilalaman<br>ラマァン、ニララマン | *contents* |
| 直す／なおす<br>naosu | magkumpuni<br>マグクムプゥニィ | *repair* |
| 治す／なおす<br>naosu | pagalingin<br>パガリンギン | *cure* |
| 治る／なおる<br>naolu | gumaling<br>グマリン | *get better* |
| 長い／ながい<br>nagai | mahaba<br>マハバ | *long* |
| 長さ／ながさ<br>nagasa | haba<br>ハバ | *length* |
| 中に／なかに<br>nakani | nasa<br>ナサ | *in, at, on* |
| 仲間／なかま<br>nakama | kasamahan<br>カサマハァン | *colleague* |
| 眺め／ながめ<br>nagame | bista<br>ビスタ | *view* |
| 流れ／ながれ<br>nagale | agos<br>アゴス | *current* |
| 流れる／ながれる<br>nagalelu | umagos<br>ウマゴス | *flow* |

127

| 泣き声／なきごえ nakigoe | iyak イヤク | *cry* |
| 泣く／なく naku | umiyak ウミヤク | *cry* |
| 慰め／なぐさめ nagusame | aliw アリウ | *comfort* |
| 無くす／なくす nakusu | mawalan マワラァン | *lose* |
| 殴る／なぐる nagulu | muntok ムントク | *blow* |
| 投げる／なげる nagelu | iitsa イーツァ | *throw* |
| 梨／なし nashi | peras ペラス | *pear* |
| 馴染み／なじみ najimi | pagkamatalik パグカマタリク | *familiarity* |
| 茄子／なす nasu | talong タロング | *eggplant* |
| 謎／なぞ nazo | bugtong, hiwaga ブグトン、ヒワガ | *riddle, mystery* |
| 夏／なつ natsu | tag-init タグイニィト | *summer* |
| 七十／ななじゅう nanajuu | pitumpu ピトゥムプ | *seventy* |
| 何／なに nani | anong アノン | *what, that* |
| ナプキン／なぷきん napukin | serbilyeta セルビルイェタ | *napkin* |
| 名札／なふだ nafuda | pangalan tag パンアラン　タグ | *name tag* |
| 鍋／なべ nabe | bandeha バンデハ | *pan* |
| 生／なま nama | hilaw ヒラウ | *raw* |

| 名前／なまえ<br>namae | ngalan<br>ンガラン | *name* |
| --- | --- | --- |
| 怠ける／なまける<br>namakelu | pabaya<br>パバヤ | *idle* |
| 鉛／なまり<br>namali | tingga<br>ティンガ | *lead* |
| 波／なみ<br>nami | alon<br>アロン | *wave* |
| 涙／なみだ<br>namida | luha<br>ルハ | *tear* |
| 悩み／なやみ<br>nayami | dusa<br>ドゥサ | *suffering* |
| 悩む／なやむ<br>nayamu | magdusa<br>マグドゥサ | *suffer* |
| 習う／ならう<br>nalau | matutuhan<br>マトゥトゥハン | *learn* |
| 並ぶ／ならぶ<br>nalabu | ihanay<br>イハナイ | *align* |
| 鳴る／なる<br>nalu | tumugtog<br>トゥムトグ | *ring* |
| 南極／なんきょく<br>nankyoku | polong timog<br>ポロン ティモグ | *South Pole* |
| 軟膏／なんこう<br>nankoo | pamahid<br>パマヒド | *ointment* |
| 南北／なんぼく<br>nanboku | hilaga at timog<br>ヒラガ アト ティモグ | *north and south* |
| 難民／なんみん<br>nanmin | takas<br>タカス | *refugees* |
| 匂い／におい<br>nioi | amoy, umamoy<br>アモイ、ウマモィ | *smell* |
| 苦い／にがい<br>nigai | mapait<br>マパイト | *bitter* |
| 二月／にがつ<br>nigatsu | pebrero<br>ペブレロ | *February* |

な

129

| | | | |
|---|---|---|---|
| 苦々しい／にがにがしい<br>niganigashii | nakasusuya<br>ナカスゥスヤ | *unpleasant* |
| 苦み／にがみ<br>nigami | pait<br>パイト | *bitterness* |
| ニキビ／にきび<br>nikibi | tagihawat<br>タギハワト | *pimple* |
| 賑やか／にぎやか<br>nigiyaka | buhay<br>ブハイ | *bustling* |
| 握る／にぎる<br>nigilu | kumapit<br>クマピト | *grasp* |
| 肉／にく<br>niku | karne<br>カルネ | *meat* |
| 憎しみ／にくしみ<br>nikushimi | poot<br>ポート | *hatred* |
| 憎む／にくむ<br>nikumu | mamuhi<br>マムヒ | *detest* |
| 肉屋／にくや<br>nikuya | butser<br>ブッセル | *butcher* |
| 憎らしい／にくらしい<br>nikulashii | nakapopoot<br>ナカポポォート | *hateful* |
| 肉料理／にくりょうり<br>nikulyooli | asado<br>アサド | *meat dish* |
| 逃げる／にげる<br>nigelu | takas<br>タカス | *escape* |
| 濁った／にごった<br>nigotta | malabo<br>マラボォ | *muddy* |
| 西／にし<br>nishi | kanluran<br>カンルラン | *west* |
| 虹／にじ<br>niji | bahaghari<br>バハグハリ | *rainbow* |
| 煮汁／にじる<br>nijilu | am<br>アム | *broth* |
| 偽物／にせもの<br>nisemono | kuliro<br>クリロ | *counterfeit* |

| 日常／にちじょう nichijoo | araw-araw アラウ　アラウ | *everyday* |
| 日没／にちぼつ nichibotsu | paglubog ng araw パグルボグ　ナン　アラウ | *sunset* |
| 日曜日／にちようび nichi-yoobi | linggo リンゴォ | *Sunday* |
| 日記／にっき nikki | talaarawan タラァーラワン | *diary* |
| 日光／にっこう nikkoo | sikatngaraw シカトナンアラウ | *sunlight* |
| 日射病／にっしゃびょう nisshabyoo | pagbibilad sa init パグビビラド　サ　イニィト | *sunstroke* |
| 日中／にっちゅう nicchuu | araw アラウ | *daytime* |
| 鈍い／にぶい nibui | mapurol マプゥロール | *dull* |
| 日本／にほん nihon | hapon ハポン | *Japan* |
| 日本語／にほんご nihongo | wikang hapones ウイカン　ハポネス | *Japanese language* |
| 日本食／にほんしょく nihonshoku | pagkainghapon パグカインハポン | *Japanese food* |
| 日本女性／にほんじょせい nihonjosei | babaeng hapon, haponesa ババエン　ハポン、ハポネサ | *Japanese woman* |
| 日本人／にほんじん nihonjin | hapones ハポネス | *Japanese* |
| 荷物／にもつ nimotsu | dala, mga dalahin ダラァ、マガ　ダラヒン | *baggage* |
| 入会／にゅうかい nyuukai | pagsali パグサリ | *affiliation* |
| 入札／にゅうさつ nyuusatsu | alok アロォク | *bid* |
| 入場／にゅうじょう nyuujoo | pagpasok パグパソク | *entrance* |

に

| 入場禁止／にゅうじょうきんし<br>nyuujookinshi | hindi tinatanggap<br>ヒンディ ティナタンガプ | No Admittance |
|---|---|---|
| 入場料／にゅうじょうりょう<br>nyuujoolyoo | bayad<br>バヤド | admission fee |
| 入浴する／にゅうよくする<br>nyuuyokusuru | maligo<br>マリゴ | take a bath |
| 尿／にょう<br>nyoo | ihi<br>イヒィ | urine |
| 煮る／にる<br>niru | kumulo, nilaga<br>クムロ、ニラガ | boil |
| 似る／にる<br>niru | makakatulad<br>マカカトゥラド | resemble |
| 庭／にわ<br>niwa | hardin<br>ハルディン | garden |
| 鶏／にわとり<br>niwatoli | katyaw<br>カチャウ | cock, rooster |
| 認可／にんか<br>ninka | pahintulot<br>パヒントゥロト | authorization |
| 人気／にんき<br>ninki | popuiaridad<br>ポプゥラリダド | popularity |
| 人形／にんぎょう<br>ningyoo | manika<br>マニカ | doll |
| 人間／にんげん<br>ningen | tao<br>タオ | human |
| 認識／にんしき<br>ninshiki | pagkilala<br>パグキララ | recognition |
| 妊娠／にんしん<br>ninshin | pagdadalang tao<br>パグダダラァン タオ | pregnancy |
| 人参／にんじん<br>ninjin | karot<br>カロト | carrot |
| 縫う／ぬう<br>nuu | tumahi<br>トゥマヒ | sew |
| 抜く／ぬく<br>nuku | bunutin<br>ブヌティン | extract |

| | | | |
|---|---|---|---|
| 脱ぐ／ぬぐ<br>nugu | maghubad<br>マグフバド | *take off* |
| 盗み／ぬすみ<br>nusumi | pagnanakaw<br>パグナナカウ | *stealing* |
| 布／ぬの<br>nuno | kayo<br>カヨォ | *cloth* |
| 沼／ぬま<br>numa | latian<br>ラティアン | *marsh* |
| 濡らす／ぬらす<br>nulasu | basain<br>バサイン | *wet* |
| 塗る／ぬる<br>nulu | pintahan<br>ピンタハン | *paint* |
| 値打ち／ねうち<br>neuchi | balor<br>バロル | *value* |
| 願い／ねがい<br>negai | nais<br>ナイス | *desire* |
| 願う／ねがう<br>negau | humiling<br>フミリン | *ask for* |
| ネクタイ／ねくたい<br>nekutai | kurbata<br>クルバタ | *necktie* |
| 猫／ねこ<br>neko | pusa<br>プゥサ | *cat* |
| ネジ／ねじ<br>neji | ispayral<br>イスパイラル | *spiral* |
| 鼠／ねずみ<br>nezumi | daga<br>ダガァ | *rat* |
| 妬み／ねたみ<br>netami | selos<br>セロス | *jealousy* |
| 熱／ねつ<br>netsu | init<br>イニト | *heat* |
| 熱意／ねつい<br>netsui | pananabik<br>パナナビィク | *eagerness* |
| 熱狂的な／ねっきょうてきな<br>nekkyootekina | masipag<br>マシパグ | *zealous* |

ぬ

| 熱心／ねっしん<br>nesshin | pananabik<br>パナナビィク | *eagerness* |
| 熱帯／ねったい<br>nettai | mga pook na napakainit<br>マガ　ポォーク　ナ　ナァパカイニト | *torrid zone* |
| 熱中／ねっちゅう<br>necchuu | kahalingan<br>カハリンガァン | *mania* |
| 熱中する／ねっちゅうする<br>nechuusuru | mabuhos<br>マブホス | *be bitten with* |
| 値引き／ねびき<br>nebiki | bawas<br>バワス | *discount* |
| 眠い／ねむい<br>nemui | inaantok<br>イナァーントク | *sleepy* |
| 眠る／ねむる<br>nemuru | matulog<br>マトゥログ | *sleep* |
| 狙い／ねらい<br>nelai | layon<br>ラヨン | *aim* |
| 粘液／ねんえき<br>nen-eki | uhog<br>ウホグ | *mucus* |
| 年金／ねんきん<br>nenkin | pensiyon<br>ペンシヨン | *pension* |
| 捻挫／ねんざ<br>nenza | mapilay<br>マピライ | *sprain* |
| 燃料／ねんりょう<br>nenlyoo | gatong<br>ガトン | *fuel* |
| 年齢／ねんれい<br>nenlei | gulang<br>グラン | *age* |
| ～の<br>～ no | ng<br>ナン | *of, by* |
| 脳／のう<br>noo | utak<br>ウタク | *brain* |
| 農業／のうぎょう<br>noogyoo | agrikultura, pagsasaka<br>アグリクルトゥラ、パグササカ | *agriculture* |
| 農作物／のうさくぶつ<br>noosakubutsu | ani produkto<br>アニ　プロダクト | *crop* |

| 能力／のうりょく<br>noolyoku | talino<br>タリノ | *ability* |
| 残り物／のこりもの<br>nokolimono | retaso<br>レタソ | *remnant* |
| 載せる／のせる<br>noselu | maglagay<br>マグラガイ | *put* |
| 覗く／のぞく<br>nozoku | sumilip<br>スミリプ | *peep* |
| 望ましい／のぞましい<br>nozomashii | kanais-nais<br>カナイス ナイス | *desirable* |
| 望む／のぞむ<br>nozomu | umaasa<br>ウマーサ | *hope* |
| ノックする／のっくする<br>nokkusulu | katukin<br>カトゥキン | *knock* |
| 喉／のど<br>nodo | lalamunan<br>ララムナン | *throat* |
| ～の時／～のとき<br>～ notoki | nang<br>ナン | *when* |
| 伸ばす／のばす<br>nobasu | magpahaba<br>マグパハバ | *lengthen* |
| 延ばす／のばす<br>nobasu | palawakin<br>パラワキン | *extend* |
| 野原／のはら<br>nohala | bukid<br>ブキド | *field* |
| 登る／のぼる<br>nobolu | umakyat<br>ウマクヤァト | *climb* |
| 飲み物／のみもの<br>nomimono | inumin<br>イヌミン | *beverage* |
| 飲む／のむ<br>nomu | uminom<br>ウミノム | *drink* |
| 糊／のり<br>noli | pasta<br>パスタ | *paste* |
| 乗り換え／のりかえ<br>nolikae | paglilipat<br>パグリリパト | *transferring* |

の

| | | |
|---|---|---|
| 乗り物／のりもの<br>nolimono | **sasakyan**<br>ササキヤァン | *vehicle* |
| 乗る／のる<br>nolu | **lumulan**<br>ルムラン | *get on* |
| 乗ること／のること<br>nolukoto | **sakay**<br>サカイ | *ride* |
| 鈍い／のろい<br>noloi | **mabagal**<br>マバガル | *slowly* |
| 呪う／のろう<br>nolou | **sumpain**<br>スムパイン | *curse* |

# は

| 葉／は<br>ha | dahon<br>ダホン | *leaf* |
|---|---|---|
| 歯／は<br>ha | ngipin<br>ニイピン | *tooth* |
| 派／は<br>ha | pangkat<br>パンカァト | *faction* |
| 刃／は<br>ha | talim<br>タリム | *blade* |
| ハーモニカ／はーもにか<br>haamonika | harmonika<br>ハルモニカ | *harmonica* |
| 灰／はい<br>hai | abo<br>アポ | *ash* |
| 肺／はい<br>hai | baga<br>バガ | *lungs* |
| はい／はい<br>hai | oo<br>オォ | *yes* |
| 肺炎／はいえん<br>haien | pulmunya<br>プルムンヤ | *pneumonia* |
| バイオリン／ばいおりん<br>baiolin | biyolin<br>ビヨリン | *violin* |
| 排徊／はいかい<br>haikai | paglibot<br>パグリボト | *roving* |
| 廃棄／はいき<br>haiki | pagpapabaya<br>パグパパバヤ | *abandonment* |
| 配給／はいきゅう<br>haikyuu | pamamahagi<br>パママハギ | *distribution* |
| バイク／ばいく<br>baiku | motorsiklo<br>モトルシクロ | *motorcycle* |
| 背景／はいけい<br>haikei | likuran<br>リクラァン | *back ground* |

137

| 灰皿／はいざら<br>haizala | sinisera<br>シニセラ | *ashtray* |
| 廃止／はいし<br>haishi | pagpawi<br>パグパウィ | *abolition* |
| 廃止する／はいしする<br>haishisulu | alisin<br>アリシン | *abolish* |
| 排除／はいじょ<br>haijo | pag-aaiis<br>パグ　アーリィス | *elimination* |
| 賠償金／ばいしょうきん<br>baishookin | pagbabayad-puri<br>パグババヤド　プゥリ | *reparations* |
| 歯痛／はいた<br>haita | sakit sa ng ngipin<br>サキト　サ　ナン　ンギピン | *toothache* |
| 敗退／はいたい<br>haitai | pagkatalo<br>パグカタロ | *defeat* |
| 配達／はいたつ<br>haitatsu | paghahatid<br>パグハハティド | *delivery* |
| 俳優／はいゆう<br>haiyuu | aktor<br>アクトール | *actor* |
| 配慮／はいりょ<br>hailyo | pag-iisip<br>パグ　イーシプ | *consideration* |
| 入る／はいる<br>hailu | pumapasok<br>プゥマパソク | *go, go to* |
| 蝿／はえ<br>hae | langaw<br>ランガウ | *fly* |
| 墓／はか<br>haka | puntod<br>プゥントォド | *grave* |
| 破壊／はかい<br>hakai | pagsira<br>パグシラ | *destruction* |
| 破壊する／はかいする<br>hakaisulu | walatin<br>ワラティン | *destroy* |
| 葉書／はがき<br>hagaki | tarheta postal<br>タルヘタ　ポスタル | *postcard* |
| 博士／はかせ<br>hakase | doktor<br>ドクトォール | *Dr, doctor* |

| 墓場／はかば hakaba | pantiyon パンティヨン | *grave* |
|---|---|---|
| 計る／はかる hakalu | sukatin スカティン | *measure* |
| 図る／はかる hakalu | tangkain タンカイン | *undertake* |
| 量る／はかる hakalu | timbangin ティムバンギン | *weigh* |
| 吐き気／はきけ hakike | alibadbad アリバドバッド | *nausea* |
| 吐く／はく haku | sumuka スムカ | *vomit* |
| 掃く／はく haku | walissan ワリサン | *sweep* |
| 拍手／はくしゅ hakushu | palakpak パラクパァク | *applause* |
| 爆弾／ばくだん bakudan | bomba ボムバ | *bomb* |
| 爆発／ばくはつ bakuhatsu | pagsabog パグサボグ | *explosion* |
| 博物館／はくぶつかん hakubutsukan | museo ムセロ | *museum* |
| 暴露／ばくろ bakulo | pagsisiwalat パグシシワラト | *disclosure* |
| 激しい／はげしい hageshii | marahas マラハス | *violent* |
| 励ます／はげます hagemasu | magpasigla マグパシグラァ | *encourage* |
| 箱／はこ hako | kahon カホン | *box* |
| 運ぶ／はこぶ hakobu | dalhan ダルハン | *carry, bring* |
| 鋏／はさみ hasami | gunting グンティン | *scissor* |

は

| 箸／はし<br>hashi | bawat dulo<br>パワト　ドゥロ | *chopsticks* |
| 橋／はし<br>hashi | tulay<br>トゥライ | *bridge* |
| 恥／はじ<br>haji | hiya<br>ヒヤ | *shame* |
| 始める／はじめる<br>hajimelu | magsimula<br>マグシムラ | *begin* |
| パジャマ／ぱじゃま<br>pajama | padyama<br>パジャマ | *pajama* |
| 柱／はしら<br>hashila | haligi<br>ハリギ | *pillar* |
| 走る／はしる<br>hashilu | tumakbo<br>トゥマクボォ | *run* |
| バス／ばす<br>basu | bus<br>ブス | *bus* |
| 弾む／はずむ<br>hazumu | bumalandra<br>ブマランドラ | *bound* |
| 旗／はた<br>hata | bandila<br>バンディラ | *flag* |
| 肌／はだ<br>hada | balat<br>バラァト | *skin* |
| 裸／はだか<br>hadaka | pagkahubu't hubad<br>パグカフブット　フバド | *naked* |
| 働く／はたらく<br>hatalaku | magtrabaho<br>マグトラバホ | *work* |
| 蜂／はち<br>hachi | bubuyog<br>ブブヨグ | *bee* |
| 発音／はつおん<br>hatsuon | bigkas<br>ビグカス | *pronunciation* |
| バッグ／ばっぐ<br>baggu | bayong<br>バヨォン | *bag* |
| 発見／はっけん<br>hakken | pagtuklas<br>パグトゥクラス | *discovery* |

| 発見する／はっけんする hakkensulu | makatuklas マカトゥクラス | *discover* |
|---|---|---|
| 発達／はったつ hattatsu | pagpapaunlad パグパパウンラド | *development* |
| 発展／はってん hatten | paglaki パグラキイ | *expansion* |
| 発表／はっぴょう happyoo | patalastas パタラスタァス | *announcement* |
| 発明／はつめい hatsumei | imbensiyon インベンシヨン | *invention* |
| 鳩／はと hato | kalapati カラパティ | *pigeon* |
| パトカー／ぱとかー patokaa | hagad ハガド | *patrol car* |
| 波止場／はとば hatoba | daungan ダウングァン | *wharf* |
| 花／はな hana | bulaklak ブラクラァク | *flower* |
| 鼻／はな hana | ilong イロン | *nose* |
| 離す／はなす hanasu | pakawala(n) パカワラ（ン） | *set free* |
| バナナ／ばなな banana | saging サギィング | *banana* |
| バナナフライ／ばななふらい bananafulai | banana cue バナナ クエ | *fried banana* |
| 花火／はなび hanabi | paputok パプゥトク | *fireworks* |
| 花嫁／はなよめ hanayome | babaeing ikakasal ババイン イカカサル | *bride* |
| 離れる／はなれる hanalelu | maghiwalay マグヒワラァイ | *separate* |
| 羽／はね hane | balahibo バラヒボ | *feather* |

は

141

| 羽／はね<br>hane | balahibo<br>バラヒボ | *feather* |
| 母／はは<br>haha | ina<br>イナァ | *mother* |
| 幅／はば<br>haba | lapad<br>ラパド | *width* |
| パパイヤ／ぱぱいや<br>papaiya | papaya<br>パパヤ | *papaw, papaya* |
| 省く／はぶく<br>habuku | mag alis<br>マグ　アリス | *omit* |
| 歯磨き粉／はみがきこ<br>hamigakiko | colgate<br>コルガテ | *toothpaste* |
| ハム／はむ<br>hamu | hamon<br>ハモン | *ham* |
| 早い／はやい<br>hayai | maaga<br>マアガ | *early* |
| 速さ／はやさ<br>hayasa | tulin<br>トゥリン | *speed* |
| 払う／はらう<br>halau | burahin<br>ブラヒン | *wipe off* |
| 腹巻／はらまき<br>halamaki | pantali sa tiyan<br>パンタリ　サ　ティヤン | *stomach-band* |
| 針／はり<br>hali | karayom<br>カラヨム | *needle* |
| 春／はる<br>halu | tagsibol<br>タグシボル | *spring* |
| パレード／ぱれーど<br>paleedo | parada<br>パラダ | *parade* |
| 破裂／はれつ<br>haletsu | pagkalagot<br>パグカラゴォト | *rupture* |
| 晴れる／はれる<br>halelu | linawin<br>リナウィン | *clear* |
| パン／ぱん<br>pan | tinapay<br>ティナパイ | *bread* |

142

| 範囲／はんい<br>han-i | layo<br>ラヨ | *range* |
|---|---|---|
| ハンガー／はんがー<br>hangaa | sabitan<br>サビタン | *hangers* |
| ハンカチ／はんかち<br>hankachi | panyo<br>パンヨ | *handkerchief* |
| 反逆／はんぎゃく<br>hangyaku | paghihimagsik<br>パグヒヒマグシイク | *rebellion* |
| 反響／はんきょう<br>hankyoo | alingawngaw<br>アリンガウンガウ | *echo* |
| 半径／はんけい<br>hankei | lihit, radyo<br>リヒト、ラディオ | *radius* |
| 判決／はんけつ<br>hanketsu | paghatol<br>パグハトル | *judgment* |
| 反抗／はんこう<br>hankoo | pagtutol<br>パグトゥトル | *resistance* |
| ハンサム／はんさむ<br>hansamu | pogi<br>ポギ | *handsome* |
| ハンサムな／はんさむな<br>hansamuna | guwapo<br>グワポ | *handsome* |
| 反射／はんしゃ<br>hansha | larawan<br>ララワン | *reflection* |
| 反省／はんせい<br>hansei | pagdidilidili<br>パグディディリディリ | *reflection* |
| 伴奏／ばんそう<br>bansoo | saliw<br>サリィウ | *accompaniment* |
| 絆創膏／ばんそうこう<br>bansookoo | panapal<br>パナパル | *plaster* |
| 反対／はんたい<br>hantai | kasalungat<br>カサルンガト | *opposition* |
| 判断／はんだん<br>handan | paghatol<br>パグハトル | *judgment* |
| 判定／はんてい<br>hantei | paghatol<br>パグハトル | *decision* |

は

| 犯人／はんにん hannin | salarin サラリィン | *criminal* |
|---|---|---|
| 反応／はんのう hannoo | ganti ガンティ | *reaction* |
| 販売／はんばい hanbai | benta ベンタ | *sales* |
| 反発／はんぱつ hanpatsu | pagtanggi パグタンギィ | *repulsion* |
| 反復／はんぷく hanpuku | pug-ulit プゥグ ウリト | *repetition* |
| 半分／はんぶん hanbun | kalahati カラハティ | *half* |
| 反乱／はんらん hanlan | himagsikan ヒィマグシカン | *rebellion* |
| パーセント／ぱーせんと paasento | bahagdan バハグダン | *percent* |
| バーベキュー／ばーべきゅー baabekyuu | litson リトソン | *barbecue* |
| 火／ひ hi | apoy アポォイ | *fire* |
| 美／び bi | ganda ガンダァ | *beauty* |
| ピアノ／ぴあの piano | piyano ピヤノ | *Piano* |
| ビール／びーる biilu | serbesa セルベサ | *beer* |
| 皮革／ひかく hikaku | katad カタド | *leather* |
| 比較／ひかく hikaku | paghahambing パグハハムビン | *comparison* |
| 比較する／ひかくする hikakusulu | maghambig マグハムビグ | *compare* |
| 日傘／ひがさ higasa | parasol パラソル | *parasol* |

| | | |
|---|---|---|
| 東／ひがし<br>higashi | silangan<br>シランガン | *east* |
| 光／ひかり<br>hikali | ilaw<br>イラウ | *light* |
| 引き換え／ひきかえ<br>hikikae | palitan<br>パァリタン | *exchange* |
| 引き分け／ひきわけ<br>hikiwake | patas<br>パタァス | *draw* |
| 引く／ひく<br>hiku | alisan<br>アリサン | *subtract* |
| 髭／ひげ<br>hige | balbas<br>バルバス | *beard* |
| 悲劇／ひげき<br>higeki | trahedya<br>トラヘディヤ | *tragedy* |
| 飛行機／ひこうき<br>hikooki | eruplano<br>エルプラノ | *airplane* |
| 膝／ひざ<br>hiza | tuhod<br>トゥホド | *knee* |
| 肘／ひじ<br>hiji | siko<br>シコ | *elbow* |
| ビジネス／びじねす<br>bijinesu | kalakalan,negosyo<br>カラカラン、ネゴショ | *business* |
| 秘書／ひしょ<br>hisho | kalihim<br>カリヒム | *secretary* |
| 非常に／ひじょうに<br>hijooni | totoo<br>トオトオー | *very* |
| 日付／ひづけ<br>hizuke | petsa<br>ペトサ | *date* |
| 密かに／ひそかに<br>hisokani | sarilinan<br>サリリナン | *privately* |
| 左／ひだり<br>hidali | kaliwa<br>カリワ | *left* |
| 引っ越す／ひっこす<br>hikkosu | lumipat<br>ルミパト | *move* |

ひ

145

| | | |
|---|---|---|
| ひったくり<br>hittakuli | mandorokot<br>マンドロコト | *snatcher, pickpocket* |
| 引っ張る／ひっぱる<br>hipparu | hilahin<br>ヒラヒン | *pull* |
| 必要／ひつよう<br>hitsuyoo | pangangailangan<br>パンガンガイランガン | *need, necessity* |
| 必要な／ひつような<br>hitsuyoona | kailangan<br>カイランガン | *necessary* |
| 否定／ひてい<br>hitei | pagtatatuwa<br>パグタタトゥワ | *denial* |
| 人／ひと<br>hito | tao<br>タオ | *man* |
| ひどい<br>hidoi | nakatatakot<br>ナカタァタコト | *terrible* |
| 人質／ひとじち<br>hitojichi | prenda<br>プレンダ | *hostage* |
| 一つの／ひとつの<br>hitotsuno | ba<br>バ | *a, an, the* |
| 一晩中／ひとばんじゅう<br>hitobanjuu | magdamag<br>マグダマグ | *all night* |
| 人前／ひとまえ<br>hitomae | hayagan<br>ハァヤガァン | *in public* |
| 瞳／ひとみ<br>hitomi | balintataw<br>バリンタタァウ | *pupil* |
| 一人ずつ／ひとりずつ<br>hitolizutsu | isahan<br>イサハン | *one by one* |
| 皮肉／ひにく<br>hiniku | tuya<br>トゥヤ | *sarcasm* |
| 微熱／びねつ<br>binetsu | sinat<br>シナト | *slight fever* |
| 日の入／ひのいり<br>hinoili | takipsilim<br>タキプシリム | *sunset* |
| 日の出／ひので<br>hinode | pagsikat ng araw<br>パグシカト　ナン　アラウ | *sunrise* |

| 批判／ひはん<br>hihan | puna<br>プゥナ | *criticism* |
| 響く／ひびく<br>hibiku | umalingawngaw<br>ウマリンガウンガウ | *resound* |
| 暇／ひま<br>hima | panahong malaya<br>パナホン　マラヤ | *time* |
| 微妙／びみょう<br>bimyoo | talusalang<br>タルサラン | *delicate* |
| 紐／ひも<br>himo | tali<br>タリ | *string* |
| 冷やす／ひやす<br>hiyasu | palamigin<br>パラミギン | *cool off* |
| 百科事典／ひゃっかじてん<br>hyakkajiten | ensiklopedya<br>エンシクロペジャ | *encyclopedia* |
| 冷水／ひやみず<br>hiyamizu | malamig na tubig<br>マラミグ　ナ　トゥビグ | *cold water* |
| 表／ひょう<br>hyoo | tabulasyon<br>タブラション | *table* |
| 費用／ひよう<br>hiyoo | gastos<br>ガストス | *expenses* |
| 秒／びょう<br>byoo | segundo<br>セグンド | *second* |
| 病院／びょういん<br>byooin | ospital<br>オスピタル | *hospital* |
| 美容院／びよういん<br>biyooin | pakulutan<br>パクルタン | *beauty parlor* |
| 評価／ひょうか<br>hyooka | pagtingin<br>パグティンギン | *estimation* |
| 病気／びょうき<br>byooki | sakit<br>サキイト | *sickness* |
| 表紙／ひょうし<br>hyooshi | balat<br>バラァト | *cover* |
| 表情／ひょうじょう<br>hyoojoo | pagpapahiwatig<br>パグパパヒワティグ | *expression* |

| 病人／びょうにん<br>byoonin | pasyente<br>パシェンテ | *patient* |
|---|---|---|
| 評判／ひょうばん<br>hyooban | kabantugan<br>カバントゥガン | *reputation* |
| 開く／ひらく<br>hilaku | bukas<br>ブカァス | *open* |
| ヒラメ／ひらめ<br>hilame | higa<br>ヒガ | *flatfish* |
| 肥料／ひりょう<br>hilyoo | abono<br>アボノ | *fertilizer* |
| 昼寝／ひるね<br>hilune | idlip<br>イドリプ | *nap* |
| 昼寝する／ひるねする<br>hilunesulu | umidlip<br>ウミドリプ | *take a nap* |
| 拾う／ひろう<br>hilou | pulutin<br>プゥルティン | *pick up* |
| 広さ／ひろさ<br>hilosa | dawak<br>ダワク | *extent* |
| 品／ひん<br>hin | kakinisan<br>カキニサン | *elegance* |
| ビン／びん<br>bin | bote<br>ボテ | *bottle* |
| 敏感／びんかん<br>binkan | pagkamaramdamin<br>パグカマラムダミン | *sensitiveness* |
| 貧困／ひんこん<br>hinkon | karukhaan<br>カルクハーン | *poverty* |
| 品質／ひんしつ<br>hinshitsu | katangian, uri<br>カタンギアン、ウリィ | *quality* |
| 無愛想／ぶあいそう<br>buaisoo | hindi sosyal<br>ヒンディ　ソシヤル | *unsociable* |
| 不安／ふあん<br>fuan | balisa<br>バリィサ | *uneasiness* |
| 不安定／ふあんてい<br>fuantei | di-katatagan<br>ディカタタガン | *instability* |

| | | |
|---|---|---|
| フィリピン／ふいりぴん<br>fiilipin | pilipinas<br>ピリピナス | *(the) Philippines* |
| フィリピン人／ふいりぴんじん<br>fiilipinjin | pilipino<br>ピリピノ | *Philippine* |
| 風船／ふうせん<br>fuusen | lobo<br>ロボ | *balloon* |
| 封筒／ふうとう<br>fuutoo | sobre<br>ソブレ | *envelope* |
| 増える／ふえる<br>fuelu | dumami<br>ドゥマミ | *increase* |
| フォーク／ふぉーく<br>fooku | tinidor<br>ティニドル | *fork* |
| 深さ／ふかさ<br>fukasa | lalim<br>ラリム | *depth* |
| 不完全／ふかんぜん<br>fukanzen | diganap<br>ディガナプ | *imperfect* |
| 不機嫌／ふきげん<br>fukigen | yamot<br>ヤモト | *displeasure* |
| 無気味／ぶきみ<br>bukimi | nakapangingilabot<br>ナカパニニラボト | *weird* |
| 無器用な／ぶきような<br>bukiyoona | padaskul-daskol<br>パダスクゥル　ダスコォル | *clumsy* |
| フグ／ふぐ<br>fugu | butete<br>ブテテ | *globe fish* |
| 複雑／ふくざつ<br>fukuzatsu | pagkamagulo<br>パグカマグロオ | *complication* |
| 副詞／ふくし<br>fukushi | pang-abay<br>パンアバイ | *adverb* |
| 復習／ふくしゅう<br>fukushuu | repaso<br>レパソ | *review* |
| 服装／ふくそう<br>fukusoo | bestido<br>ベスティド | *dress* |
| 腹痛／ふくつう<br>fukutsuu | apad, sakit ng tiyan<br>アパド、サキト　ナン　ティヤアン | *stomachache* |

ふ

149

| 腹部／ふくぶ<br>fukubu | sikmura<br>シクムラァ | *abdomen* |
| 袋／ふくろ<br>fukulo | supot<br>スポト | *bag* |
| 老ける／ふける<br>fukelu | tumanda<br>トゥマンダ | *grow old* |
| 不健康／ふけんこう<br>fukenkoo | sakitin<br>サキティン | *unhealthy* |
| 不幸／ふこう<br>fukoo | lungkot<br>ルンコォト | *unhappiness* |
| 不合格／ふごうかく<br>fugookaku | pagkabigo<br>パグカビゴ | *failure* |
| 不公平／ふこうへい<br>fukoohei | pagpanig<br>パグパニィグ | *partiality* |
| 負債／ふさい<br>fusai | utang<br>ウタン | *debt* |
| 不在／ふざい<br>fuzai | pagliban<br>パグリバン | *absence* |
| 不思議／ふしぎ<br>fushigi | kababalaghan<br>カババラグハン | *wonder* |
| 夫人／ふじん<br>fujin | ginang<br>ギナン | *Mrs.* |
| 防ぐ／ふせぐ<br>fusegu | hadlangan<br>ハドランガン | *prevent* |
| 不足／ふそく<br>fusoku | kakulangan, sahol<br>カクランガン、サホル | *shortage, lack* |
| 札／ふだ<br>fuda | tag<br>タグ | *tag* |
| 豚／ぶた<br>buta | baboy<br>バボイ | *pig* |
| 舞台／ぶたい<br>butai | entablado<br>エンタブラド | *stage* |
| 豚肉／ぶたにく<br>butaniku | karne ng bahoy<br>カルネ　ナン　バホイ | *pork* |

| 普通／ふつう<br>futsuu | kalimitan<br>カリミタン | *usually* |
| 普通は／ふつうは<br>futsuuwa | pangkaraniwan<br>パンカラニワン | *generally* |
| 復活／ふっかつ<br>fukkatsu | pagbabagong-buhay<br>バグババゴン ブハイ | *revival* |
| 二日酔い／ふつかよい<br>futsukayoi | hangober<br>ハンオベル | *hangover* |
| 葡萄／ぶどう<br>budoo | ubas<br>ウバス | *grapes* |
| 不動産／ふどうさん<br>fudoosan | pingkas<br>ピンカス | *estate* |
| 不真面目／ふまじめ<br>fumajime | di mapagtotoo<br>ディ マパグトトォー | *insincere* |
| 不満／ふまん<br>fuman | walang-kasiyahan<br>ワラン カシヤハン | *discontented* |
| 踏む／ふむ<br>fumu | yapakan<br>ヤパカン | *step* |
| 増やす／ふやす<br>fuyasu | dagdagan<br>ダグダガァン | *increase* |
| 冬／ふゆ<br>fuyu | taglamig<br>タグラミグ | *winter* |
| フライ／ふらい<br>fulai | prito<br>プリト | *fried* |
| ブラウス／ぶらうす<br>bulausu | blusa<br>ブルサ | *blouse* |
| ブラジャー／ぶらじゃー<br>bulajaa | bra<br>ブラ | *brassier* |
| 古い／ふるい<br>fului | luma, matanda<br>ルマ、マタンダ | *old* |
| フルート／ふるーと<br>fuluuto | plauta<br>プラウタ | *flute* |
| 震える／ふるえる<br>fuluelu | kumilig<br>クミリィグ | *tremble* |

ふ

| | | |
|---|---|---|
| プレゼント／ぷれぜんと<br>pulezento | bigay<br>ビガイ | *present* |
| 風呂場／ふろば<br>fuloba | paliguan<br>パリグゥアン | *bathroom* |
| 分／ふん<br>fun | minuto<br>ミヌト | *minute* |
| 雰囲気／ふんいき<br>fun-iki | atomospera<br>アトモスペラ | *atmosphere* |
| 文化／ぶんか<br>bunka | kultura<br>クルトゥラ | *culture* |
| 文学／ぶんがく<br>bungaku | literatura<br>リテラトゥラ | *literature* |
| 紛失／ふんしつ<br>funshitsu | pagkawala<br>パグカワラァ | *loss* |
| 文章／ぶんしょう<br>bunshoo | pangungusap<br>パンウンウサプ | *sentence* |
| 紛争／ふんそう<br>funsoo | labanan<br>ラバナァン | *struggle* |
| 文通／ぶんつう<br>buntsuu | pagsusulatan<br>パグススラタァン | *correspondence* |
| 分別／ふんべつ<br>funbetsu | mabuting pagpapasiya<br>マブティン　パグパパシヤ | *discretion* |
| 文法／ぶんぽう<br>bunpoo | balaria<br>バラリア | *grammar* |
| 文房具／ぶんぼうぐ<br>bunboogu | mga kagamitan sa pagsulat<br>マガ　カガミタン　サ　パグスラト | *stationary* |
| 文明／ぶんめい<br>bunmei | kalinangan<br>カリナンガァン | *civilization* |
| 分類する／ぶんるいする<br>bunluisulu | magbukud-bukod<br>マグブクゥド　ブクゥド | *classify* |
| 分裂／ぶんれつ<br>bunletsu | pagbiyak<br>パグビヤァク | *split* |
| 平気／へいき<br>heiki | walang-interes<br>ワラン　インテレェス | *indifferent* |

| 平常／へいじょう heijoo | dati-rati ダティ ラティ | *usually* |
|---|---|---|
| 閉店／へいてん heiten | sara サラ | *closed* |
| 平和／へいわ heiwa | kapayapaan カパヤパーン | *peace* |
| ベーコン／べーこん beekon | tosino トシノ | *bacon* |
| ページ／ぺーじ peeji | pahina パヒナ | *page* |
| 下手／へた heta | disanay ディサナイ | *unskilled* |
| ベッド／べっど beddo | kama カマ | *bed* |
| ベッドシーツ／べっどしーつ beddoshiitsu | kama カマ | *bed sheet* |
| 蛇／へび hebi | ahas アハス | *snake* |
| 部屋／へや heya | kuwarto, silid クワルト、シリド | *room* |
| 減る／へる helu | mabawasan マバワサン | *decrease* |
| 変化／へんか henka | pagbabago パグババゴ | *change* |
| ペンキ／ぺんき penki | pintura ピントゥラ | *paint* |
| 勉強する／べんきょうする benkyoosulu | aral アラル | *study* |
| 弁護士／べんごし bengoshi | abogado アボガド | *lawyer* |
| 返事／へんじ henji | tugon トゥゴン | *reply* |
| 便利／べんり benli | kombenyente コムベニェンテ | *convenient* |

| | | | |
|---|---|---|---|
| パインアップル／ぱいんあっぷる<br>pain-appulu | pinya<br>ピンヤ | | *pineapple* |
| 棒／ぼう<br>boo | baras<br>バラス | | *bar* |
| 貿易／ぼうえき<br>booeki | pakikipagkalakalan<br>パキキパグカァラカラァン | | *trade* |
| 望遠鏡／ぼうえんきょう<br>booenkyoo | teleskopyo<br>テレスコピョ | | *telescope* |
| 妨害／ぼうがい<br>boogai | bara<br>バラ | | *stoppage* |
| 方角／ほうがく<br>hoogaku | direksiyon<br>ディレクシヨン | | *direction* |
| 暴行／ぼうこう<br>bookoo | dahas<br>ダハアス | | *violence* |
| 報告／ほうこく<br>hookoku | report<br>レポルト | | *report* |
| 防止／ぼうし<br>booshi | pag-iingat<br>パグ イーンガト | | *prevention* |
| 帽子／ぼうし<br>booshi | sumbreto<br>スムブレト | | *hat* |
| 報酬／ほうしゅう<br>hooshuu | bayad, upa<br>バヤド、ウパ | | *pay* |
| 宝石／ほうせき<br>hooseki | alahas<br>アラハス | | *jewelry* |
| 放送／ほうそう<br>hoosoo | pagbabalita<br>パグババリタ | | *broadcast* |
| 包帯／ほうたい<br>hootai | benda<br>ベンダ | | *bandage* |
| 包帯する／ほうたいする<br>hootaisulu | bendahan<br>ベンダハァン | | *bandage* |
| 報道／ほうどう<br>hoodoo | ulat<br>ウラト | | *report* |
| 褒美／ほうび<br>hoobi | gantimpala<br>ガンティムパラ | | *prize* |

154

| 豊富／ほうふ<br>hoofu | yaman<br>ヤマン | *riches* |
| 訪問／ほうもん<br>hoomon | dalaw<br>ダラウ | *visit* |
| 抱擁／ほうよう<br>hooyoo | yapos<br>ヤポス | *hug* |
| 法律／ほうりつ<br>hoolitsu | batas<br>バタァス | *law* |
| 暴力／ぼうりょく<br>boolyoku | lupit<br>ルピト | *violence* |
| ボールペン／ぼーるぺん<br>boolupen | bolpen<br>ボルペン | *ball point pen* |
| 保管／ほかん<br>hokan | humali<br>フマリ | *keeping* |
| 牧師／ぼくし<br>bokushi | ministro<br>ミニストロ | *pastor, priest* |
| 牧場／ぼくじょう<br>bokujyoo | rantso<br>ランツオ | *ranch* |
| 北東／ほくとう<br>hokutoo | hilagang-silangan<br>ヒラガン シランガン | *northwest* |
| ポケットナイフ／ぽけっとないふ<br>pokettonaifu | lanseta<br>ランセタ | *knife* |
| 保険／ほけん<br>hoken | seguridad<br>セグリダド | *insurance* |
| 保護／ほご<br>hogo | pagkalinga<br>パグカリンガ | *protection* |
| 埃／ほこり<br>hokoli | alikabok<br>アリカボォク | *dust* |
| 誇り／ほこり<br>hokoli | yabang<br>ヤバング | *pride* |
| 星／ほし<br>hoshi | bituin<br>ビトゥイン | *star* |
| 欲しい／ほしい<br>hoshii | aiming<br>アイミン | *desire* |

ほ

155

| 募集する／ぼしゅうする<br>boshuusulu | kumalap<br>クマラプ | *recruit* |
| 保証／ほしょう<br>hoshoo | garantiya<br>ガランティヤ | *guarantee* |
| 保証／ほしょう<br>hoshoo | seguridad<br>セグリダド | *security* |
| 細い／ほそい<br>hosoi | balingkinitan<br>バリンキニタン | *slender* |
| ボタン／ぼたん<br>botan | butones<br>ブトネス | *button* |
| 墓地／ぼち<br>bochi | libingan, pantiyon<br>リビィンアン、パンティヨン | *graveyard* |
| 北極／ほっきょく<br>hokkyoku | polong hilaga<br>ポロン　ヒラガ | *North Pole* |
| ホテル／ほてる<br>hotelu | otel<br>オテル | *hotel* |
| 歩道／ほどう<br>hodoo | kalye<br>カルイエ | *sidewalk* |
| 解く／ほどく<br>hodoku | kinalagan<br>キナラガン | *untie* |
| 仏／ほとけ<br>hotoke | buda<br>ブダ | *Buddha* |
| 骨／ほね<br>hone | buto, tinik<br>ブト、ティニク | *bone* |
| 炎／ほのお<br>honoo | ningas<br>ニインガス | *flame* |
| 頬／ほほ<br>hoho | pisngi<br>ピスンギ | *cheek* |
| 微笑む／ほほえむ<br>hohoemu | ngumiti<br>ヌミティ | *smile* |
| 誉める／ほめる<br>homelu | humanga<br>フマンガ | *admire* |
| 掘る／ほる<br>holu | hukayin<br>フカイイン | *dig* |

| 本/ほん<br>hon | libro<br>リブロォ | *book* |
| 本気/ほんき<br>honki | seryoso<br>セリョソ | *serious* |
| 本質/ほんしつ<br>honshitsu | diwa<br>ディワ | *essence* |
| 本性/ほんしょう<br>honshoo | sariling katangian<br>サリリン カタァニアン | *nature* |
| 本当に/ほんとうに<br>hontooni | na<br>ナ | *really* |
| 本部/ほんぶ<br>honbu | bahay-banguluhan<br>バハイ バングルハン | *headquarters* |
| 本物/ほんもの<br>honmono | tunay<br>トゥナイ | *genuine* |
| ボート/ぼーと<br>booto | bangka<br>バンカ | *boat* |

ほ

# ま

| | | |
|---|---|---|
| マーケット／まーけっと<br>maaketto | palengke<br>パレンケ | *market* |
| まあまあの<br>maamaano | kainaman<br>カイナマン | *so-so* |
| 毎朝／まいあさ<br>maiasa | tuwingumaga<br>トゥインウマガ | *every morning* |
| 毎週／まいしゅう<br>maishuu | linggu-iinggo<br>リング　リンゴォ | *every week* |
| 毎月／まいつき<br>maitsuki | buwan-buwan<br>ブワン　ブワン | *every month* |
| 毎年／まいとし<br>maitoshi | taun-taon<br>タウン　タオン | *every year* |
| 前／まえ<br>mae | harapan<br>ハラパン | *front* |
| 前払い／まえばらい<br>maebalai | paunang bayad<br>パウナン　バヤド | *advanced payment* |
| 任せる／まかせる<br>makaselu | ipagkatiwala<br>イパグカティワラ | *entrust* |
| 曲がる／まがる<br>magalu | ibaling<br>イバリン | *turn* |
| 枕／まくら<br>makura | unan<br>ウナン | *pillow* |
| 鮪／まぐろ<br>magulo | tuna<br>トゥナ | *tuna* |
| 負ける／まける<br>makeru | isuko, matalo<br>イスコ、マタロ | *lose* |
| 孫／まご<br>mago | apo<br>アポ | *grandchild* |
| 真心／まごころ<br>magokolo | pagkamatapat<br>パグカマタパァト | *sincerity* |

158

| 摩擦／まさつ<br>masatsu | pagkikiskis<br>パグキキスキィス | *friction* |
|---|---|---|
| 勝る／まさる<br>masaru | malampasan<br>マラムパサン | *surpass* |
| 真面目／まじめ<br>majime | nagtototoo<br>ナグトトトオ | *serious* |
| 混じる／まじる<br>majiru | hinalo<br>ヒナロ | *mix* |
| 増す［量］／ます<br>masu(ryoo) | damihan<br>ダミハン | *increase* |
| まずい<br>mazui | walang-lasa<br>ワラング ラサ | *tasteless* |
| マスク／ますく<br>masuku | maskara<br>マスカラ | *mask* |
| 貧しい／まずしい<br>mazushii | dukha<br>ドゥクハ | *poor* |
| ますます<br>masumasu | higit<br>ヒギト | *more and more* |
| 混ぜる／まぜる<br>mazeru | ihalo<br>イハロ | *mix* |
| 又／また<br>mata | rin<br>リン | *also* |
| まだ<br>mada | pa<br>パ | *yet, still* |
| 町／まち<br>machi | bayan<br>バヤン | *town* |
| 間違い／まちがい<br>machigai | mali, sala<br>マリィ、サラ | *mistake* |
| 間違う／まちがう<br>machigau | magkamali<br>マグカマリ | *mistake* |
| 待つ／まつ<br>matsu | maghintay<br>マグヒンタァイ | *wait* |
| 待つ／まつ<br>matsu | manatili<br>マナティリ | *await, abide* |

ま

| 松／まつ<br>matsu | puno ng pino<br>プノ　ナン　ピノ | *pine tree* |
|---|---|---|
| マッサージ／まっさーじ<br>massaaji | masahe<br>マサヘ | *massage* |
| 真直ぐ／まっすぐ<br>massugu | tuwid<br>トゥウィズ | *straight* |
| 〜まで<br>〜 made | hanggang<br>ハンガング | *until* |
| 窓／まど<br>mado | bintana<br>ビンタナ | *window* |
| 招く／まねく<br>maneku | inimbitahan<br>イニムビタハン | *invite* |
| 麻痺／まひ<br>mahi | paralisa<br>パラリサ | *palsy* |
| 幻／まぼろし<br>maboloshi | larawang-diwa<br>ララワン　ディワ | *vision* |
| 豆／まめ<br>mame | butil, sitaw<br>ブティル、シタウ | *bean* |
| 間もなく／まもなく<br>mamonaku | mamaya<br>マァマヤ | *soon* |
| 守る／まもる<br>mamolu | pangalagaan<br>パンアラガーン | *protect* |
| 眉毛／まゆげ<br>mayuge | kilay<br>キライ | *eyebrow* |
| 迷う／まよう<br>mayou | maligaw<br>マリガウ | *get lost* |
| 丸い／まるい<br>malui | mabilog<br>マビログ | *round* |
| 万一／まんいち<br>man-ichi | kung sakali man<br>クン　サカリ　マン | *by any chance* |
| 満員／まんいん<br>man-in | matao<br>マタオ | *full* |
| 漫画／まんが<br>manga | karikatura<br>カリカトゥラ | *cartoon* |

| | | |
|---|---|---|
| マンゴー／まんごー<br>mangoo | mangga<br>マンガ | *mango* |
| 満足／まんぞく<br>manzoku | satispaksiyon<br>サティスパクシ ョン | *satisfaction* |
| 満足する／まんぞくする<br>manzokusulu | makuntento<br>マクンテント | *be satisfied* |
| 満腹／まんぷく<br>manpuku | busog<br>ブソグ | *fullness* |
| 身内／みうち<br>miuchi | kaanak, kamag-anak<br>カーナク、カマグ　アナク | *relatives* |
| 見方／みかた<br>mikata | pagkilala<br>パグキララ | *view* |
| 右／みぎ<br>migi | kanan<br>カナン | *right* |
| 見苦しい／みぐるしい<br>migulushii | nakahihiya<br>ナカヒヒヤ | *disgraceful* |
| 未婚／みこん<br>mikon | dalaga<br>ダラガ | *single, unmarried* |
| 岬／みさき<br>misaki | tangos<br>タングォス | *cape* |
| 短い／みじかい<br>mijikai | maikli<br>マイクリ | *short* |
| 惨めな／みじめな<br>mijimena | aba<br>アバァ | *humble, poor* |
| 水／みず<br>mizu | tubig<br>トゥビグ | *water* |
| 湖／みずうみ<br>mizuumi | lawa<br>ラワ | *lake* |
| 水着／みずぎ<br>mizugi | damit pampaligo<br>ダミト　パムパリゴ | *bathing suit* |
| 店／みせ<br>mise | gawaan<br>ガワーン | *shop* |
| 味噌／みそ<br>miso | misu<br>ミス | *soybean paste* |

み

| 溝／みぞ<br>mizo | daluyan<br>ダルヤン | *drain* |
| 満たす／みたす<br>mitasu | punuin<br>プゥヌイン | *fill* |
| 道／みち<br>michi | lansangan<br>ランサンガン | *road* |
| 導く／みちびく<br>michibiku | patnubay<br>パトヌバイ | *guide* |
| みっともない<br>mittomonai | nakahihiya<br>ナカヒヒヤ | *disgraceful* |
| 密輸する／みつゆする<br>mitsuyusulu | magpuslit<br>マグプゥスリィト | *smuggle* |
| 認める／みとめる<br>mitomelu | kilalanin<br>キララニン | *admit* |
| 緑の／みどりの<br>midolino | berde<br>ベルデ | *green* |
| 皆／みな（みんな）<br>mina(minna) | tanan<br>タナァン | *everyone* |
| 南／みなみ<br>minami | timog<br>ティモォグ | *south* |
| 身振り／みぶり<br>mibuli | kumpas<br>クムパス | *gesture* |
| 身分／みぶん<br>mibun | katayuan sa lipunan<br>カタユアン　サ　リプゥナン | *social standing* |
| 耳／みみ<br>mimi | tainga<br>タインガ | *ear* |
| 脈／みゃく<br>myaku | pulso<br>プゥルソォ | *pulse* |
| 土産／みやげ<br>miyage | subenir<br>スゥベニィル | *souvenir* |
| 明後日／みょうごにち<br>myoogonichi | bukas makalawa, samakalawa<br>ブカス　マカラワ、サマカラワ | *day after tomorrow* |
| 明朝／みょうちょう<br>myoochoo | bukas ng umaga<br>ブカス　ナン　ウマガ | *tomorrow morning* |

| 魅力／みりょく<br>milyoku | panghalina<br>パンハリナ | *charm* |
|---|---|---|
| 見る／みる<br>milu | tumingin<br>トゥミィンギン | *look at* |
| ミルク／みるく<br>miluku | gatas ng ina<br>ガタス ナン イナ | *milk* |
| 民族／みんぞく<br>minzoku | lahi<br>ラヒ | *race* |
| 迎える／むかえる<br>mukaelu | magkasalubong<br>マグカァサルボン | *meet* |
| 昔／むかし<br>mukashi | noong unang panahon<br>ノーン ウナン パナホォン | *long ago* |
| 無関心／むかんしん<br>mukanshin | pagwawalang-bahala<br>パグワワラァン バハラ | *indifference* |
| 麦／むぎ<br>mugi | trigo<br>トリゴ | *wheat* |
| 無口／むくち<br>mukuchi | di maisalita<br>ディ マイサリタ | *taciturn* |
| 無限大／むげんだい<br>mugendai | awanggan<br>アワンガン | *infinity* |
| 無効／むこう<br>mukoo | walang-bisa<br>ワラン ビサ | *invalid* |
| 虫／むし<br>mushi | insekto<br>インセクト | *insect* |
| 無視／むし<br>mushi | yurak<br>ユラク | *trample* |
| 虫歯／むしば<br>mushiba | bulok na ngipin<br>ブロォク ナ ニィピン | *tooth decay* |
| 難しい／むずかしい<br>muzukashii | mahirap, unawain<br>マヒラプ、ウナワイン | *difficult* |
| 息子／むすこ<br>musuko | anak na lalaki<br>アナァク ナ ララキ | *son* |
| 結ぶ／むすぶ<br>musubu | itali<br>イタリ | *fasten* |

み

163

| 娘／むすめ<br>musume | anak na babae<br>アナァク　ナ　ババエ | *daughter* |
| 無駄／むだ<br>muda | aksaya<br>アクサヤ | *waste, wasteful* |
| 無断で／むだんで<br>mudande | walang-pahintulot<br>ワラン　パヒントゥロト | *without permission* |
| 無知／むち<br>muchi | kamangmangan<br>カマンマンガァン | *ignorance* |
| 夢中／むちゅう<br>muchuu | maalab<br>マアラブ | *earnest* |
| 夢中になる／むちゅうになる<br>muchuuninalu | magpalayan<br>マグパラヤン | *absorb* |
| むっつりする<br>muttsulisulu | baike<br>バイケェ | *mumps* |
| 胸／むね<br>mune | dibdib<br>ディブディブ | *breast* |
| 村／むら<br>mula | baryo<br>バルヨ | *village* |
| 紫色／むらさきいろ<br>mulasakiilo | lila<br>リラ | *violet* |
| 無理／むり<br>muli | di makatuwiran<br>ディ　カトゥウィラン | *unreasonable* |
| 無料／むりょう<br>mulyoo | walang-bayad<br>ワラン　バヤド | *free charge* |
| 芽／め<br>me | buko<br>ブコ | *bud* |
| 目／め<br>me | mata<br>マタ | *eyes* |
| 姪／めい<br>mei | pamangking babae<br>パマンキン　ババエ | *niece* |
| 名刺／めいし<br>meishi | tarheta<br>タルヘタ | *calling card* |
| 瞑想／めいそう<br>meisoo | pagninilay-nilay<br>パグニニライ　ニライ | *meditation* |

| 名物／めいぶつ<br>meibutsu | katangian, tangi<br>カタンギアン、タンギ | *feature* |
| 名誉／めいよ<br>meiyo | galan<br>ガラン | *honor* |
| 命令／めいれい<br>meilei | kautusan<br>カウトゥサァン | *commandments* |
| 迷惑／めいわく<br>meiwaku | ligalig<br>リガリグ | *trouble* |
| 眼鏡／めがね<br>megane | antipara<br>アンティパラ | *spectacles* |
| 召し使い／めしつかい<br>meshitsukai | alila<br>アリラ | *servant* |
| 珍しい／めずらしい<br>mezulashii | kataka-taka<br>カタカ タカ | *strange* |
| 滅亡／めつぼう<br>metsuboo | pagkawasak<br>パグカワサク | *ruin* |
| 目眩／めまい<br>memai | hilo<br>ヒロ | *dizziness* |
| メロディー／めろでぃー<br>melodii | himig<br>ヒミグ | *melody* |
| メロン／めろん<br>melon | uri ng prutas<br>ウリ ナン プルタス | *melon* |
| 目を覚ます／めをさます<br>mewosamasu | gumising<br>グミシン | *wake up* |
| 綿花／めんか<br>menka | bulak<br>ブラク | *cotton* |
| 面会／めんかい<br>menkai | miting<br>ミティン | *meeting* |
| 免除／めんじょ<br>menjo | paglilibre<br>パグリリブレ | *exemption* |
| 面積／めんせき<br>menseki | lawak<br>ラワク | *area* |
| 面倒／めんどう<br>mendoo | kaguluhan<br>カグルハン | *trouble* |

め

165

| | | |
|---|---|---|
| もう少し／もうすこし<br>moosukoshi | kauntipa<br>カウンティパ | *a little more* |
| もう一つ／もうひとつ<br>moohitotsu | isapa<br>イサパ | *one more* |
| 毛布／もうふ<br>moofu | blangket<br>ブランケト | *blanket* |
| 燃える／もえる<br>moelu | masunog<br>マスノグ | *burn* |
| 木星／もくせい<br>mokusei | hupiter<br>フピテル | *Jupiter* |
| 目的／もくてき<br>mokuteki | sadya<br>サドヤ | *purpose* |
| 目標／もくひょう<br>mokuhyoo | tunguhin<br>トゥヌウヒン | *goal* |
| もし<br>moshi | kung<br>クング | *if* |
| もしもし<br>moshimoshi | helo<br>ヘロ | *Hello!* |
| 餅／もち<br>mochi | kakanin<br>カカニン | *rice cake* |
| 用いる／もちいる<br>mochiilu | gamitin<br>ガミティン | *use* |
| 勿論／もちろん<br>mochilon | siyempre<br>シイェムプレ | *of course* |
| 持つ／もつ<br>motsu | mag-ari<br>マグ　アリ | *hold* |
| 持つ／もつ<br>motsu | may<br>マイ | *have, posses* |
| もったいない<br>mottainai | di karapat-dapat<br>ディ　カラパト　ダパト | *undeserving* |
| もっと<br>motto | pa<br>パ | *more* |
| 戻す／もどす<br>modosu | magbalik<br>マグバリィク | *return* |

| 戻る／もどる modolu | bumalik ブマリク | *go back* |
| 物語／ものがたり monogatali | kuwento クウェント | *story* |
| 桃／もも momo | melokoton メロコトン | *peach* |
| 貰う／もらう molau | tumanggap トゥマンガァプ | *receive* |
| 漏らす／もらす molasu | binayaang mabunyag ビナヤーン マブンヤグ | *leak* |
| 森／もり moli | gubat グバト | *woods* |
| 漏れる／もれる molelu | tumulo トゥムロ | *leak* |
| 脆い／もろい moloi | marupok マルポォク | *fragile* |
| 門／もん mon | tarangkahan タァランカハン | *gate* |
| 問題／もんだい mondai | problema プロブレマ | *problem* |

や

| 矢／や<br>ya | pana<br>パナ | *arrow* |
| 八百屋／やおや<br>yaoya | pamilihan ng gulay<br>パミリハン　ナン　グライ | *vegetable shop* |
| 薬缶／やかん<br>yakan | kaldero<br>カルデロ | *kettle* |
| 山羊／やぎ<br>yagi | kambing<br>カムビン | *goat* |
| 焼魚／やきざかな<br>yakizakana | inihaw<br>イニハウ | *broiled fish* |
| 焼肉／やきにく<br>yakiniku | karneng asado<br>カルネン　アサド | *grilled meat* |
| 野球／やきゅう<br>yakyuu | beisbol<br>ベイスボル | *baseball* |
| 焼く／やく<br>yaku | sunugin<br>スヌギン | *burn* |
| 役所／やくしょ<br>yakusho | purok-tanggapan<br>プゥロォク　タンガァパン | *district office* |
| 訳す／やくす<br>yakusu | isalin(sa)<br>イサリン（サ） | *translate into* |
| 約束／やくそく<br>yakusoku | pangako<br>パンアコ | *promise* |
| 約束する／やくそくする<br>yakusokusuru | pangakuan<br>パンガクァン | *promise* |
| 役立たない／やくだたない<br>yakudatanai | walang-kasaysayan<br>ワラン　カサイサヤン | *useless* |
| 役立つ／やくだつ<br>yakudatsu | kapaki-pakinabang<br>カパキィ　パキナバン | *useful* |
| 野菜／やさい<br>yasai | gulay<br>グライ | *vegetables* |

| 優しい／やさしい yasashii | mabait マバイト | *kind* |
| 安売り／やすうり yasuuli | napakamura ナパカムラ | *bargain* |
| 休む／やすむ yasumu | magpahinga, pagpahinga マグパヒンガ、パグパヒンガ | *rest* |
| 痩せる／やせる yaselu | pumayat プゥマヤァト | *get thin, become thin* |
| 厄介な／やっかいな yakkaina | maligalig マリガリグ | *knotty* |
| 厄介者／やっかいもの yakkaimono | maligalig na tao マリガリグ ナ タオ | *troublesome person* |
| 宿／やど yado | bahay-panuluyan バハアイ パァヌルヤン | *inn* |
| 雇う／やとう yatou | inempleyo イネムプレヨ | *employ* |
| 屋根／やね yane | bubong ブボン | *roof* |
| 破る［約束］／やぶる yabulu | ditumupad ディトゥムパド | *break* |
| 止むを得ない／やむをえない yamuwoenai | di maiiwasan ディ マイーワサン | *unavoidable* |
| やめる yamelu | iwanan イワナン | *abandon* |
| 和らぐ／やわらぐ yawalagu | bumaba ブマバ | *allay* |
| 湯／ゆ yu | mainit na tubig マイニト ナ トゥビグ | *hot water* |
| 唯一／ゆいいつ yuiitsu | kaisa-isa カイサ イサ | *only* |
| 遺言／ゆいごん yuigon | hulinghabilin フリンハビリン | *will* |
| 憂鬱／ゆううつ yuuutsu | pamamanglaw パママンラウ | *melancholy* |

や

169

| 有害／ゆうがい<br>yuugai | nakasasama<br>ナカサァサマ | *harmful* |
| 誘拐する／ゆうかいする<br>yuukaisulu | dinukot<br>ディヌコト | *kidnap* |
| 夕方／ゆうがた<br>yuugata | gabi<br>ガビィ | *evening* |
| 勇気／ゆうき<br>yuuki | katapangan<br>カタパンアン | *courage* |
| 融資／ゆうし<br>yuushi | utang<br>ウタン | *loan* |
| 融資する／ゆうしする<br>yuushisulu | puhunanin<br>プフナニン | *invest, loan money* |
| 友情／ゆうじょう<br>yuujoo | pagkakaibigan<br>パグカカイビガン | *friendship* |
| 郵便／ゆうびん<br>yuubin | coreo<br>コレオ | *mail* |
| 郵便局／ゆうびんきょく<br>yuubinkyoku | tanggapan ng koreo<br>タンガパン　ナン　コレオ | *post office* |
| 裕福／ゆうふく<br>yuufuku | mayaman<br>マヤマン | *rich* |
| 有名／ゆうめい<br>yuumei | bantog<br>バントグ | *famous* |
| ユーモア／ゆーもあ<br>yuumoa | patawa<br>パタワ | *humor* |
| 幽霊／ゆうれい<br>yuulei | multo<br>ムルトォ | *ghost* |
| 誘惑／ゆうわく<br>yuuwaku | tukso<br>トゥクソォ | *temptation* |
| 床／ゆか<br>yuka | sahig<br>サヒグ | *floor* |
| 歪める／ゆがめる<br>yugamelu | yupiin<br>ユピーン | *distort* |
| 雪／ゆき<br>yuki | niyebe<br>ニイェベ | *snow* |

| 行き先／ゆきさき<br>yukisaki | paroroonan<br>パロォロオナァン | *destination* |
| 行く／ゆく<br>yuku | aalis, lumakad<br>アーリィス、ルマカド | *go* |
| 輸出／ゆしゅつ<br>yushutsu | pagluluwas<br>パグルルワァス | *export* |
| 輸出・輸入税／ゆしゅつ・ゆにゅうぜい<br>yushutsu・yunyuuzei | angkat na buwis<br>アンカト　ナ　ブゥィス | *export・import tax* |
| 輸送／ゆそう<br>yusoo | transportasyon<br>トランスポルタション | *transportation* |
| 茹で卵／ゆでたまご<br>yudetamago | pinakuluan itlog<br>ピナクルアン　イトログ | *boiled egg* |
| 輸入／ゆにゅう<br>yunyuu | pag-angkat<br>パグ　アンカァト | *import* |
| 輸入品／ゆにゅうひん<br>yunyuuhin | angkat<br>アンカァト | *imports* |
| 指／ゆび<br>yubi | daliri<br>ダリリ | *finger* |
| 指輪／ゆびわ<br>yubiwa | singsing<br>シンシン | *ring* |
| 夢／ゆめ<br>yume | pangarap<br>パンガラプ | *dream* |
| 許す／ゆるす<br>yulusu | bayaan<br>バヤーン | *allow* |
| 許す／ゆるす<br>yulusu | tanggapin<br>タンガピン | *admit* |
| 夜明け／よあけ<br>yoake | madaling-araw<br>マダリン　アラウ | *dawn* |
| 容器／ようき<br>yooki | takip<br>タキプ | *container* |
| 容疑者／ようぎしゃ<br>yoogisha | suspetsa<br>ススペッァ | *suspect* |
| 要求する／ようきゅうする<br>yookyuusulu | tumawid<br>トゥマウイズ（ド） | *demand* |

ゆ

| 用紙／ようし<br>yooshi | porma<br>ポルマ | *form* |
|---|---|---|
| 要素／ようそ<br>yooso | bahagi<br>バハギ | *element* |
| 欲／よく<br>yoku | katakawan<br>カタカワン | *greed* |
| 予算／よさん<br>yosan | balak na gugulin<br>バラク　ナ　ググリン | *budget* |
| 予想／よそう<br>yosoo | palagay<br>パラガァイ | *expectation* |
| 予定／よてい<br>yotei | plano<br>プラノ | *plan* |
| 呼ぶ／よぶ<br>yobu | yumakag<br>ユマカグ | *call* |
| 予約／よやく<br>yoyaku | palaan<br>パラーン | *reservation* |
| 予約する／よやくする<br>yoyakusulu | maglaan<br>マグラーン | *reserve* |
| 余裕がある／よゆうがある<br>yoyuugaalu | maibibigay, makakaya<br>マイビビガァイ、マカカヤ | *afford* |
| 夜／よる<br>yolu | gabi<br>ガビィ | *night* |
| 喜び／よろこび<br>yolokobi | galak<br>ガラク | *joy* |
| 四分の一／よんぶんのいち<br>yonbunnoichi | ika-apat na bahagi<br>イカ　アパト　ナ　バハギ | *quarter* |

# ら

| | | |
|---|---|---|
| ライオン／らいおん<br>laion | leon<br>レオン | *lion* |
| 来月／らいげつ<br>laigetsu | sa isang buwan<br>サ イサン ブワァン | *next month* |
| 来週／らいしゅう<br>laishuu | sa isang linggo<br>サ イサン リンゴォ | *next week* |
| ラジオ／らじお<br>lajio | radyo<br>ラディオ | *radio* |
| 楽観的／らっかんてき<br>lakkanteki | di madaling masiraan ng loob<br>ディ マダリン マシラーン ナン ロープ | *optimistic* |
| 蘭／らん<br>lan | dapo<br>ダポォ | *orchid* |
| ランプ／らんぷ<br>lanpu | ilawan<br>イラワン | *lamp* |
| 利益／りえき<br>lieki | kalamangan<br>カラマンガァン | *advantage* |
| 理科／りか<br>lika | karunungan, siyensiya<br>カルヌンガン、シイェンシヤ | *science* |
| 理解する／りかいする<br>likaisulu | maunawaan<br>マウナワーン | *understand* |
| 理屈／りくつ<br>likutsu | lohika<br>ロヒカ | *logic* |
| 利己的／りこてき<br>likoteki | makasarili<br>マカサリリ | *selfish* |
| 離婚／りこん<br>likon | diborsiyo<br>ディボォルシヨ | *divorce* |
| 羅災地／りさいち<br>lisaichi | apektadong distrito<br>アペクタドン ディストリト | *stricken area* |
| リズム／りずむ<br>lizumu | ritmo<br>リトモ | *rhythm* |

ら

| 理想／りそう lisoo | mithi ミシイ | *ideal* |
|---|---|---|
| 立派／りっぱ lippa | napakagaling ナァパカガリィン | *excellent* |
| 立派な／りっぱな lippana | dakila ダキラァ | *great* |
| 理髪店／りはつてん lihatsuten | barbero バルベロ | *barber* |
| 流行／りゅうこう lyuukoo | moda モダ | *fashion* |
| 流産する／りゅうざんする lyuuzansulu | makuman マクマン | *abort* |
| 量／りょう lyoo | dami ダミ | *amount, quantity* |
| 利用／りよう liyoo | pagganut パグガミト | *utilization* |
| 領収証／りょうしゅうしょう lyooshuushoo | resibo レシボ | *receipt* |
| 両親／りょうしん lyooshin | ama at ina アマ　アト　イナ | *parents* |
| 良心／りょうしん lyooshin | budhi ブドヒ | *conscience* |
| 両親／りょうしん lyooshin | magulang マグラング | *parents* |
| 料理／りょうり lyooli | pagkain パグカイン | *cooking, meal* |
| 料理人／りょうりにん lyoolinin | tagapagluto タガパグルト | *cook* |
| 旅行／りょこう lyokoo | paglalakbay パグララクバイ | *travel* |
| 履歴／りれき lileki | matagumpay na buhay マタグムパイ　ナ　ブハイ | *career* |
| 輪郭／りんかく linkaku | balangkas バランカス | *outline* |

174

| 林檎／りんご<br>lingo | mansanas<br>マンサナス | *apple* |
| 臨時／りんじ<br>linji | temporero<br>テンポレロ | *temporary* |
| 隣人／りんじん<br>linjin | kapitbahay<br>カピトバハァイ | *neighbor* |
| 類似／るいじ<br>luiji | pagkakakawanqis<br>パグカカァワァンギス | *similarity* |
| ルーレット／るーれっと<br>luuletto | ruleta<br>ルレッタ | *roulette* |
| 留守／るす<br>lusu | walang-tao<br>ワラン　タオ | *absent* |
| 留守番電話／るすばんでんわ<br>lusubandenwa | sagutin ang telepono<br>サグティン　アン　テレポノ | *answering phone* |
| 冷静な／れいせいな<br>leiseina | mahinahon<br>マヒナホン | *cool* |
| 歴史／れきし<br>lekishi | makasaysay<br>マカサイサイ | *history* |
| レタス／れたす<br>letasu | litsugas<br>リツガス | *lettuce* |
| 列車／れっしゃ<br>lessha | tren<br>トレン | *train* |
| 列島／れっとう<br>lettoo | kapuluan<br>カブゥルアン | *archipelago* |
| レモン／れもん<br>lemon | kalamansi<br>カラマンシ | *lemon* |
| 恋愛／れんあい<br>len-ai | pag-ibig<br>パグ　イビグ | *love* |
| 練習／れんしゅう<br>lenshuu | praktis<br>プラクティス | *practice* |
| 連続／れんぞく<br>lenzoku | pagtutuloy<br>パグトゥトゥロォイ | *continuation* |
| 連絡する／れんらくする<br>lenlakusulu | makipag-alam<br>マキパグ　アラァム | *contact with* |

り

| 老人／ろうじん<br>loojin | matanda tao<br>マタンダ　タオ | *old man* |
| 労働者／ろうどうしゃ<br>loodoosha | manggagawa<br>マンガガワァ | *worker* |
| ローソク／ろーそく<br>loosoku | kandila<br>カンディラ | *candle* |
| ローマ字／ろーまじ<br>loomaji | latin alpabeto<br>ラティン　アルパベト | *Roman letters* |
| 六／ろく<br>loku | anim<br>アニム | *six* |
| 録音／ろくおん<br>lokuon | tala<br>タラ | *record* |
| 六月／ろくがつ<br>lokugatsu | hunyo<br>フンヨ | *June* |

# わ

| 輪／わ<br>wa | anilyo<br>アニリヨ | *ring* |
| ワイシャツ／わいしゃつ<br>waishatsu | kamisadentro<br>カミサデントロ | *shirt* |
| 若い／わかい<br>wakai | bata, mukhang bata<br>バタァ、ムクハン（グ）バタ | *young* |
| わがまま<br>wagamama | karamutan<br>カラムタン | *selfishness* |
| 若者／わかもの<br>wakamono | binatilyo<br>ビナティリョ | *youth* |
| 分かる／わかる<br>wakalu | maintindihan, maunawaan<br>マインティンディハン、マウナワーン | *understand* |
| 腋／わき<br>waki | kilikili<br>キリキリ | *armpit* |
| 脇道／わきみち<br>wakimichi | debosyon<br>デボション | *bypath* |
| 惑星／わくせい<br>wakusei | planeta<br>プラネタ | *planet* |
| ワクチン／わくちん<br>wakuchin | indyiksyon<br>インディクション | *vaccine* |
| 分け前／わけまえ<br>wakemae | bahagi<br>バハギ | *share* |
| 分ける／わける<br>wakelu | hatiin<br>ハティーン | *divide into* |
| 和食／わしょく<br>washoku | pagkaing hapones<br>パグカイン　ハポネス | *Japanese food* |
| 忘れ物／わすれもの<br>wasulemono | maynaiwang bagay<br>マイナイワン　バガイ | *things left behind* |
| 忘れる／わすれる<br>wasulelu | kalimutan<br>カリムタン | *forget* |

わ

177

| 忘れる／わすれる<br>wasulelu | limutin<br>リムティン | *forget* |
|---|---|---|
| 私／わたし<br>watashi | ako<br>アコ | *I* |
| 私自身／わたしじしん<br>watashijishin | akingsarili<br>アキンサリリ | *myself* |
| 私達の／わたしたちの<br>watashitachino | namin<br>ナァミン | *our* |
| 私の／わたしの<br>watashino | akin, ko<br>アキン、コ | *my, me* |
| 罠／わな<br>wana | bitag<br>ビタグ | *trap* |
| 鰐／わに<br>wani | buwaya<br>ブワヤ | *crocodile* |
| 笑う／わらう<br>walau | tawa<br>タワ | *laugh* |
| 割算／わりざん<br>walizan | pagbabahagi<br>パグババハギ | *division* |
| 割引／わりびき<br>walibiki | bawas<br>バワス | *discount* |
| 悪い／わるい<br>walui | masama<br>マサマァ | *bad* |
| 割れる／われる<br>walelu | magkalamat<br>マグカラマト | *crack* |

フィリピン語
から引ける！

# ［フィリピン語 ‐ 日本語 ‐ 英語 編］

*Tagalog-Hapon-Ingles*

# A/a

| | | |
|---|---|---|
| **aalis**<br>アーリィス | 行く／いく<br>iku | *go* |
| **aba**<br>アバァ | 可哀相な／かわいそうな<br>kawaisoona | *humble, poor* |
| **aba**<br>アバァ | 惨めな／みじめな<br>mijimena | *humble, poor* |
| **abaiahin**<br>アバイアヒン | 邪魔する／じゃまする<br>jamasulu | *bother* |
| **abaka**<br>アバカァ | 麻／あさ<br>asa | *hemp, abaca* |
| **abala**<br>アバラ | 邪魔／じゃま<br>jama | *interruption* |
| **abilidad**<br>アビリダド | 才能／さいのう<br>sainoo | *ability* |
| **abiso**<br>アビソ | 知らせ／しらせ<br>silase | *notification* |
| **abnormal**<br>アブノルマル | 異常な／いじょうな<br>ijouna | *abnormal* |
| **abo**<br>アポ | 灰／はい<br>hai | *ash* |
| **abogado**<br>アボガド | 弁護士／べんごし<br>bengoshi | *lawyer* |
| **abono**<br>アボノ | 肥料／ひりょう<br>hilyoo | *fertilizer* |
| **abril**<br>アブリル | 四月／しがつ<br>shigatsu | *April* |
| **absoluto**<br>アブソルト | 絶対の／ぜったいの<br>zettaino | *absolute* |
| **adhika**<br>アドヒカ | 希望／きぼう<br>kiboo | *ambition* |

| | | |
|---|---|---|
| **agad**<br>アガド | すぐに<br>suguni | *at once* |
| **agad-agad**<br>アガド アガド | 直ちに／ただちに<br>tadachini | *immediate* |
| **agahan**<br>アガハン | 朝食／ちょうしょく<br>chooshoku | *breakfast* |
| **agham**<br>アグハム | 科学／かがく<br>kagaku | *science* |
| **agos**<br>アゴス | 小川／おがわ<br>ogawa | *stream* |
| **agos**<br>アゴス | 流れ／ながれ<br>nagale | *current* |
| **agrikultura**<br>アグリクルトゥラ | 農業／のうぎょう<br>noogyoo | *agriculture* |
| **ahas**<br>アハス | 蛇／へび<br>hebi | *snake* |
| **AIDS**<br>エイズ | エイズ／えいず<br>eizu | *AIDS* |
| **aiming**<br>アイミン | 欲しい／ほしい<br>hoshii | *desire* |
| **aircon**<br>エイルコン | エアコン／えあこん<br>eakon | *air-conditioner* |
| **akayin**<br>アカイイン | 案内する／あんないする<br>annaisulu | *guide* |
| **akda**<br>アクダァ | 習字／しゅうじ<br>shuuji | *calligraphy* |
| **akin**<br>アキン | 私の／わたしの<br>watashino | *my, me* |
| **akingsarili**<br>アキンサリリ | 私自身／わたしじしん<br>watashijishin | *myself* |
| **aklatnapang-reperens**<br>アクラァトナンパン レペレンス | 参考書／さんこうしょ<br>sankoosho | *reference book* |
| **akma**<br>アクマ | 適当な／てきとうな<br>tekitoona | *suitable* |

| | | |
|---|---|---|
| **ako**<br>アコ | 私／わたし<br>watashi | *I* |
| **aksaya**<br>アクサヤ | 無駄／むだ<br>muda | *waste* |
| **aksidente**<br>アクシデンテ | 事故／じこ<br>jiko | *accident* |
| **aksidente ng sasakyan**<br>アクシデンテ ナン ササクヤン | 交通事故／こうつうじこ<br>kootsuujiko | *traffic accident* |
| **aksiyon**<br>アクション | 行動／こうどう<br>koodoo | *action* |
| **aktitudo**<br>アクティトゥッ | 態度／たいど<br>taido | *attitude* |
| **aktor**<br>アクトール | 俳優／はいゆう<br>haiyuu | *actor* |
| **akyatin**<br>アクヤティン | 上がる／あがる<br>agalu | *rise* |
| **alaala**<br>アラーラ | 思い出す／おもいだす<br>omoidasu | *recall* |
| **alaala**<br>アラーラ | 記憶／きおく<br>kioku | *memory* |
| **alaga**<br>アラガ | 世話／せわ<br>sewa | *care* |
| **alahas**<br>アラハス | 宝石／ほうせき<br>hooseki | *jewelry* |
| **alak**<br>アラク | 酒／さけ<br>sake | *liquor* |
| **alam**<br>アラム | 知恵／ちえ<br>chie | *wisdom* |
| **alapaap**<br>アラパープ | 雲／くも<br>kumo | *cloud* |
| **alibadbad**<br>アリバドバッド | 吐き気／はきけ<br>hakike | *nausea* |
| **alikabok**<br>アリカボォク | 埃／ほこり<br>hokoli | *dust* |

| | | |
|---|---|---|
| **alila**<br>アリラ | 召し使い／めしつかい<br>meshitsukai | *servant* |
| **alimasag**<br>アリマサグ | 蟹［海の］／かに<br>kani | *sea crab* |
| **alindog**<br>アリンドグ | 愛嬌／あいきょう<br>aikyoo | *grace* |
| **alingasaw**<br>アリンガサウ | 悪臭／あくしゅう<br>akushuu | *stink* |
| **alingawngaw**<br>アリンガウンガウ | 反響／はんきょう<br>hankyoo | *echo* |
| **alinlangan**<br>アリンランガン | 疑い／うたがい<br>utagai | *doubt* |
| **alinlangan**<br>アリンランガン | 疑惑／ぎわく<br>giwaku | *doubt* |
| **alinman**<br>アリンマァン | 若干の／じゃっかん<br>jakkanno | *some* |
| **alintuntunin**<br>アリントゥントゥニン | 原則／げんそく<br>gensoku | *rule* |
| **alis**<br>アリス | 出発／しゅっぱつ<br>shuppatsu | *departure* |
| **alisan**<br>アリサン | 引く／ひく<br>hiku | *subtract* |
| **alisin**<br>アリシン | 廃止する／はいしする<br>haishisulu | *abolish* |
| **aliw**<br>アリウ | 慰め／なぐさめ<br>nagusame | *comfort* |
| **aliwan**<br>アリワン | 気晴らし／きばらし<br>kibalashi | *recreation* |
| **alkohol**<br>アルコホール | アルコール／あるこーる<br>aukoolu | *alcohol* |
| **allnsangan**<br>アリンサンガン | 暑苦しい／あつくるしい<br>atsukulushii | *sticky* |
| **almusal**<br>アルムサル | 朝ご飯／あさごはん<br>asagohan | *breakfast* |

| | | |
|---|---|---|
| alok<br>アロォク | 入札／にゅうさつ<br>nyuusatsu | *bid* |
| alon<br>アロン | 波／なみ<br>nami | *wave* |
| alpombra<br>アルポムブラ | カーペット／かーぺっと<br>kaapetto | *carpet* |
| alsahin<br>アルサヒン | 上げる／あげる<br>agelu | *lift* |
| alulod<br>アルロド | どぶ<br>dobu | *gutter* |
| aluminyo<br>アルミニョ | アルミニウム／あるみにうむ<br>aluminiumu | *aluminum* |
| alwagi<br>アルワギ | 大工／だいく<br>daiku | *carpenter* |
| alyansa<br>アリアンサ | 同盟／どうめい<br>doomei | *alliance* |
| am<br>アム | 煮汁／にじる<br>nijilu | *broth* |
| ama<br>アマァ | お父さん／おとうさん<br>otoosan | *father* |
| ama at ina<br>アマ アト イナ | 両親／りょうしん<br>lyooshin | *parents* |
| amag<br>アマァグ | 黴／かび<br>kabi | *mold* |
| amargon<br>アマルゴン | たんぽぽ<br>tanpopo | *dandelion* |
| ambulansiya<br>アムブランシヤ | 救急車／きゅうきゅうしゃ<br>kyuukyuusha | *ambulance* |
| amerika<br>アメリカ | アメリカ／あめりか<br>amelika | *America* |
| amerikano<br>アメリカノ | アメリカ人／あめりかじん<br>amelikajin | *American* |
| amo<br>アモ | 親方／おやかた<br>oyakata | *boss* |

| | | |
|---|---|---|
| amoy<br>アモイ | 匂い／におい<br>nioi | *smell* |
| ampunin<br>アムピュニン | 選ぶ／えらぶ<br>elabu | *adopt* |
| amuyin<br>アミユイイン | 嗅ぐ／かぐ<br>kagu | *smell* |
| anak<br>アナァク | 子供／こども<br>kodomo | *child* |
| anak na babae<br>アナァク ナ ババエ | 娘／むすめ<br>musume | *daughter* |
| anak na lalaki<br>アナァク ナ ララキ | 息子／むすこ<br>musuko | *son* |
| ang dumadalo<br>アン ドゥマダロ | 出席／しゅっせき<br>shusseki | *attendance* |
| ang inimpok<br>アン イニムポォク | 貯金／ちょきん<br>chokin | *savings* |
| ang Karagatang Pasipiko<br>アン カラガタン パシピコ | 太平洋／たいへいよう<br>taiheiyoo | *The Pacific Ocean* |
| ang mayayaman<br>アン マヤヤマン | 金持ち／かねもち<br>kanemochi | *rich* |
| ang nakaraan<br>アン ナカラアン | 過去／かこ<br>kako | *past* |
| ang nakikinig<br>アン ナキイキニィグ | 聞き手／ききて<br>kikite | *listener* |
| anggulo<br>アングゥロォ | 角度／かくど<br>kakudo | *angle* |
| anghel<br>アンヘル | 天使／てんし<br>tenshi | *angel* |
| angkat<br>アンカァト | 輸入品／ゆにゅうひん<br>yunyuuhin | *imports* |
| angkat na buwis<br>アンカト ナ ブゥィス | 輸出・輸入税／ゆしゅつ・ゆにゅうぜい<br>yushutsu・yunyuuzei | *import tax* |
| angkla<br>アンクラ | 錨／いかり<br>ikali | *anchor* |

| | | |
|---|---|---|
| ani<br>アニィ | 収穫／しゅうかく<br>shuukaku | *harvest* |
| ani produkto<br>アニ　プロダクト | 農作物／のうさくぶつ<br>noosakubutsu | *crop* |
| anilyo<br>アニリヨ | 輪／わ<br>wa | *ring* |
| anim<br>アニム | 六／ろく<br>loku | *six* |
| aninag<br>アニナグ | 透明な／とうめいな<br>toomeina | *transparent* |
| anino<br>アニノ | 影／かげ<br>kage | *shadow* |
| anong<br>アノン | 何／なに<br>nani | *what, that* |
| antas<br>アンタス | 程度／ていど<br>teido | *degree* |
| anting-anting<br>アンティン　アンティン | お守り／おまもり<br>omamoli | *amulet* |
| antipara<br>アンティパラ | 眼鏡／めがね<br>megane | *spectacles* |
| anunsiyo<br>アヌンシヨ | 広告／こうこく<br>kookoku | *dvertisement* |
| anyaya<br>アンヤヤ | 誘い／さそい<br>sasoi | *invitation* |
| anyayahan<br>アンヤヤハン | 招待する／しょうたいする<br>shootaisulu | *invite* |
| anyo<br>アンヨ | 格好／かっこう<br>kakkoo | *form* |
| apad<br>アパド | 腹痛／ふくつう<br>fukutsuu | *colic* |
| aparador<br>アパラドール | 箪笥／たんす<br>tansu | *wardrobe* |
| apartment<br>アパルトメント | アパート／あぱーと<br>apaato | *apartment* |

186

| apendisitis<br>アペンディシティス | 虫垂炎／ちゅうすいえん<br>chuusuien | *appendicitis* |
| --- | --- | --- |
| aplaya<br>アプラヤ | 海岸／かいがん<br>kaigan | *seashore* |
| apo<br>アポ | 孫／まご<br>mago | *grandchild* |
| apog<br>アポグ | 石灰／せっかい<br>sekkai | *lime* |
| apoy<br>アポォイ | 火、火事／ひ、かじ<br>hi, kaji | *fire* |
| aprentis<br>アプレンティス | 弟子／でし<br>deshi | *apprentice* |
| aral<br>アラル | 勉強する／べんきょうする<br>benkyoosulu | *study* |
| araling-bahay<br>アラリン バハイ | 宿題／しゅくだい<br>shukudai | *homework* |
| araruhin<br>アラルヒン | 耕す／たがやす<br>tagayasu | *plow* |
| araw<br>アラウ | 太陽／たいよう<br>taiyoo | *sun* |
| araw<br>アラウ | 日中／にっちゅう<br>nicchuu | *daytime* |
| araw-araw<br>アラウ アラウ | 日常／にちじょう<br>nichijoo | *everyday* |
| araw at gabi<br>アラウ アト ガビ | 昼夜／ちゅうや<br>chuuya | *day and night* |
| araw ng bagong taon<br>アラウ ナン バゴン タオン | 元旦／がんたん<br>gantan | *New Year's Day* |
| aray<br>アライ | 痛い／いたい<br>itai | *ouch* |
| arbitrasyon<br>アルビトラション | 調停／ちょうてい<br>chootei | *arbitration* |
| ari-arian<br>アリ アリアン | 財産／ざいさん<br>zaisan | *property* |

| | | |
|---|---|---|
| arte<br>アルテ | 芸術／げいじゅつ<br>geijutsu | *art* |
| artikulo<br>アルティクロ | 記事／きじ<br>kiji | *article* |
| artistang babae<br>アルティスタン バパエ | 女優／じょゆう<br>joyuu | *actress* |
| artistang lalaki<br>アルティスタン ララキィ | 男優／だんゆう<br>dan-yuu | *actor* |
| aruga<br>アルガ | 世話をする／せわをする<br>sewawosulu | *take care of* |
| asado<br>アサド | 肉料理／にくりょうり<br>nikulyooli | *meat dish* |
| asahan<br>アサハン | 期待する／きたいする<br>kitaisulu | *expect* |
| asawa<br>アサワ | 奥さん／おくさん<br>okusan | *wife* |
| asawang lalaki<br>アサワン ララキィ | 夫／おっと<br>otto | *husband* |
| asin<br>アシィン | 塩／しお<br>shio | *salt* |
| aso<br>アソ | 犬／いぬ<br>inu | *dog* |
| aso<br>アソォ | 煙／けむり<br>kemuri | *smoke* |
| astrolohiya<br>アストロロヒヤァ | 占星学／せんせいがく<br>senseigaku | *astrology* |
| astronomiya<br>アストロノミヤ | 天文学／てんもんがく<br>tenmongaku | *astronomy* |
| asukal<br>アスカル | 砂糖／さとう<br>satoo | *sugar* |
| asul<br>アスル | 青い／あおい<br>aoi | *blue* |
| asya<br>アスヤ | アジア／あじあ<br>ajia | *Asia* |

| | | |
|---|---|---|
| **at**<br>アト | そして<br>soshite | *and* |
| **at sa wakas**<br>アト サ ワカス | 遂に／ついに<br>tsuini | *at last* |
| **atake**<br>アタケ | 攻撃／こうげき<br>koogeki | *attack* |
| **ate**<br>アテ | 姉／あね<br>ane | *elder sister* |
| **atomospera**<br>アトモスペラ | 雰囲気／ふんいき<br>fun-iki | *atmosphere* |
| **atsara**<br>アトサラ | 漬物／つけもの<br>tsukemono | *pickles* |
| **ausente**<br>アウセンテ | 欠勤／けっきん<br>kekkin | *absence* |
| **autor**<br>アウトル | 作家／さっか<br>sakka | *writer, author* |
| **autoridad**<br>アウトリダァド | 政権／せいけん<br>seiken | *authority* |
| **awanggan**<br>アワンガン | 無限大／むげんだい<br>mugendai | *infinity* |
| **away**<br>アワイ | 争い／あらそい<br>alasoi | *quarrel* |
| **awit**<br>アウィト | 歌／うた<br>uta | *song* |
| **awto**<br>アウトォ | 車／くるま<br>kuluma | *car* |
| **ayaw**<br>アヤウ | 嫌い／きらい<br>kilai | *dislike* |
| **ayuno**<br>アユノ | 断食／だんじき<br>danjiki | *fast* |

189

# B/b

| | | |
|---|---|---|
| ba<br>バ | 一つの／ひとつの<br>hitotsuno | *a, an, the* |
| baba<br>ババ | 顎／あご<br>ago | *chin* |
| babaan<br>ババーン | 出口／でぐち<br>deguchi | *way out* |
| babae<br>ババエ | 女性／じょせい<br>josei | *female* |
| babaeing ikakasal<br>ババイン　イカカサル | 花嫁／はなよめ<br>hanayome | *bride* |
| babaeng hapon<br>ババエン　ハポン | 日本女性／にほんじょせい<br>nihonjosei | *Japanese woman* |
| babag<br>ババグ | 喧嘩／けんか<br>kenka | *quarrel* |
| babala<br>ババラ | 警戒／けいかい<br>keikai | *caution* |
| baboy<br>バボイ | 豚／ぶた<br>buta | *pig* |
| baga<br>バガ | 肺／はい<br>hai | *lungs* |
| bagahe<br>バガヘ | 包み／つつみ<br>tsutsumi | *package* |
| bagaman<br>バガマン | 〜だが<br>〜 daga | *although* |
| bagay-bagay<br>バガイ　バガイ | 事情／じじょう<br>jijoo | *circumstances* |
| bago<br>バゴ | 新しい／あたらしい<br>atalashii | *new* |
| bagong nagsisimula<br>バゴン　ナグシイシムラ | 幼い／おさない<br>osanai | *infant* |

190

| | | |
|---|---|---|
| **bagong taon**<br>バゴン タオン | 正月／しょうがつ<br>shoogatsu | *New Year* |
| **baguhin**<br>バグヒン | 修理する／しゅうりする<br>shuulisulu | *amend* |
| **bagyo**<br>バギョ | 嵐／あらし<br>alashi | *storm* |
| **baha**<br>バハァ | 洪水／こうずい<br>koozui | *flood* |
| **bahaghari**<br>バハグハリ | 虹／にじ<br>niji | *rainbow* |
| **bahagi**<br>バハギ | 一部／いちぶ<br>ichibu | *apart* |
| **bahagi**<br>バハギ | 要素／ようそ<br>yooso | *element* |
| **bahagi**<br>バハギ | 分け前／わけまえ<br>wakemae | *share* |
| **bahay**<br>バハァイ | 家／いえ<br>ie | *house* |
| **bahay-banguluhan**<br>バハァイ バングルハン | 本部／ほんぶ<br>honbu | *head quarters* |
| **bahay-panuluyan**<br>バハァイ パァヌルヤン | 宿／やど<br>yado | *inn* |
| **bahin**<br>バヒィン | くしゃみ<br>kushami | *sneeze* |
| **baitang**<br>バイタン | 階段／かいだん<br>kaidan | *stairs* |
| **baka**<br>バカ | 多分／たぶん<br>tabun | *maybe, perhaps* |
| **bakal**<br>バカル | 金属／きんぞく<br>kinzoku | *metal* |
| **bakalaw**<br>バカラウ | 鱈／たら<br>tala | *codfish* |
| **bakas**<br>バカァス | 手掛かり／てがかり<br>tegakali | *track* |

| | | |
|---|---|---|
| **bakasyon**<br>バカスヨン | 休日／きゅうじつ<br>kyuujitsu | *holiday* |
| **bakaw**<br>バカァウ | 鶴／つる<br>tsulu | *crane* |
| **bakit?**<br>バキト | どうして？<br>dooshite | *Why?* |
| **bala**<br>バラァ | 注意／ちゅうい<br>chuui | *warning* |
| **balabalaki**<br>バラバラキ | 色々の／いろいろの<br>iloilono | *mixed, various* |
| **balahibo**<br>バラヒボ | 毛皮／けがわ<br>kegawa | *fur* |
| **balahibo**<br>バラヒボ | 羽／はね<br>hane | *feather* |
| **balak**<br>バラク | 計画／けいかく<br>keikaku | *plan* |
| **balak na gugulin**<br>バラク　ナ　ググリン | 予算／よさん<br>yosan | *budget* |
| **balang**<br>バラング | それぞれの<br>solezoleno | *each* |
| **balang araw**<br>バラング　アラウ | いつか<br>itsuka | *someday* |
| **balangkas**<br>バランカス | 輪郭／りんかく<br>linkaku | *outline* |
| **balang tao**<br>バラング　タオ | 誰か／だれか<br>daleka | *anyone* |
| **balani**<br>バラニ | 磁石／じしゃく<br>jishaku | *magnet* |
| **balanse**<br>バランセ | 残高／ざんだか<br>zandaka | *balance* |
| **balaria**<br>バラリア | 文法／ぶんぽう<br>bunpoo | *grammar* |
| **balat**<br>バラァト | 表／おもて<br>omote | *surface* |

| balat<br>バラァト | 貝／かい<br>kai | *shellfish* |
| balat<br>バラァト | 肌／はだ<br>hada | *skin* |
| balat<br>バラァト | 表紙／ひょうし<br>hyooshi | *cover* |
| balbas<br>バルバス | 髭／ひげ<br>hige | *beard* |
| bale<br>バレ | 骨折／こっせつ<br>kossetsu | *fracture of bone* |
| baligtad<br>バリグタド | 逆さま／さかさま<br>sakasama | *up side down* |
| balikan<br>バリカン | 往復／おうふく<br>oofuku | *round-trip* |
| balikat<br>バリカァト | 肩／かた<br>kata | *shoulder* |
| balingkinitan<br>バリンキニタン | 細い／ほそい<br>hosoi | *slender* |
| balinguyngoy<br>バリングインゴイ | 出血／しゅっけつ<br>shukketsu | *hemorrhage* |
| balintataw<br>バリンタタァウ | 瞳／ひとみ<br>hitomi | *pupil* |
| balisa<br>バリィサ | 不安／ふあん<br>fuan | *uneasiness* |
| balita<br>バリタァ | 通報／つうほう<br>tsuuhoo | *report* |
| balor<br>バロル | 値打ち／ねうち<br>neuchi | *value* |
| balyena<br>バルイエナ | 鯨／くじら<br>kujila | *whale* |
| banal<br>バナァル | 神聖な／しんせいな<br>shinseina | *sacred* |

| | | |
|---|---|---|
| **banana cue**<br>バナナ　クエ | バナナフライ／ばななふらい<br>bananafulai | *fried banana* |
| **bandeha**<br>バンデハ | 鍋／なべ<br>nabe | *pan* |
| **bandila**<br>バンディラ | 旗／はた<br>hata | *flag* |
| **bang?**<br>バング | ～しますか？<br>～ shimasuka | *Do you ～ ?* |
| **banggaan**<br>バンガーン | 衝突／しょうとつ<br>shoototsu | *collision* |
| **bangka**<br>バンカ | ボート／ぼーと<br>booto | *boat* |
| **bangkay**<br>バンカイ | 遺体／いたい<br>itai | *remain* |
| **bangkete**<br>バンケテ | 宴会／えんかい<br>enkai | *banquet* |
| **bangko**<br>バンコ | 銀行／ぎんこう<br>ginkoo | *bank* |
| **bango**<br>バンゴ | 香り／かおり<br>kaoli | *fragrance* |
| **bangungot**<br>バングンコト | 悪夢／あくむ<br>akumu | *nightmare* |
| **bansa**<br>バンサァ | 国／くに<br>kuni | *nation* |
| **bantayong**<br>バンタヨング | 記念物／きねんぶつ<br>kinenbutsu | *monument* |
| **bantog**<br>バントグ | 有名／ゆうめい<br>yuumei | *famous* |
| **bara**<br>バラ | 妨害／ぼうがい<br>boogai | *stoppage* |
| **baraha**<br>バラハ | トランプ／とらんぷ<br>tolanpu | *playing cards* |
| **baras**<br>バラス | 棒／ぼう<br>boo | *bar* |

194

| | | |
|---|---|---|
| **barbero**<br>バルベロ | 理髪店／りはつてん<br>lihatsuten | *barber* |
| **barikan**<br>バァリィカン | 酒場／さかば<br>sakaba | *bar* |
| **baril**<br>バリィル | 鉄砲／てっぽう<br>teppoo | *gun* |
| **barya**<br>バルヤ | コイン／こいん<br>koin | *coin* |
| **baryo**<br>バルヨ | 村／むら<br>mula | *village* |
| **basain**<br>バサイン | 濡らす／ぬらす<br>nulasu | *wet* |
| **base**<br>バセェ | 台／だい<br>dai | *base* |
| **baso**<br>バソ | コップ／こっぷ<br>koppu | *glass* |
| **basura**<br>バスラ | ゴミ／ごみ<br>gomi | *dust* |
| **bata**<br>バタァ | 児童／じどう<br>jidoo | *child* |
| **bata**<br>バタァ | 若い／わかい<br>wakai | *young* |
| **batag**<br>バダグ | 菌／きん<br>kin | *germ* |
| **batang lalaki**<br>バタン ララキ | 少年／しょうねん<br>shoonen | *boy* |
| **batas**<br>バタァス | 法律／ほうりつ<br>hoolitsu | *law* |
| **batayan**<br>バタヤァン | 基礎／きそ<br>kiso | *foundation* |
| **baterya**<br>バテルヤ | 電池／でんち<br>denchi | *battery* |
| **bati**<br>バァティ | 挨拶／あいさつ<br>aisatsu | *greeting* |

| | | |
|---|---|---|
| **bati**<br>バァティ | 会釈／えしゃく<br>eshaku | *salutation* |
| **bato**<br>バトォ | 石／いし<br>ishi | *stone* |
| **bawal**<br>バワル | 禁止の／きんしの<br>kinshino | *forbidden* |
| **bawal pumasok**<br>バワル　プゥマソク | 立入り禁止／たちいりきんし<br>tachiilikinshi | *No trespassing* |
| **bawal manigarilyo**<br>バワル　マニガリルヨ | 禁煙／きんえん<br>kin-en | *No smoking* |
| **bawang**<br>バワン | 腰／こし<br>koshi | *waist* |
| **bawas**<br>バワス | 値引き／ねびき<br>nebiki | *discount* |
| **bawas oras**<br>バワス　オラス | 節約／せつやく<br>setsuyaku | *savings* |
| **bawat dulo**<br>バワト　ドゥロ | 箸／はし<br>hashi | *chopsticks* |
| **bawat isa**<br>バワト　イサ | 個人／こじん<br>kojin | *individual* |
| **bayaan**<br>バヤーン | 許す／ゆるす<br>yulusu | *allow* |
| **bayad**<br>バヤド | 支払い／しはらい<br>shihalai | *payment* |
| **bayad**<br>バヤド | 報酬／ほうしゅう<br>hooshuu | *salary* |
| **bayad**<br>バヤド | 入場料／にゅうじょうりょう<br>nyuujoolyoo | *admission fee* |
| **bayad sa adwana**<br>バヤド　サ　アドワナ | 関税／かんぜい<br>kanzei | *customs duty* |
| **bayad sa kargada**<br>バヤド　サ　カルガダ | 送料／そうりょう<br>soolyoo | *carriage* |
| **bayad sa koryente**<br>バヤド　サ　コルイェンテ | 電気料金／でんきりょうきん<br>denkilyookin | *electric charges* |

| | | |
|---|---|---|
| **bayan**<br>バヤン | 町／まち<br>machi | *town* |
| **bayani**<br>バヤニィ | 英雄／えいゆう<br>eiyuu | *hero* |
| **bayaran**<br>バヤラン | 支払う／しはらう<br>shihalau | *pay* |
| **baybayin**<br>バイバイイン | 岸／きし<br>kishi | *shore, coast* |
| **bayong**<br>バヨォン | バッグ／ばっぐ<br>baggu | *bag* |
| **beisbol**<br>ベイスボル | 野球／やきゅう<br>yakyuu | *baseball* |
| **benda**<br>ベンダ | 包帯／ほうたい<br>hootai | *bandage* |
| **benta**<br>ベンタ | 販売／はんばい<br>hanbai | *sales* |
| **bentaha**<br>ベンタハ | 好都合／こうつごう<br>kootsugoo | *advantage* |
| **bentilador**<br>ベンティラドール | 扇風機／せんぷうき<br>senpuuki | *fan* |
| **berde**<br>ベルデ | 緑の／みどりの<br>midolino | *green* |
| **beses**<br>ベセス | 回／かい<br>kai | *at time* |
| **bestido**<br>ベスティド | 服装／ふくそう<br>fukusoo | *dress* |
| **bibig**<br>ビビグ | 口／くち<br>kuchi | *mouth* |
| **Bibliya**<br>ビブリヤ | 聖書／せいしょ<br>seisho | *Bible* |
| **bibliyoteka**<br>ビブリヨテカ | 図書館／としょかん<br>toshokan | *library* |
| **bigas**<br>ビガス | 米／こめ<br>kome | *rice* |

| | | |
|---|---|---|
| **bigas**<br>ビガス | 米／こめ<br>kome | *rice* |
| **bigat**<br>ビガト | 体重／たいじゅう<br>taijuu | *weight* |
| **bigay**<br>ビガイ | プレゼント／ぷれぜんと<br>pulezento | *present* |
| **bigkas**<br>ビグカス | 発音／はつおん<br>hatsuon | *pronunciation* |
| **bigla**<br>ビグラ | いきなり<br>ikinali | *suddenly* |
| **biguin**<br>ビグイン | がっかり<br>gakkali | *disappoint* |
| **bigyan**<br>ビギャン | 与える／あたえる<br>ataelu | *give* |
| **bilang**<br>ビラング | 数／かず<br>kazu | *number, figure* |
| **bilangguan**<br>ビィランガン | 刑務所／けいむしょ<br>keimusho | *prison* |
| **bilhin**<br>ビルヒン | 買う／かう<br>kau | *buy* |
| **bilin**<br>ビリン | 注文／ちゅうもん<br>chuumon | *requisition* |
| **bilo**<br>ビロ | 冗談／じょうだん<br>joodan | *joke* |
| **bilog**<br>ビィロォグ | 円／えん<br>en | *circle* |
| **binat**<br>ビナト | 再発［病気の］／さいはつ<br>saihatsu | *relapse* |
| **binatilyo**<br>ビナティリョ | 若者／わかもの<br>wakamono | *youth* |
| **binayaang mabunyag**<br>ビナヤーン　マブンヤグ | 漏らす／もらす<br>molasu | *leak* |
| **bintana**<br>ビンタナ | 窓／まど<br>mado | *window* |

| | | |
|---|---|---|
| **bisig**<br>ビィシィグ | 腕／うで<br>ude | *arm* |
| **bisikleta**<br>ビシクレタ | 自転車／じてんしゃ<br>jitensha | *bicycle* |
| **bisita**<br>ビシタ | 客／きゃく<br>kyaku | *guest* |
| **bisitahin**<br>ビシタヒン | 訪ねる／たずねる<br>tazunelu | *visit* |
| **bista**<br>ビスタ | 眺め／ながめ<br>nagame | *view* |
| **bitag**<br>ビタグ | 落とし穴／おとしあな<br>otoshiana | *trap* |
| **bitag**<br>ビタグ | 罠／わな<br>wana | *trap* |
| **bituin**<br>ビトゥイン | 星／ほし<br>hoshi | *star* |
| **bituka**<br>ビトゥカ | 腸／ちょう<br>choo | *intestines* |
| **biyenang babae**<br>ビイェナン ババエ | 姑／しゅうとめ<br>shuutome | *mother in low* |
| **biyernes**<br>ビイエルネス | 金曜日／きんようび<br>kin-yoobi | *Friday* |
| **biyolin**<br>ビヨリン | バイオリン／ばいおりん<br>baiolin | *violin* |
| **blangket**<br>ブランケト | 毛布／もうふ<br>moofu | *blanket* |
| **blangko**<br>ブランコォ | 空白／くうはく<br>kuuhaku | *blank* |
| **blusa**<br>ブルサ | ブラウス／ぶらうす<br>bulausu | *blouse* |
| **bodega**<br>ボデガ | 倉庫／そうこ<br>sooko | *warehouse* |
| **bola**<br>ボラ | 玉／たま<br>tama | *ball* |

| | | |
|---|---|---|
| **bola-bola**<br>ボラ ボラ | 魚肉ボール／ぎょにくぼーる<br>gyonikuboolu | *fish ball* |
| **bolpen**<br>ボルペン | ボールペン／ぼーるぺん<br>boolupen | *ball point pen* |
| **bomba**<br>ボムバ | 爆弾／ばくだん<br>bakudan | *bomb* |
| **bombero**<br>ボムベロ | 消防士／しょうぼうし<br>shoobooshi | *fireman* |
| **bono**<br>ボノ | 証書／しょうしょ<br>shoosho | *bond* |
| **bote**<br>ボテ | ビン／びん<br>bin | *bottle* |
| **botika**<br>ボティカ | 薬屋／くすりや<br>kusuliya | *drugstore* |
| **boto**<br>ボト | 投票／とうひょう<br>toohyoo | *vote* |
| **bra**<br>ブラ | ブラジャー／ぶらじゃー<br>bulajaa | *brassier* |
| **brilyante**<br>ブリルヤンテ | ダイヤモンド／だいやもんど<br>daiyamondo | *diamond* |
| **bubog**<br>ブボグ | 水晶／すいしょう<br>suishoo | *crystal* |
| **bubong**<br>ブボン | 屋根／やね<br>yane | *roof* |
| **bubungan**<br>ブブンアン | 屋上／おくじょう<br>okujyoo | *roof* |
| **bubuyog**<br>ブブヨグ | 蜂／はち<br>hachi | *bee* |
| **buda**<br>ブダ | 仏／ほとけ<br>hotoke | *Buddha* |
| **budhi**<br>ブドヒ | 良心／りょうしん<br>lyooshin | *conscience* |
| **bugtong**<br>ブグトン | 謎／なぞ<br>nazo | *riddle* |

| | | |
|---|---|---|
| **buhangin**<br>ブハンギン | 砂／すな<br>suna | *sand* |
| **buhay**<br>ブハイ | 寿命／じゅみょう<br>jumyoo | *life* |
| **buhay**<br>ブハイ | 存在／そんざい<br>sonzai | *existence* |
| **buhay**<br>ブハイ | 賑やか／にぎやか<br>nigiyaka | *bustling* |
| **buhok**<br>ブホォク | 髪／かみ<br>kami | *hair* |
| **bukal na mainit**<br>ブカル ナ マイニィト | 温泉／おんせん<br>onsen | *spa* |
| **bukas**<br>ブカス | 明日／あす<br>asu | *tomorrow* |
| **bukas**<br>ブカス | 営業中／えいぎょうちゅう<br>eigyoochuu | *Open for business* |
| **bukas**<br>ブカァス | 開く／ひらく<br>hilaku | *open* |
| **bukas makalawa**<br>ブカス マカラワ | 明後日／みょうごにち<br>myoogonichi | *the day after tomorrow* |
| **bukas ng umaga**<br>ブカス ナン ウマガ | 明朝／みょうちょう<br>myoochoo | *tomorrow morning* |
| **bukid**<br>ブキド | 野原／のはら<br>nohala | *field* |
| **buko**<br>ブコ | 芽／め<br>me | *bud* |
| **bukod diyan**<br>ブコド ディヤァン | 更に／さらに<br>salani | *moreover* |
| **bukod sa**<br>ブコォド サ | 更に／さらに<br>salanii | *beside* |
| **buksan**<br>ブクサァン | 開く／ひらく<br>hilaku | *open* |
| **bukung-bukong**<br>ブクン ブコン | 足首／あしくび<br>ashikubi | *ankle* |

| | | |
|---|---|---|
| **bula**<br>ブラァ | 泡／あわ<br>awa | *bubble* |
| **bulak**<br>ブラク | 綿花／めんか<br>menka | *cotton* |
| **bulaklak**<br>ブラクラァク | 開花／かいか<br>kaika | *bloom* |
| **bulaklak**<br>ブラクラァク | 花／はな<br>hana | *flower* |
| **bulas**<br>ブラス | 栽培／さいばい<br>saibai | *growth* |
| **bulkan**<br>ブルカン | 火山／かざん<br>kazan | *volcano* |
| **bulok na ngipin**<br>ブロォク ナ ニィピン | 虫歯／むしば<br>mushiba | *tooth decay* |
| **bultan**<br>ブルタン | 束／たば<br>taba | *bundle* |
| **bulutong**<br>ブルトン | 天然痘／てんねんとう<br>tennentoo | *smallpox* |
| **bulwagan**<br>ブルワガン | 大広間／おおひろま<br>oohiloma | *hall* |
| **bumaba**<br>ブマバ | 下がる／さがる<br>sagalu | *go down* |
| **bumaba**<br>ブマバ | 和らぐ／やわらぐ<br>yawalagu | *allay* |
| **bumaba**<br>ブマバ | 降りる／おりる<br>olilu | *alight* |
| **bumalandra**<br>ブマランドラ | 弾む／はずむ<br>hazumu | *bound* |
| **bumali**<br>ブマリィ | 折る／おる<br>olu | *break* |
| **bumalik**<br>ブマリク | 帰る／かえる<br>kaelu | *go back* |
| **bumalik**<br>ブマリク | 戻る／もどる<br>modolu | *go back* |

| | | |
|---|---|---|
| **bumalikat**<br>ブマリカト | 担ぐ／かつぐ<br>katsugu | *shoulder* |
| **bumangon**<br>ブマンゴン | 起きる／おきる<br>okilu | *get up , wake up* |
| **bumati**<br>ブマティ | 挨拶する／あいさつする<br>aisatsusulu | *greet* |
| **bumbilya**<br>ブムビルヤ | 電球／でんきゅう<br>denkyuu | *bulb* |
| **bumili**<br>ブミリィ | 買う／かう<br>kau | *buy* |
| **bumukas**<br>ブムカス | 開く／あく<br>aku | *open* |
| **bumulabog**<br>ブムラボグ | 散る／ちる<br>chilu | *scatter* |
| **bumuti**<br>ブムティ | 進歩する／しんぽする<br>shinposulu | *progress* |
| **buntis**<br>ブンティス | 途中／とちゅう<br>tochuu | *on the way* |
| **buntot**<br>ブントット | 尾／お<br>o | *tail* |
| **bunutin**<br>ブヌティン | 抜く／ぬく<br>nuku | *extract* |
| **buo**<br>ブゥオ | あらゆる／あらゆる<br>arayuru | *all* |
| **buo**<br>ブオ | 完成する／かんせいする<br>kanseisulu | *complete* |
| **buong buhay**<br>ブオン ブハイ | 一生／いっしょう<br>isshoo | *life* |
| **burahin**<br>ブラヒン | 払う／はらう<br>halau | *wipe off* |
| **bus**<br>ブス | バス／ばす<br>basu | *bus* |
| **busog**<br>ブソグ | 満腹／まんぷく<br>manpuku | *fullness* |

| | | |
|---|---|---|
| **butas**<br>ブタス | 穴／あな<br>ana | *hole* |
| **butete**<br>ブテテ | フグ／ふぐ<br>fugu | *globe fish* |
| **buti**<br>ブティ | 善意／ぜんい<br>zen-i | *goodwill* |
| **buti**<br>ブティ | 長所／ちょうしょ<br>choosho | *good point* |
| **butil**<br>ブティル | 豆／まめ<br>mame | *bean* |
| **buto**<br>ブト | 種／たね<br>tane | *seed* |
| **buto**<br>ブト | 骨／ほね<br>hone | *bone* |
| **butones**<br>ブトネス | ボタン／ぼたん<br>botan | *button* |
| **butser**<br>ブッセル | 肉屋／にくや<br>nikuya | *butcher* |
| **buwan**<br>ブワァン | 月／つき<br>tsuki | *moon* |
| **buwan**<br>ブワァン | 月（〜月）／つき（〜がつ）<br>tsuki(gatsu) | *month* |
| **buwanan**<br>ブワナン | 月毎の／つきごとの<br>tsukigotono | *monthly* |
| **buwan-buwan**<br>ブワン　ブワン | 毎月／まいつき<br>maitsuki | *every month* |
| **buwaya**<br>ブワヤ | 鰐／わに<br>wani | *crocodile* |
| **buwenas**<br>ブウェナス | 幸運／こううん<br>kooun | *luck* |
| **buwis**<br>ブウィス | 税金／ぜいきん<br>zeikin | *tax* |

# C/c

| | | |
|---|---|---|
| **cero**<br>セロ | ゼロ［無い］／ぜろ<br>zelo | *zero* |
| **colgate**<br>コルガテ | 歯磨き粉［練り］／はみがきこ<br>hamigakiko | *toothpaste* |
| **coreo**<br>コレオ | 郵便／ゆうびん<br>yuubin | *mail* |

# D/d

| | | |
|---|---|---|
| **daan**<br>ダァーン | 通路／つうろ<br>tsuulo | *passage* |
| **daan sa ilalim**<br>ダァーン サ イラリム | 地下鉄／ちかてつ<br>chikatetsu | *subway* |
| **daga**<br>ダガァ | 鼠／ねずみ<br>nezumi | *rat* |
| **dagat**<br>ダガト | 海／うみ<br>umi | *sea* |
| **dagat**<br>ダガト | 海洋／かいよう<br>kaiyoo | *ocean* |
| **dagdag**<br>ダグダグ | 延長／えんちょう<br>enchoo | *extension* |
| **dagdag**<br>ダグダグ | 増加／ぞうか<br>zooka | *increase* |
| **dagdagan**<br>ダグダガァン | 増やす／ふやす<br>fuyasu | *increase* |
| **daglat**<br>ダグラァト | 省略／しょうりゃく<br>shoolyaku | *abbreviation* |
| **dagok**<br>ダゴク | 打撃／だげき<br>dageki | *shock* |
| **dahan-dahan**<br>ダハン ダハン | そろそろ<br>solosolo | *slowly* |
| **dahas**<br>ダハァス | 暴行／ぼうこう<br>bookoo | *violence* |
| **dahilan**<br>ダヒラァン | 言い訳／いいわけ<br>iiwake | *excuse* |
| **dahilan**<br>ダヒラァン | 口実／こうじつ<br>koojitsu | *excuse* |
| **dahilig**<br>ダヒリグ | 傾き／かたむき<br>katamuki | *slope* |

| | | |
|---|---|---|
| **dahon**<br>ダホン | 葉／は<br>ha | *leaf* |
| **daigdig**<br>ダイグディグ | 世界／せかい<br>sekai | *world* |
| **dakila**<br>ダキラァ | 立派な／りっぱな<br>lippana | *great* |
| **dakpin**<br>ダクピィン | 逮捕する／たいほする<br>taihosulu | *nab* |
| **dala**<br>ダラァ | 荷物／にもつ<br>nimotsu | *baggage* |
| **dalaga**<br>ダラガ | 未婚の／みこんの<br>mikon-no | *single, unmarried* |
| **dalagita**<br>ダラギタ | 少女／しょうじょ<br>shoojo | *girl* |
| **dalahira**<br>ダラヒラ | お喋り／おしゃべり<br>oshabeli | *chat* |
| **dalandan**<br>ダランダン | オレンジ／おれんじ<br>olenji | *orange* |
| **dalaw**<br>ダラウ | 訪問／ほうもん<br>hoomon | *visit* |
| **dalhan**<br>ダルハン | 運ぶ／はこぶ<br>hakobu | *carry, bring* |
| **daliri**<br>ダリリ | 指／ゆび<br>yubi | *finger* |
| **daliri ng paa**<br>ダリリ ナン パー | 足指／あしゆび<br>ashiyubi | *toe* |
| **daluhungin**<br>ダルフンギン | 襲う／おそう<br>osou | *attack* |
| **daluyan**<br>ダルヤン | 溝／みぞ<br>mizo | *drain* |
| **damdamin**<br>ダムダミン | 情／じょう<br>joo | *emotion* |
| **dami**<br>ダミ | 量／りょう<br>lyoo | *amount, quantity* |

D

| | | |
|---|---|---|
| **damihan**<br>ダミハン | 増す（量）／ます<br>masu(lyoo) | *increase* |
| **damit**<br>ダミィト | 衣服／いふく<br>ifuku | *clothes* |
| **damit pampaligo**<br>ダミト パムパリゴ | 水着／みずぎ<br>mizugi | *bathing suit* |
| **damit-panloob**<br>ダミィト パンローブ | 下着／したぎ<br>shitagi | *underwear* |
| **damo**<br>ダモ | 草／くさ<br>kusa | *grass* |
| **damong-dagat**<br>ダモン ダガト | 海草／かいそう<br>kaisoo | *seaweed* |
| **dapo**<br>ダポォ | 蘭／らん<br>lan | *orchid* |
| **datapuwa't**<br>ダタプゥワト | しかし<br>shikashi | *but* |
| **dati**<br>ダティ | 以前は／いぜんは<br>izenwa | *previously* |
| **dati-rati**<br>ダティ ラティ | 平常／へいじょう<br>heijoo | *usually* |
| **daungan**<br>ダウングァン | 波止場／はとば<br>hatoba | *wharf* |
| **dawak**<br>ダワク | 広さ／ひろさ<br>hilosa | *extent* |
| **dayain**<br>ダヤイン | 騙す／だます<br>damasu | *deceive* |
| **dayuhan**<br>ダユハン | 外国人／がいこくじん<br>gaikokujin | *foreigner* |
| **debosyon**<br>デボション | 脇道／わきみち<br>wakimichi | *bypath* |
| **dekorasyon**<br>デコラション | 飾り／かざり<br>kazali | *decoration* |
| **del-lata**<br>デ ラタ | 缶詰／かんづめ<br>kanzume | *canned food* |

| | | |
|---|---|---|
| dentista<br>デンティスタ | 歯科医／しかい<br>shikai | *dentist* |
| department store<br>デパートメント ストア | デパート／でぱーと<br>depaato | *department store* |
| despatso<br>デスパトソォ | 売り場／うりば<br>uliba | *counter* |
| despedida<br>デスペディダ | 送別会／そうべつかい<br>soobetsukai | *farewell party* |
| destino<br>デスティノ | 運命／うんめい<br>unmei | *destiny* |
| detalyado<br>デタルヤド | 詳しい／くわしい<br>kuwashii | *detailed* |
| detalyado<br>デタリヤド | 細かい／こまかい<br>komakai | *small, detailed* |
| determinasyon<br>デテルミナション | 決意／けつい<br>ketsui | *determination* |
| di karapat-dapat<br>ディ カラパト ダパト | もったいない<br>mottainai | *undeserving* |
| di kilala<br>ディ キラァ | 怪しい／あやしい<br>ayashii | *suspicious* |
| di madaling masiraan ng loob<br>ディ マダリン マシラーン ナン ローブ | 楽観的／らっかんてき<br>lakkanteki | *optimistic* |
| di mahawaan<br>ディ マハワーン | 消毒／しょうどく<br>shoodoku | *disinfection* |
| di maisalita<br>ディ マイサリタ | 無口／むくち<br>mukuchi | *taciturn* |
| di makahinga<br>ディ マカヒンガ | 息苦しい／いきぐるしい<br>ikigulushii | *stifle* |
| di makatuwiran<br>ディ カトゥウィラン | 無理／むり<br>muli | *unreasonable* |
| di mapagtotoo<br>ディ マパグトトォー | 不真面目／ふまじめ<br>fumajime | *insincere* |
| dibdib<br>ディブディブ | 胸／むね<br>mune | *breast* |

D

| | | |
|---|---|---|
| **diborsiyo**<br>ディボォルシヨ | 離婚／りこん<br>rikon | *divorce* |
| **diganap**<br>ディガナプ | 不完全／ふかんぜん<br>fukanzen | *imperfect* |
| **digma**<br>ディグマァ | 戦争／せんそう<br>sensoo | *war* |
| **dignidad**<br>ディグニダァド | 体面／たいめん<br>taimen | *sense of honor* |
| **di-katatagan**<br>ディ　カタタガン | 不安定／ふあんてい<br>fuantei | *instability* |
| **diksiyunaryo**<br>ディクシュナーリョ | 辞書／じしょ<br>jisho | *dictionary* |
| **dila**<br>ティラ | 舌／した<br>shita | *tongue* |
| **dilaw**<br>ディラウ | 黄色／きいろ<br>kiiro | *yellow* |
| **dinggin**<br>ティンギン | 聞く／きく<br>kiku | *hear* |
| **dinukot**<br>ディヌコト | 誘拐する／ゆうかいする<br>yuukaisulu | *kidnap* |
| **diplomasya**<br>ディプロマスヤ | 外交／がいこう<br>gaikoo | *diplomacy* |
| **direksiyon**<br>ディレクシヨン | 宛名／あてな<br>atena | *address* |
| **direksiyon**<br>ディレクシヨン | 方角／ほうがく<br>hoogaku | *direction* |
| **direktasa**<br>ディレクタサ | 宛て（の）／あて（の）<br>ate(no) | *addressed to* |
| **direkto**<br>ディレクト | 直接／ちょくせつ<br>chokusetsu | *direct* |
| **disanay**<br>ディサナイ | 下手／へた<br>heta | *unskilled* |
| **disempleyo**<br>ディセムプレヨ | 失業／しつぎょう<br>shitsugyoo | *unemployment* |

| | | |
|---|---|---|
| disenyo<br>ディセンヨ | 設計／せっけい<br>sekkei | *design* |
| disposisyon<br>ディスポシション | 性質／せいしつ<br>seishitsu | *nature* |
| distansiya<br>ディスタァンシャァ | 距離／きょり<br>kyoli | *distance* |
| distrito<br>ディストリト | 地方／ちほう<br>chihoo | *district* |
| disyembre<br>ディスイエムブレ | 十二月／じゅうにがつ<br>juunigatsu | *December* |
| dito<br>ディトォ | ここ<br>koko | *here* |
| dito at doon<br>ディト アト ドーン | あちこち<br>achikochi | *here and there* |
| ditumupad<br>ディトゥムパド | 破る［約束を］／やぶる<br>yabulu | *break* |
| diwa<br>ディワ | 本質／ほんしつ<br>honshitsu | *essence* |
| diyagnosis<br>ディヤグノシス | 診断／しんだん<br>shindan | *diagnosis* |
| diyam<br>ディアム | ジャム／じゃむ<br>jamu | *jam* |
| diyametro<br>ディヤメトロ | 直径／ちょっけい<br>chokkei | *diameter* |
| diyan<br>ディヤアン | そっち<br>socchi | *there* |
| diyaryo<br>ディヤァルヨ | 新聞／しんぶん<br>shinbun | *newspaper* |
| diyos<br>ディヨス | 神／かみ<br>kami | *god* |
| doktor<br>ドクトォール | 博士／はかせ<br>hakase | *Dr, doctor* |
| dokumento<br>ドクメント | 書類／しょるい<br>sholui | *documents* |

D

| | | |
|---|---|---|
| doon<br>ドーン | あそこ<br>asoko | *that place* |
| dugo<br>ドゥゴォ | 血／ち<br>chi | *blood* |
| dukha<br>ドゥクハ | 貧しい／まずしい<br>mazushii | *poor* |
| dula<br>ドゥラァ | 芝居／しばい<br>shibai | *play* |
| dulo<br>ドゥロ | 終わり／おわり<br>owali | *end* |
| dulubhasa<br>ドゥルブハサ | エキスパート／えきすぱーと<br>ekisupaato | *expert* |
| dumagsa<br>ドゥマグサ | 混む／こむ<br>komu | *crowd* |
| dumaig<br>ドゥマイグ | 勝れる／すぐれる<br>sugulelu | *surpass* |
| dumami<br>ドゥマミ | 増える／ふえる<br>fuelu | *increase* |
| dumating<br>ドゥマティング | 着く／つく<br>tsuku | *arrive* |
| dumi<br>ドゥミィ | 大便／だいべん<br>daiben | *excrement* |
| dumikit<br>ドゥミキイト | 付く／つく<br>tsuku | *paste* |
| dumugo<br>ドゥムゴ | 出血する／しゅっけつする<br>shukketsusulu | *bleed* |
| dumurog<br>ドゥムログ | 潰す／つぶす<br>tsubusu | *break* |
| dunong<br>ドゥノン | 学問／がくもん<br>gakumon | *learning* |
| dusa<br>ドゥサ | 悩み／なやみ<br>nayami | *suffering* |
| dyan<br>ディヤァン | あそこ／あそこ<br>asoko | *there* |

# E/e

| | | |
|---|---|---|
| **ebidensiya**<br>エビデンシヤ | 証拠／しょうこ<br>shooko | *evidence* |
| **edad**<br>エダド | 年／とし<br>toshi | *age* |
| **edukasyong pangkatawan**<br>エドゥカション パンカタワン | 体育／たいいく<br>taiiku | *physical education* |
| **ekonomiya**<br>エコノミヤァ | 経済（学）／けいざい（がく）<br>keizai(gaku) | *economics* |
| **eksibisyon**<br>エクシビション | 展覧会／てんらんかい<br>tenlankai | *exhibition* |
| **eksperyensya**<br>エクスペルイェンシヤ | 経験／けいけん<br>keiken | *experience* |
| **eksplanasyon**<br>エクスプラナション | 説明／せつめい<br>setsumei | *explanation* |
| **ekspres**<br>エクスプレス | 急行／きゅうこう<br>kyuukoo | *express* |
| **eleksiyon**<br>エレクション | 選挙／せんきょ<br>senkyo | *election* |
| **elektrisidad**<br>エレクトリシダド | 電気／でんき<br>denki | *electricity* |
| **elepante**<br>エレパンテ | 象／ぞう<br>zoo | *elephant* |
| **empleado**<br>エムプレアド | 従業員／じゅうぎょういん<br>juugyooin | *employee* |
| **empleyo**<br>エムプレオヨ | 雇用／こよう<br>koyoo | *employment* |
| **enero**<br>エネロ | 一月／いちがつ<br>ichigatsu | *January* |
| **ensalada**<br>エンサラダ | サラダ／さらだ<br>salada | *salad* |

E

213

| | | |
|---|---|---|
| **ensiklopedya**<br>エンシクロペジャ | 百科事典／ひゃっかじてん<br>hyakkajiten | *encyclopedia* |
| **entablado**<br>エンタブラド | 舞台／ぶたい<br>butai | *stage* |
| **epekto**<br>エペクト | 効果／こうか<br>kooka | *effect* |
| **eruplano**<br>エルプラノ | 飛行機／ひこうき<br>hikooki | *airplane* |
| **eskedgul**<br>エスケジュール | 時刻表／じこくひょう<br>jikokuhyoo | *timetable* |
| **espanya**<br>エスパニヤ | スペイン／すぺいん<br>supein | *Spain* |
| **espesyalidad**<br>エスペシャリダド | 専門／せんもん<br>senmon | *specialty* |
| **espiritu**<br>エスピリトゥ | 精神／せいしん<br>seishin | *spirit* |
| **esposo**<br>エスポソ | 夫／おっと<br>otto | *husband* |
| **estabilidad**<br>エスタビリダト | 安定／あんてい<br>antei | *stability* |
| **estambre**<br>エスタムブレ | 糸／いと<br>ito | *yarn* |
| **estasyon**<br>エスタション | 駅／えき<br>eki | *station* |
| **estudyante**<br>エストゥドヤンテ | 生徒／せいと<br>seito | *student* |
| **etiketa**<br>エティケェタ | エチケット／えちけっと<br>echiketto | *etiquette* |
| **europa**<br>エウロパ | 欧州／おうしゅう<br>ooshuu | *Europe* |
| **exam**<br>エグザム | 試験／しけん<br>shiken | *examination* |

# G/g

| | | |
|---|---|---|
| gaano?<br>ガァアノ | いくら？<br>ikula | *how much?* |
| gabi<br>ガビ | ジャガイモ／じゃがいも<br>jagaimo | *yam* |
| gabi<br>ガビィ | 夕方／ゆうがた<br>yuugata | *evening* |
| gabi<br>ガビィ | 夜／よる<br>yolu | *night* |
| gabinete ng gobyerno<br>ガビネテ ナン ゴビェルノ | 内閣／ないかく<br>naikaku | *cabinet* |
| gagamba<br>ガガムバァ | 蜘蛛／くも<br>kumo | *spider* |
| galak<br>ガラク | 喜び／よろこび<br>yolokobi | *joy* |
| galan<br>ガラン | 名誉／めいよ<br>meiyo | *honor* |
| galang<br>ガラング | 礼儀／れいぎ<br>reigi | *amenity* |
| galaw<br>ガラウ | 運動／うんどう<br>undoo | *movement* |
| galawin<br>ガラウィン | 動く／うごく<br>ugoku | *move* |
| galing<br>ガリング | 来る／くる<br>kulu | *come* |
| galit<br>ガァリト | 怒り／いかり<br>ikali | *anger* |
| galit<br>ガリト | 激怒／げきど<br>gekido | *wrath* |
| gamitin<br>ガミティン | 用いる／もちいる<br>mochiilu | *use* |

G

215

| | | |
|---|---|---|
| **gamot**<br>ガモォト | 薬／くすり<br>kusuli | *drug, medicine* |
| **gamot intsik**<br>ガモト　インチク | 漢方薬／かんぽうやく<br>kanpooyaku | *herbal medicine* |
| **gamugamo**<br>ガムガモ | 蛾／が<br>ga | *moth* |
| **gana**<br>ガナ | 食欲／しょくよく<br>shokuyoku | *appetite* |
| **gana**<br>ガナ | 得／とく<br>toku | *gain* |
| **ganda**<br>ガンダァ | 美／び<br>bi | *beauty* |
| **gansa**<br>ガンサ | ガチョウ／がちょう<br>gachoo | *goose* |
| **ganti**<br>ガンティ | 反応／はんのう<br>hannoo | *reaction* |
| **gantimpala**<br>ガンティムパラ | 褒美／ほうび<br>hoobi | *prize* |
| **gapasin**<br>ガパシン | 刈る／かる<br>kalu | *mow* |
| **garahe**<br>ガラヘ | 車庫／しゃこ<br>shako | *garage* |
| **garantiya**<br>ガランティヤ | 保証／ほしょう<br>hoshoo | *guarantee* |
| **gas**<br>ガス | ガス／がす<br>gasu | *gas* |
| **gasgas**<br>ガスガス | 擦り傷／すりきず<br>sulikizu | *abrasion* |
| **gasolina**<br>ガソリナ | ガソリン／がそりん<br>gasolin | *gasoline* |
| **gastos**<br>ガストス | 費用／ひよう<br>hiyoo | *expenses* |
| **gastos sa paglalakbay**<br>ガストス　サ　パグララクバイ | 交通費／こうつうひ<br>kootsuuhi | *travelling expenses* |

| | | |
|---|---|---|
| **gatas**<br>ガタス | 牛乳／ぎゅうにゅう<br>gyuunyuu | *milk* |
| **gatong**<br>ガトン | 燃料／ねんりょう<br>nenlyoo | *fuel* |
| **gawa**<br>ガワァ | 仕事／しごと<br>shigoto | *work* |
| **gawaan**<br>ガワーン | 店／みせ<br>mise | *shop* |
| **gaya**<br>ガヤ | アニメーション／あにめーしょん<br>animeeshon | *animation* |
| **gayang**<br>ガヤン | そんな<br>sonna | *such* |
| **gerila**<br>ゲリラ | ゲリラ／げりら<br>gelila | *guerrilla* |
| **ginang**<br>ギナン | 夫人／ふじん<br>fujin | *Mrs.* |
| **ginaw**<br>ギィナァウ | 悪寒／おかん<br>okan | *shiver* |
| **ginhawa**<br>ギンハワ | 休憩／きゅうけい<br>kyuukei | *rest* |
| **ginintuan**<br>ギニントゥアン | 金色の／きんいろの<br>kin-ilono | *golden* |
| **ginto**<br>ギント | 金／きん<br>kin | *gold* |
| **gitara**<br>ギタラ | ギター／ぎたー<br>gitaa | *guitar* |
| **gitla**<br>ギトラ | ショック／しょっく<br>shokku | *shock* |
| **gitna**<br>ギトナ | 中心／ちゅうしん<br>chuushin | *center* |
| **giya**<br>ギヤ | 案内／あんない<br>annai | *guidance* |
| **globo**<br>グロボ | 地球／ちきゅう<br>chikyuu | *globe* |

**G**

| | | |
|---|---|---|
| **glorya**<br>グロルヤ | 天／てん<br>ten | *heaven* |
| **gobyerno**<br>ゴビェルノ | 政府／せいふ<br>seifu | *government* |
| **golp**<br>ゴルプ | ゴルフ／ごるふ<br>golufu | *golf* |
| **grado**<br>グラド | 学年／がくねん<br>gakunen | *grade* |
| **grupo**<br>グルゥポ | グループ／ぐるーぷ<br>gluupu | *group* |
| **gubat**<br>グバト | 森／もり<br>moli | *woods* |
| **guho**<br>グホ | 遺跡／いせき<br>iseki | *ruins* |
| **gulang**<br>グラン | 年齢／ねんれい<br>nenlei | *age* |
| **gulay**<br>グライ | 野菜／やさい<br>yasai | *vegetables* |
| **gulong**<br>グロング | ゴム／ごむ<br>gomu | *rubber* |
| **gulong**<br>グロング | 車輪／しゃりん<br>shalin | *wheel* |
| **gulong**<br>グロング | タイヤ／たいや<br>taiya | *tire* |
| **gumalang**<br>グマラン | 尊敬する／そんけいする<br>sonkeisulu | *respect* |
| **gumaling**<br>グマリン | 治る／なおる<br>naolu | *get better* |
| **gumanap**<br>グマナァプ | 演じる／えんじる<br>enjilu | *perform* |
| **gumaod**<br>グマオド | 漕ぐ／こぐ<br>kogu | *row* |
| **gumawa**<br>グマワァ | 作る／つくる<br>tsukulu | *make* |

218

| | | |
|---|---|---|
| **gumising**<br>グミシン | 目を覚ます／めをさます<br>mewosamasu | *wake up* |
| **gumuhit**<br>グムヒト | 描く／えがく<br>egaku | *draw* |
| **gumulong**<br>グムロン | 転がる／ころがる<br>kologalu | *roll* |
| **guniguni**<br>グニグニィ | 幻覚／げんかく<br>genkaku | *hallucination* |
| **guniguni**<br>グニグニ | 想像する／そうぞうする<br>soozoosulu | *imagine* |
| **gunting**<br>グンティン | 鋏／はさみ<br>hasami | *scissor* |
| **guro**<br>グロォ | 教師／きょうし<br>kyooshi | *teacher* |
| **gusali**<br>グサリ | 建物／たてもの<br>tatemono | *building* |
| **gusto**<br>グスト | 好き／すき<br>suki | *like* |
| **gutom**<br>グトォム | 飢え／うえ<br>ue | *hunger* |
| **guwantes**<br>グワンテス | 手袋／てぶくろ<br>tebukulo | *gloves* |
| **guwapo**<br>グワポ | ハンサムな／はんさむな<br>hansamuna | *handsome* |

G

# H/h

| | | |
|---|---|---|
| **haba**<br>ハバ | 長さ／ながさ<br>nagasa | *length* |
| **habang-panahon**<br>ハバン パナホン | 永久に／えいきゅうに<br>eikyuuni | *forever* |
| **habla**<br>ハブラ | 訴え／うったえ<br>uttae | *suit* |
| **habulin**<br>ハブリン | 追う／おう<br>ou | *pursue, chase* |
| **hadlangan**<br>ハドランガン | 防ぐ／ふせぐ<br>fusegu | *prevent* |
| **hagad**<br>ハガド | パトカー／ぱとかー<br>patokaa | *patrol car* |
| **haiskul**<br>ハイスクゥル | 高校／こうこう<br>kookoo | *high school* |
| **halaga**<br>ハラガ | 価値／かち<br>kachi | *value* |
| **halaga**<br>ハラガ | 相場／そうば<br>sooba | *current price* |
| **halagitnaang edad**<br>ハラギトナーン エダド | 中年／ちゅうねん<br>chuunen | *middle age* |
| **halal**<br>ハラァル | 当選／とうせん<br>toosen | *elected* |
| **halaman**<br>ハラマン | 植木／うえき<br>ueki | *plant* |
| **halaya**<br>ハラヤ | ゼリー／ぜりー<br>zelii | *jelly* |
| **haligi**<br>ハリギ | 柱／はしら<br>hashila | *pillar* |
| **halik**<br>ハリィク | キス／きす<br>kisu | *kiss* |

| | | |
|---|---|---|
| **halimbawa**<br>ハリムバワ | 例えば／たとえば<br>tatoeba | *for example* |
| **hamog**<br>ハモグ | 霧／きり<br>kili | *fog* |
| **hamon**<br>ハモン | ハム／はむ<br>hamu | *ham* |
| **hanapbuhay**<br>ハナプブハイ | 職業／しょくぎょう<br>shokugyoo | *occupation* |
| **hanay**<br>ハナイ | 線／せん<br>sen | *line* |
| **hangganan**<br>ハンガナン | 国境／こっきょう<br>kokkyoo | *border* |
| **hanggang**<br>ハンガング | ～まで／～まで<br>～ made | *until* |
| **hangin**<br>ハングイン | 風／かぜ<br>kaze | *wind* |
| **hangin**<br>ハングイン | 空気／くうき<br>kuuki | *air* |
| **hangin**<br>ハングイン | 酸素／さんそ<br>sanso | *oxygen* |
| **hangober**<br>ハンオベル | 二日酔い／ふつかよい<br>futsukayoi | *hangover* |
| **hapon**<br>ハポン | 午後／ごご<br>gogo | *in the afternoon* |
| **hapon**<br>ハポン | 日本／にほん<br>nihon | *Japan* |
| **hapones**<br>ハポネス | 日本人／にほんじん<br>nihonjin | *Japanese* |
| **haponesa**<br>ハポネサ | 日本女性／にほんじょせい<br>nihonjosei | *Japanese woman* |
| **harapan**<br>ハラパン | 前／まえ<br>mae | *front* |
| **hardin**<br>ハルディン | 庭／にわ<br>niwa | *garden* |

H

221

| | | |
|---|---|---|
| **harina**<br>ハリナ | 粉／こな<br>kona | *flour, powder* |
| **harmonika**<br>ハルモニカ | ハーモニカ／はーもにか<br>haamonika | *harmonica* |
| **hasa-hasa**<br>ハサ ハサ | 鯖／さば<br>saba | *mackerel* |
| **hatiin**<br>ハティーン | 分ける／わける<br>wakelu | *divide into* |
| **hatinggabi**<br>ハティンガビ | 深夜／しんや<br>shin-ya | *midnight* |
| **hawakan**<br>ハワカン | 当てる／あてる<br>atelu | *touch on* |
| **hawakan**<br>ハワカン | 掴む／つかむ<br>tsukamu | *hold, catch* |
| **hawakan**<br>ハワカン | 取り扱う／とりあつかう<br>toliatsukau | *handle* |
| **hayagan**<br>ハァヤガァン | 人前／ひとまえ<br>hitomae | *in public* |
| **hayop**<br>ハヨプ | 動物／どうぶつ<br>doobutsu | *animal* |
| **helo**<br>ヘロ | こんにちは<br>konnichiwa | *Hello* |
| **helo**<br>ヘロ | もしもし<br>moshimoshi | *Hello* |
| **higa**<br>ヒガ | ヒラメ／ひらめ<br>hilame | *flatfish* |
| **higit**<br>ヒギト | ますます<br>masumasu | *more and more* |
| **hikab**<br>ヒカブ | あくび<br>akubi | *yawn* |
| **hikaw**<br>ヒィカウ | イヤリング／いやりんぐ<br>iyalingu | *earring* |
| **hilaga**<br>ヒラガ | 北／きた<br>kita | *north* |

| | | |
|---|---|---|
| hilaga at timog<br>ヒラガ アト ティモグ | 南北／なんぼく<br>nanboku | *north and south* |
| hilagang-silangan<br>ヒラガン シランガン | 北東／ほくとう<br>hokutoo | *northwest* |
| hilahin<br>ヒラヒン | 引っ張る／ひっぱる<br>hipparu | *pull* |
| hilakbot<br>ヒラクボォト | 恐ろしさ／おそろしさ<br>osoloshisa | *dreadfulness* |
| hilaw<br>ヒラウ | 生／なま<br>nama | *raw* |
| hilig<br>ヒリグ | 関心／かんしん<br>kanshin | *concern* |
| hilingan<br>ヒリンガン | 頼む／たのむ<br>tanomu | *ask for* |
| hilo<br>ヒロ | 目眩／めまい<br>memai | *dizziness* |
| himagsikan<br>ヒィマグシカン | 反乱／はんらん<br>hanlan | *rebellion* |
| himatayin<br>ヒマタイィン | 気絶する／きぜつする<br>kizetsusulu | *faint* |
| himig<br>ヒミグ | 調子／ちょうし<br>chooshi | *tune* |
| himig<br>ヒミグ | 曲／きょく<br>kyoku | *melody* |
| himnasya<br>ヒムナシヤ | 体操／たいそう<br>taisoo | *exercise* |
| himno<br>ヒムノ | 賛美歌／さんびか<br>sanbika | *hymn* |
| himpilanngpulisya<br>ヒムピランナンプゥリシヤ | 警察署／けいさつしょ<br>keisatsusho | *police station* |
| himukin<br>ヒムキン | 説得する／せっとくする<br>settokusulu | *persuade* |
| hina<br>ヒナ | 衰弱／すいじゃく<br>suijaku | *weakness* |

H

| | | |
|---|---|---|
| **hinaharap**<br>ヒナハラプ | 将来／しょうらい<br>shoolai | *future* |
| **hinahon**<br>ヒナホン | 慎重／しんちょう<br>shinchoo | *prudence* |
| **hinalo**<br>ヒナロ | 混じる／まじる<br>majilu | *mix* |
| **hindi**<br>ヒンディ | いいえ<br>iie | *no* |
| **hindi makatayo**<br>ヒンディ　マカタヨ | 我慢できない／がまんできない<br>gamandekinai | *cannot bear* |
| **hindi maniwala**<br>ヒンディ　マニワラ | 信じられない／しんじられない<br>shinjilalenai | *unbelievable* |
| **hindi sosyal**<br>ヒンディ　ソシヤル | 無愛想／ぶあいそう<br>buaisoo | *unsociable* |
| **hindi tinatanggap**<br>ヒンディ　ティナタンガプ | 入場禁止／にゅうじょうきんし<br>nyuujookinshi | *No Admittance* |
| **hindi totoo**<br>ヒンディ　トォトー | 偽物／にせもの<br>nisemono | *cheat* |
| **Hindi!**<br>ヒンディ | ダメ！／だめ！<br>dame | *No!, don't!* |
| **hindihihigpitsa ～**<br>ヒンディヒヒグピットサ | ～以内 (期間,時間,金額等)／～いない<br>inai | *with in* |
| **hingang malalim**<br>ヒンガン　マラリム | 深呼吸／しんこきゅう<br>shinkokyuu | *deep breath* |
| **hininga**<br>ヒニンガァ | 息／いき<br>iki | *breath* |
| **hinlalaki**<br>ヒンララキ | 親指／おやゆび<br>oyayubi | *thumb* |
| **hinto**<br>ヒント | 中止／ちゅうし<br>chuushi | *stop* |
| **hipo**<br>ヒポ | 感触／かんしょく<br>kanshoku | *touch* |
| **hipon**<br>ヒポン | 海老／えび<br>ebi | *shrimp* |

| | | |
|---|---|---|
| **hiwaga**<br>ヒワガ | 神秘／しんぴ<br>shinpi | *mystery* |
| **hiwaga**<br>ヒワガ | 謎／なぞ<br>nazo | *mystery* |
| **hiya**<br>ヒヤ | 恥／はじ<br>haji | *shame* |
| **horayson**<br>ホライソン | 水平線／すいへいせん<br>suiheisen | *horizon* |
| **hubugin**<br>フブギン | 型／かた<br>kata | *form* |
| **hugasan**<br>フガサァン | 洗面所／せんめんじょ<br>senmenjo | *lavatory* |
| **hugis**<br>フギス | 形／かたち<br>katachi | *shape* |
| **hukayin**<br>フカイイン | 掘る／ほる<br>holu | *dig* |
| **hukuman**<br>フクゥマン | 裁判所／さいばんしょ<br>saibansho | *courthouse* |
| **hulaan**<br>フラーン | 占う／うらなう<br>ulanau | *tell one's fortune* |
| **huli**<br>フリ | 最後／さいご<br>saigo | *last* |
| **huling nagbangon**<br>フリン　ナグ　バンゴン | 朝寝坊／あさねぼう<br>asanebou | *a late riser* |
| **huling habilin**<br>フリン　ハビリン | 遺言／ゆいごん<br>yuigon | *will* |
| **hulyo**<br>フリヨ | 七月／しちがつ<br>shichigatsu | *July* |
| **humabol**<br>フマボル | 追跡する／ついせきする<br>tsuisekisulu | *pursue, chase* |
| **humali**<br>フマリ | 保管／ほかん<br>hokan | *keeping* |
| **humalili**<br>フマリリィ | 代る／かわる<br>kawalu | *replace* |

H

| | | |
|---|---|---|
| **humanga**<br>フマンガ | 感動する／かんどうする<br>kandoosulu | *be impressed* |
| **humanga**<br>フマンガ | 誉める／ほめる<br>homelu | *admire* |
| **humigit-kumulang**<br>フミギト クムラン | 多少／たしょう<br>tashoo | *some* |
| **humiling**<br>フミリン | 願う／ねがう<br>negau | *ask for* |
| **humingi ng tawad**<br>フミンギ ナン タワド | 謝る／あやまる<br>ayamalu | *apologize* |
| **humiyaw**<br>フミヤァウ | 叫ぶ／さけぶ<br>sakebu | *shout* |
| **humula**<br>フムラ | 減少する／げんしょうする<br>genshoosulu | *abate* |
| **humulaw**<br>フムラァウ | 衰える／おとろえる<br>otoloelu | *abate* |
| **humupa**<br>フムパ | 下げる／さげる<br>sagelu | *abate* |
| **hungkag**<br>フンカグ | 空／から<br>kala | *empty* |
| **hunyo**<br>フンヨ | 六月／ろくがつ<br>lokugatsu | *June* |
| **hupiter**<br>フピテル | 木星／もくせい<br>mokusei | *Jupiter* |
| **husto**<br>フスト | 十分／じゅうぶん<br>juubun | *enough* |
| **huwag**<br>フワグ | ～しない／～しない<br>～ shinai | *do not* |

# I/i

| | | |
|---|---|---|
| **ianunsiyo**<br>イアヌンシヨ | 広告する／こうこくする<br>kookokusulu | *advertise* |
| **iba**<br>イバ | 異なった／ことなった<br>kotonatta | *different* |
| **ibahin**<br>イバヒン | 修理する／しゅうりする<br>shuulisulu | *amend* |
| **ibalabal**<br>イバラバル | 包む／つつむ<br>tsutsumu | *wrap* |
| **ibaling**<br>イバリン | 曲がる／まがる<br>magalu | *turn* |
| **ibang bansa**<br>イバン バンサ | 外国／がいこく<br>gaikoku | *foreign country* |
| **ibang tao**<br>イバン タオ | 他人／たにん<br>tanin | *others* |
| **ibangtrabaho**<br>イバントラバホ | アルバイト／あるばいと<br>alubaito | *part-time job* |
| **ibon**<br>イボン | 鳥／とり<br>toli | *bird* |
| **ibuhos**<br>イブホス | 注ぐ／つぐ<br>tsugu | *pour* |
| **idatal**<br>イダタル | 着く／つく<br>tsuku | *arrive* |
| **idatal**<br>イダタル | 到着／とうちゃく<br>toochaku | *arrival* |
| **idlip**<br>イドリプ | 昼寝／ひるね<br>hilune | *nap* |
| **igalang**<br>イガラァン | 敬う／うやまう<br>uyamau | *respect* |
| **igat**<br>イガト | 鰻／うなぎ<br>unagi | *eel* |

I

| | | |
|---|---|---|
| igos<br>イゴス | 無花果／いちじく<br>ichijiku | *fig* |
| igting<br>イグティン | 緊張／きんちょう<br>kinchoo | *tension* |
| ihagis<br>イハギス | 捨てる／すてる<br>sutelu | *throw away* |
| ihalo<br>イハロ | 混ぜる／まぜる<br>mazelu | *mix* |
| ihambing<br>イハムビィン | 比べる／くらべる<br>kulabelu | *compare* |
| ihanay<br>イハナイ | 並ぶ／ならぶ<br>nalabu | *align* |
| ihi<br>イヒィ | 尿／にょう<br>nyoo | *urine* |
| iitsa<br>イーツァ | 投げる／なげる<br>nagelu | *throw* |
| ika-apat na bahagi<br>イカ アパト ナ バハギ | 四分の一／よんぶんのいち<br>yonbunnoichi | *quarter* |
| ikabit<br>イカビト | 参加する／さんかする<br>sankasulu | *join* |
| ikalat<br>イカラット | 敷く／しく<br>shiku | *spread* |
| ikarga ang baterya<br>イカルガ アン バテルヤ | 充電する／じゅうでんする<br>juudensulu | *charge battery* |
| ikatlo<br>イカトロ | 第三（の）／だいさん<br>daisan(no) | *third* |
| iksamen<br>イクサメン | 試験／しけん<br>shiken | *exam,<br>examination* |
| ilagay<br>イラガイ | 置く／おく<br>oku | *lay* |
| ilan<br>イラン | 少ない／すくない<br>sukunai | *few, little* |
| ilaw<br>イラウ | 照明／しょうめい<br>shoomei | *illumination* |

| | | |
|---|---|---|
| ilaw<br>イラウ | 光/ひかり<br>hikali | *light* |
| ilipat<br>イリパト | 移動する/いどうする<br>idoosulu | *transfer* |
| ilog<br>イログ | 川/かわ<br>kawa | *river* |
| ilong<br>イロン | 鼻/はな<br>hana | *nose* |
| imahinasyon<br>イマヒナション | 想像/そうぞう<br>soozoo | *imagination* |
| imbensiyon<br>インベンシヨン | 発明/はつめい<br>hatsumei | *invention* |
| imbitasyon<br>イムビタション | 招待/しょうたい<br>shootai | *invitation* |
| impeksiyon<br>イムペクシヨン | 伝染病/でんせんびょう<br>densenbyoo | *infection* |
| impeksiyon<br>イムペクシヨン | 感染/かんせん<br>kansen | *infection* |
| importante<br>イムポルタンテ | 重要/じゅうよう<br>juuyoo | *important* |
| impresyon<br>イムプレシヨン | 印象/いんしょう<br>inshoo | *impression* |
| ina<br>イナァ | お母さん/おかあさん<br>okaasan | *mother* |
| inaantok<br>イナァーントク | 眠い/ねむい<br>nemui | *sleepy* |
| inaktibidad<br>イナクティビダァド | 休止/きゅうし<br>kyuushi | *abeyance* |
| inapo<br>イナポォ | 子孫/しそん<br>shison | *descendant* |
| industriya<br>インドゥストリヤ | 工業/こうぎょう<br>koogyoo | *industry* |
| indyiksyon<br>インディクション | ワクチン/わくちん<br>wakuchin | *vaccine* |

| | | |
|---|---|---|
| inempleyo<br>イネムプレヨ | 雇う／やとう<br>yatou | *employ* |
| ingat<br>インガト | 注目／ちゅうもく<br>chuumoku | *notice* |
| inglatera<br>イングラテラ | イギリス／いぎりす<br>igilisu | *England* |
| ingles<br>イングレス | 英語／えいご<br>eigo | *English* |
| inihaw<br>イニハウ | 焼魚／やきざかな<br>yakizakana | *broiled fish* |
| inilagay<br>イニラガイ | 置く／おく<br>oku | *put* |
| iniligtas<br>イニリグタス | 救う／すくう<br>sukuu | *rescue* |
| inimbitahan<br>イニムビタハン | 招く／まねく<br>maneku | *invite* |
| init<br>イニト | 暑さ／あつさ<br>atsusa | *warmth* |
| init<br>イニト | 熱／ねつ<br>netsu | *heat* |
| insekto<br>インセクト | 虫／むし<br>mushi | *insect* |
| insipin<br>インシイピン | 思う／おもう<br>omou | *think* |
| interes<br>インテレス | 興味／きょうみ<br>kyoomi | *interest* |
| interes<br>インテレス | 仲介する／ちゅうかいする<br>chuukaisulu | *intermediate* |
| interyor<br>インテルヨル | 内地／ないち<br>naichi | *inland* |
| introduksiyon<br>イントロダクシヨン | 紹介／しょうかい<br>shookai | *introduction* |
| inumin<br>イヌミン | 飲み物／のみもの<br>nomimono | *beverage* |

| | | |
|---|---|---|
| **inyo**<br>インヨォ | あなたの<br>anatano | *your* |
| **ipaalam**<br>イパーラム | 知らせ／しらせ<br>shilase | *announcement* |
| **ipagkatiwala**<br>イパグカティワラ | 任せる／まかせる<br>makaselu | *entrust* |
| **ipagpalagay**<br>イパグパラガイ | 推測する／すいそくする<br>suisokusulu | *suppose* |
| **ipagsaya**<br>イパグサヤ | 祝う／いわう<br>iwau | *celebrate* |
| **ipahiram**<br>イパヒラム | 貸す／かす<br>kasu | *lend* |
| **ipakita**<br>イパキタ | 示す／しめす<br>shimesu | *show* |
| **ipali-wanag**<br>イパリ ワナグ | 説明する／せつめいする<br>setsumeisulu | *explain* |
| **ipamahagi**<br>イパマハギ | 配る／くばる<br>kubalu | *distribute* |
| **ipatay**<br>イパタイ | 消す／けす<br>kesu | *turn off* |
| **ipilit**<br>イピリト | 主張する／しゅちょうする<br>shuchoosulu | *insist* |
| **ipinanganak**<br>イピナンガナク | 生まれる／うまれる<br>umalelu | *be born* |
| **ipis**<br>イピス | ゴキブリ／ごきぶり<br>gokibuli | *cockroach* |
| **iprito**<br>イプリト | 妙める／いためる<br>itamelu | *fry* |
| **ipunin**<br>イプゥニン | 集まる／あつまる<br>atsumalu | *collect, gather* |
| **iputol**<br>イプトォル | 切る／きる<br>kilu | *cut* |
| **isa**<br>イサァ | 一／いち<br>ichi | *one* |

| | | |
|---|---|---|
| **isabit**<br>イサビト | 掛ける／かける<br>kakelu | *hang* |
| **isahan**<br>イサハン | 一人ずつ／ひとりずつ<br>hitolizutsu | *one by one* |
| **isahin**<br>イサヒン | 合同する／ごうどうする<br>godoosulu | *unite* |
| **isaisa**<br>イサァイサァ | いちいち<br>ichiichi | *separately* |
| **isalin**<br>イサリン | 注ぐ／そそぐ<br>sosogu | *pour* |
| **isalin(sa)**<br>イサリン（サ） | 訳す／やくす<br>yakusu | *translate into* |
| **isang araw**<br>イサン　アラァウ | 一日／いちにち<br>ichinichi | *one day* |
| **isang barikan**<br>イサン　バリカン | 居酒屋／いざかや<br>izakaya | *bar* |
| **isang beses**<br>イサン　ベセズ | 一気に／いっきに<br>ikkini | *at a stretch* |
| **isang buwan**<br>イサン　ブワン | 一カ月／いっかげつ<br>ikkagetsu | *one month* |
| **isang gabi**<br>イサン　ガビィ | 一夜／いちや<br>ichiya | *one night* |
| **isang linggo**<br>イサン　リンゴ | 一週間／いっしゅうかん<br>isshuukan | *one week* |
| **isang oras**<br>イサン　オラス | 一時間／いちじかん<br>ichijikan | *an hour* |
| **isang taon**<br>イサン　タオン | 一年／いちねん<br>ichinen | *one year* |
| **isang-saglit**<br>イサン　サグリト | 瞬間／しゅんかん<br>shunkan | *moment* |
| **isapa**<br>イサパ | もう一つ／もうひとつ<br>moohitotsu | *one more* |
| **isauli**<br>イサウリ | 返す／かえす<br>kaesu | *return* |

| | | |
|---|---|---|
| **isda**<br>イスダ | 魚／さかな<br>sakana | *fish* |
| **isinilang**<br>イシニラン | 生む／うむ<br>umu | *bear* |
| **isip**<br>イシィプ | 考え／かんがえ<br>kangae | *thinking* |
| **isip**<br>イシィプ | 知能／ちのう<br>chinoo | *intellect* |
| **isiwalat**<br>イシワラト | 公開する／こうかいする<br>kookaisulu | *disclose* |
| **iski**<br>イスキ | スキー／すきー<br>sukii | *skiing* |
| **isla**<br>イスラ | 島／しま<br>shima | *island* |
| **ispayral**<br>イスパイラル | ネジ／ねじ<br>neji | *spiral* |
| **isport**<br>イスポルト | スポーツ／すぽーつ<br>supootsu | *sports* |
| **istante**<br>イスタンテ | 棚／たな<br>tana | *shelf* |
| **istilo**<br>イスティロ | 体型／たいけい<br>taikei | *style* |
| **istroberi**<br>イストロォベリィ | 苺／いちご<br>ichigo | *strawberry* |
| **isuiat**<br>イスラト | 書く／かく<br>kaku | *write* |
| **isuko**<br>イスコ | 負ける／まける<br>makeru | *lose* |
| **isuot**<br>イスオト | 着る／きる<br>kilu | *put on* |
| **itaas**<br>イタース | 階上／かいじょう<br>kaijoo | *upstairs* |
| **itago**<br>イタゴ | 預かる／あずかる<br>azukalu | *keep* |

| | | |
|---|---|---|
| **itago**<br>イタゴ | 隠す／かくす<br>kakusu | *hide* |
| **itali**<br>イタリ | 結ぶ／むすぶ<br>musubu | *fasten* |
| **iti**<br>イティ | 下痢／げり<br>geli | *diarrhea* |
| **itigil**<br>イティギル | 中止する／ちゅうしする<br>chuushisuru | *drop out* |
| **itim**<br>イティム | 黒／くろ<br>kulo | *black* |
| **itlog**<br>イトロォグ | 卵／たまご<br>tamago | *egg* |
| **ito**<br>イト | この<br>kono | *this* |
| **ito**<br>イト | これ<br>kole | *this* |
| **itsura**<br>イツラ | 顔立ち／かおだち<br>kaodachi | *looks* |
| **itulak**<br>イトゥラク | 押す／おす<br>osu | *push* |
| **ituro**<br>イトゥロ | 教える／おしえる<br>oshielu | *instruct* |
| **iuna**<br>イウナ | 進む／すすむ<br>susumu | *advance* |
| **iwanan**<br>イワナン | 放り出す／ほうりだす<br>hoolidasu | *abandon* |
| **iyak**<br>イヤク | 泣き声／なきごえ<br>nakigoe | *cry* |
| **iyan**<br>イヤン | それ<br>sole | *that* |
| **iyari**<br>イヤリ | 行う／おこなう<br>okonau | *do* |

# K/k

| | | |
|---|---|---|
| **kaagad**<br>カァアガド | 突然／とつぜん<br>totsuzen | *suddenly* |
| **kaakit akit**<br>カアキト アキト | 可愛い／かわいい<br>kawaii | *cute* |
| **kaakit-akit**<br>カアキト アキト | 愛想の良い／あいそうのよい<br>aisoonoyoi | *affable* |
| **kaalaman**<br>カーラマン | 学力／がくりょく<br>gakulyoku | *scholarship* |
| **kaalaman**<br>カーラマン | 知識／ちしき<br>chishiki | *knowledge* |
| **kaanak**<br>カーナク | 身内／みうち<br>miuchi | *relatives* |
| **kaarawan**<br>カーラワァン | 記念日／きねんび<br>kinenbi | *anniversary* |
| **kaarawan**<br>カーラワァン | 誕生日／たんじょうび<br>tanjoobi | *birthday* |
| **kaawa awa**<br>カーワ アワ | 可哀相／かわいそう<br>kawaisoo | *pitiful* |
| **kaaway**<br>カァアワイ | 敵／かたき<br>kataki | *enemy* |
| **kaayusan**<br>カァアユサン | 順序／じゅんじょ<br>junjo | *order* |
| **kaba**<br>カバ | 神経／しんけい<br>shinkei | *nerve* |
| **kaba**<br>カバ | 筋／すじ<br>suji | *nerve* |
| **kababalaghan**<br>ガババラグハン | 現象／げんしょう<br>genshoo | *phenomenon* |
| **kababalaghan**<br>カババラグハン | 不思議／ふしぎ<br>fushigi | *wonder* |

**K**

235

| | | |
|---|---|---|
| **kabahan**<br>カバハァン | 驚かす／おどろかす<br>odolokasu | *alarm* |
| **kabahan**<br>カバハァン | 警告する／けいこくする<br>keikokusulu | *alarm* |
| **kabaligtaran**<br>カバリグタラン | 逆／ぎゃく<br>gyaku | *reverse* |
| **kabantugan**<br>カバントゥガン | 評判／ひょうばん<br>hyooban | *reputation* |
| **kabataan**<br>カバタアン | 青春（時代）／せいしゅん<br>seishun | *youth* |
| **kabayanan**<br>カバヤナン | 中心街／ちゅうしんがい<br>chuushingai | *downtown* |
| **kabayo**<br>カバヨ | 馬／うま<br>uma | *horse* |
| **kabilang pinto**<br>カビラン　ピント | 隣に／となりに<br>tonalini | *next door* |
| **kabilisan**<br>カビリサン | 速度／そくど<br>sokudo | *speed* |
| **kabisera**<br>カビセラ | 首都／しゅと<br>shuto | *capital* |
| **kable**<br>カブレ | ケーブル／けーぶる<br>keebulu | *cable* |
| **kabtol**<br>カブトル | スイッチ／すいっち<br>suicchi | *switch* |
| **kabuhayan**<br>カブハヤン | 生活／せいかつ<br>seikatsu | *living* |
| **kabulaanan**<br>カブラーナン | 嘘／うそ<br>uso | *lie* |
| **kabulukan**<br>カブルクァァン | 汚職／おしょく<br>oshoku | *corruption* |
| **kabute**<br>カブテェ | 茸／きのこ<br>kinoko | *mushroom* |
| **kabutihan**<br>カブティハン | 改革／かいかく<br>kaikaku | *reform* |

| | | |
|---|---|---|
| **kagabi**<br>カガビ | 昨夜／さくや<br>sakuya | *last night* |
| **kagamitan**<br>カガミタァン | 使用／しよう<br>shiyoo | *use* |
| **kagandahang-asal**<br>カガンダハン　アサル | 道徳／どうとく<br>dootoku | *morality* |
| **kagatin**<br>カガティン | 噛む／かむ<br>kamu | *bite* |
| **kagiliwan**<br>カギリワン | 可愛がる／かわいがる<br>kawaigalu | *love* |
| **kagipitan**<br>カギィピィタン | 緊急／きんきゅう<br>kinkyuu | *emergency* |
| **kagkabigo**<br>カグカビゴ | 失敗／しっぱい<br>shippai | *failure* |
| **kagubatan**<br>カグバタン | 森林／しんりん<br>shinlin | *woods* |
| **kaguluhan**<br>カグルハン | 面倒／あんどう<br>mendoo | *trouble* |
| **kaguluhan ng mga tao**<br>カグルハン　ナン　マガ　タオ | 混雑／こんざつ<br>konzatsu | *jam* |
| **kahalagahan**<br>カハラァガァハン | 効用／こうよう<br>kooyoo | *utility* |
| **kahalayan**<br>カハラヤン | 汚れ／けがれ<br>kegale | *impurity* |
| **kahalili**<br>カハリリ | 交代／こうたい<br>kootai | *alternation* |
| **kahalingan**<br>カハリンガァン | 熱中／ねっちゅう<br>necchuu | *mania* |
| **kahanga-hanga**<br>カハンガ　ハンガ | 素晴らしい／すばらしい<br>subalashii | *wonderful* |
| **kahapon**<br>カハポン | 昨日／きのう<br>kinoo | *yesterday* |
| **kahit na**<br>カヒト　ナ | ～と言えども／といえども<br>toiedomo | *although,*<br>*though* |

**K**

| | | |
|---|---|---|
| **kahit paano**<br>カヒト パアノ | とにかく<br>tonikaku | *anyhow, anyway* |
| **kahit saan**<br>カヒト サーン | どこでも<br>dokodemo | *anywhere* |
| **kahon**<br>カホン | 箱／はこ<br>hako | *box* |
| **kahulugan**<br>カフルガァン | 意味／いみ<br>imi | *meaning* |
| **kaibhan**<br>カイブハン | 区別／くべつ<br>kubetsu | *distinction* |
| **kaibhan**<br>カイブハン | 違い／ちがい<br>chigai | *difference* |
| **kaibigan**<br>カイビガン | 友達／ともだち<br>tomodachi | *friend* |
| **kailan?**<br>カイラン？ | 何時？／いつ？<br>itsu? | *when?* |
| **kailangan**<br>カイランガン | 需要／じゅよう<br>juyoo | *demand* |
| **kailangan**<br>カイランガン | 必要な／ひつような<br>hitsuyoona | *necessary* |
| **kainaman**<br>カイナマン | まあまあの<br>maamaano | *so-so* |
| **kainan at inuman**<br>カイナン アト イヌマン | 飲食／いんしょく<br>inshoku | *eating and drinking* |
| **kaisa-isa**<br>カイサ イサ | 唯一／ゆいいつ<br>yuiitsu | *only* |
| **kait**<br>カイト | 拒否／きょひ<br>kyohi | *refusal* |
| **kakanin**<br>カカニン | 餅／もち<br>mochi | *rice cake* |
| **kakaunti**<br>カカウンティ | 少し［数］／すこし<br>sukoshi | *a few* |
| **kakaw**<br>カカァウ | カカオ／かかお<br>kakao | *cacao* |

| kakayahan<br>カカヤハァン | 腕前／うでまえ<br>udemae | *ability* |
|---|---|---|
| kakila-kilabot<br>カキラァ キラボト | 怖い／こわい<br>kowai | *terrible* |
| kakilala<br>カキララ | 知人／ちじん<br>chijin | *acquaintance* |
| kakinisan<br>カキニサン | 品／ひん<br>hin | *elegance* |
| kaktel<br>カクテル | カクテル／かくてる<br>kakutelu | *cocktail* |
| kakulangan<br>カクランガン | 不足／ふそく<br>fusoku | *shortage* |
| kalabasa<br>カラバサ | 南瓜／かぼちゃ<br>kabocha | *squash* |
| kalagayan<br>カラガヤン | 気分／きぶん<br>kibun | *mood* |
| kalagayan ng negosyo<br>カラガヤン ナン ネゴシヨ | 景気／けいき<br>keiki | *business condition* |
| kalahati<br>カラハティ | 半分／はんぶん<br>hanbun | *half* |
| kalakal<br>カラカル | 品物／しなもの<br>shinamono | *goods* |
| kalakalan<br>カラカラン | ビジネス／びじねす<br>bijinesu | *business* |
| kalamangan<br>カラマンガァン | 利益／りえき<br>lieki | *advantage* |
| kalamansi<br>カラマンシ | レモン／れもん<br>lemon | *lemon* |
| kalambre<br>カラムブレ | 痙攣／けいれん<br>keilen | *cramp* |
| kalamigan<br>カラミィガァン | 冷たさ／つめたさ<br>tsumetasa | *coldness* |
| kalamnan<br>カラムナン | 筋肉／きんにく<br>kinniku | *muscle* |

**K**

239

| | | |
|---|---|---|
| kalapati カラパティ | 鳩／はと hato | *pigeon* |
| kalayaan カラヤーン | 自由／じゆう jiyuu | *freedom* |
| kaldero カルデロ | 薬缶／やかん yakan | *kettle* |
| kaligayahan カリガヤハン | 幸福／こうふく koofuku | *happiness* |
| kaligtasan カリグタサン | 安全／あんぜん anzen | *safety* |
| kalihim カリヒム | 秘書／ひしょ hisho | *secretary* |
| kalikasan カリカサン | 自然／しぜん shizen | *nature* |
| kalikutan カリクタン | 悪戯／いたずら itazula | *mischief* |
| kalimitan カリミタン | 普通／ふつう futsuu | *usually* |
| kalimutan カリムタン | 忘れる／わすれる wasulelu | *forget* |
| kalinangan カリナンガァン | 文明／ぶんめい bunmei | *civilization* |
| kaliwa カリワ | 左／ひだり hidali | *left* |
| kalkulasyon カルクラション | 計算／けいさん keisan | *calculation* |
| kalooban カローバァン | 意志／いし ishi | *will* |
| kaluguran カルゥグゥラン | 快感／かいかん kaikan | *pleasure* |
| kaluluwa カルルワ | 魂／たましい tamashii | *soul* |
| kalungkot-lungkot カルンコト　ルンコト | 残念な／ざんねんな zannenna | *regrettable* |

| | | |
|---|---|---|
| kalutasan<br>カルタサン | 液体／えきたい<br>ekitai | *solution* |
| kalye<br>カルィエ | 通り／とおり<br>tooli | *street* |
| kalye<br>カルイエ | 歩道／ほどう<br>hodoo | *sidewalk* |
| kama<br>カマ | ベッド／べっど<br>beddo | *bed* |
| kama<br>カマ | ベッドシーツ／べっどしーつ<br>beddoshiitsu | *bed sheet* |
| kamag-anak<br>カマグ　アナク | 身内／みうち<br>miuchi | *relatives* |
| kamakailan<br>カマカイラァン | この頃／このごろ<br>konogolo | *recently* |
| kamakalawa<br>カマカラワ | 一昨日／おととい<br>ototoi | *the day before yesterday* |
| kamangmangan<br>カマンマンガァン | 無知／むち<br>muchi | *ignorance* |
| kamatayan<br>カマタヤァン | 死／し<br>shi | *death* |
| kamay<br>カマイ | 手／て<br>te | *hand* |
| kambing<br>カムビン | 山羊／やぎ<br>yagi | *goat* |
| kamisadentro<br>カミサデントロ | ワイシャツ／わいしゃつ<br>waishatsu | *shirt* |
| kamote<br>カモテ | さつま芋／さつまいも<br>satsumaimo | *sweet potato* |
| kampeon<br>カムペオン | 王者／おうじゃ<br>ooja | *king, champion* |
| kanais-nais<br>カナイス　ナイス | 望ましい／のぞましい<br>nozomashii | *desirable* |
| kanal<br>カナル | 運河／うんが<br>unga | *canal* |

**K**

241

| | | |
|---|---|---|
| **kanal**<br>カナル | 下水／げすい<br>gesui | *drainage* |
| **kanan**<br>カナン | 右／みぎ<br>migi | *right* |
| **kandidato**<br>カンディダト | 候補者／こうほしゃ<br>koohosha | *candidate* |
| **kandila**<br>カンディラ | ローソク／ろーそく<br>loosoku | *candle* |
| **kanin**<br>カニン | 白いご飯／しろいごはん<br>shiroigohan | *boiled rice* |
| **kanina**<br>カニナ | 少し前／すこしまえ<br>sukoshimae | *a little while ago* |
| **kanino**<br>カニノ | 誰の／だれの<br>daleno | *whose* |
| **kanluran**<br>カンルラン | 西／にし<br>nishi | *west* |
| **kanser**<br>カンセル | 癌／がん<br>gan | *cancer* |
| **kanto**<br>カント | 角／かど<br>kado | *corner* |
| **kanugnog**<br>カヌグノォグ | 隣の／となりの<br>tonalino | *next* |
| **kanya**<br>カンヤ | 彼女の／かのじょの<br>kanojono | *hers* |
| **kanya**<br>カンヤ | 彼の／かれの<br>kaleno | *his* |
| **kapaki-pakinabang**<br>カパキィ　パキナバン | 役立つ／やくだつ<br>yakudatsu | *useful* |
| **kapalaran**<br>カパララン | 運／うん<br>un | *fate* |
| **kapaligiran**<br>カパリギラン | 環境／かんきょう<br>kankyoo | *environment* |
| **kapatid na babae**<br>カパティド　ナ　ババエ | 姉妹／しまい<br>shimai | *sister* |

| | | |
|---|---|---|
| **kapatid na lalaki**<br>カパティド ナ ラ ラ キ | 兄弟／きょうだい<br>kyoodai | *brothers* |
| **kapayapaan**<br>カパヤパーン | 平和／へいわ<br>heiwa | *peace* |
| **kapayapaan ng isip**<br>カパヤパーン ナン イシプ | 安心／あんしん<br>anshin | *security* |
| **kape**<br>カペ | コーヒー／こーひー<br>koohii | *coffee* |
| **kapitbahay**<br>カピトバハァイ | 隣人／りんじん<br>linjin | *neighbor* |
| **kapong baka**<br>カポン バカ | 牛／うし<br>ushi | *bull, ox* |
| **kapuluan**<br>カプゥルアン | 列島／れっとう<br>lettoo | *archipelago* |
| **karamdaman**<br>カラムダマン | 苦悩／くのう<br>kunoo | *affliction* |
| **karamutan**<br>カラムタン | 我がまま／わがまま<br>wagamama | *selfishness* |
| **karangyaan**<br>カランギヤーン | 贅沢／ぜいたく<br>zeitaku | *luxury* |
| **karapatan**<br>カラパタァン | 権利／けんり<br>kenli | *right* |
| **karapatan**<br>カラパタァン | 権力／けんりょく<br>kenlyoku | *power* |
| **karatula**<br>カラァトゥラ | 看板／かんばん<br>kanban | *signboard* |
| **karayom**<br>カラヨム | 針／はり<br>hali | *needle* |
| **karbon**<br>カルボン | 石炭／せきたん<br>sekitan | *coal* |
| **karera ng kabayo**<br>カレラ ナン カバヨ | 競馬／けいば<br>keiba | *horseracing* |
| **kari**<br>カリ | カレー／かれー<br>kalee | *curry* |

K

243

| | | |
|---|---|---|
| **karikatura**<br>カリカトゥラ | 漫画／まんが<br>manga | *cartoon* |
| **karne**<br>カァルネ | 肉／にく<br>niku | *meat* |
| **karne ng baboy**<br>カルネ ナン バボイ | 豚肉／ぶたにく<br>butaniku | *pork* |
| **karne ng baka**<br>カァルネ ナン バカ | 牛肉／ぎゅうにく<br>gyuuniku | *beef* |
| **karneng asado**<br>カルネン アサド | 焼肉／やきにく<br>yakiniku | *grilled meat* |
| **karot**<br>カロト | 人参／にんじん<br>ninjin | *carrot* |
| **karpa**<br>カルパ | 鯉／こい<br>koi | *carp* |
| **karukhaan**<br>カルクハーン | 貧困／ひんこん<br>hinkon | *poverty* |
| **karunungan**<br>カルヌンガン | 教育／きょういく<br>kyooiku | *education* |
| **karunungan**<br>カルヌンガン | 理科／りか<br>Iika | *science* |
| **kas**<br>カス | 現金／げんきん<br>genkin | *cash* |
| **kasal**<br>カサァル | 既婚／きこん<br>kikon | *married* |
| **kasalan**<br>カサラン | 結婚式／けっこんしき<br>kekkonshiki | *wedding* |
| **kasalawan**<br>カサラワン | 過失／かしつ<br>kashitsu | *fault* |
| **kasalukuyan**<br>カサルクヤン | 現代／げんだい<br>gendai | *today* |
| **kasalungat**<br>カサルンガト | 反対／はんたい<br>hantai | *opposition* |
| **kasama**<br>カサマ | 同志／どうし<br>dooshi | *comrades* |

| | | |
|---|---|---|
| **kasamahan**<br>カサマハァン | 仲間／なかま<br>nakama | *colleague* |
| **kasamahanlipon**<br>カサマハンリポン | 委員／いいん<br>iin | *committee* |
| **kasapi**<br>カサピイ | 株主／かぶぬし<br>kabunushi | *stockholder* |
| **kasarinlan**<br>カサリンラァン | 独立／どくりつ<br>dokulitsu | *independence* |
| **kasawian sa pag-ibig**<br>カサウィアン サ パグ イビグ | 失恋／しつれん<br>shitsulen | *broken heart* |
| **kasayahan**<br>カサヤハン | 幸せ／しあわせ<br>shiawase | *happiness* |
| **kasintahan**<br>カシンタハン | 恋人／こいびと<br>koibito | *lover* |
| **kasiya-siya**<br>カシヤ シヤァ | 楽しい／たのしい<br>tanoshii | *pleasant* |
| **kastanyas**<br>カスタンヤス | 栗／くり<br>kuli | *chestnut* |
| **kastila**<br>カスティラ | スペインの／すぺいんの<br>supeinno | *Spanish* |
| **kastilyo**<br>カスティリヨ | 城／しろ<br>shilo | *castle* |
| **kasuklaman**<br>カスクラマァン | 大嫌い／だいきらい<br>daikilai | *abhor* |
| **kasunduan**<br>カァスンドゥアン | 妥協／だきょう<br>dakyoo | *compromise* |
| **kasunod**<br>カスノド | すぐ近くの／すぐちかくの<br>suguchikakuno | *nearest* |
| **katad**<br>カタド | 皮革／ひかく<br>hikaku | *leather* |
| **kataga**<br>カタガ | 単語／たんご<br>tango | *a word* |
| **kataka-taka**<br>カタカ タカ | 珍しい／めずらしい<br>mezulashii | *strange* |

**K**

245

| | | |
|---|---|---|
| **katakawan**<br>カタカワン | 欲／よく<br>yoku | *greed* |
| **katangian**<br>カタンギアン | 資格／しかく<br>shikaku | *qualification* |
| **katangian**<br>カタンギアン | 品質／ひんしつ<br>hinshitsu | *characteristic, quality* |
| **katangian**<br>カタンギアン | 名物／めいぶつ<br>meibutsu | *feature* |
| **katapangan**<br>カタパンアン | 勇気／ゆうき<br>yuuki | *courage* |
| **katapatan**<br>カタァパァタン | 誠実／せいじつ<br>seijitsu | *sincerity* |
| **katas**<br>カタス | 汁／しる<br>shilu | *juice, soup* |
| **katawan**<br>カタワァン | 体／からだ<br>kalada | *body* |
| **katawanin**<br>カタワニン | 代表する／だいひょうする<br>daihyoosulu | *represent* |
| **katha**<br>カサ | 作文／さくぶん<br>sakubun | *composition* |
| **katibayan**<br>カティバヤン | がっちり<br>gacchili | *firmness* |
| **katigasan**<br>カティガァサン | 頑固／がんこ<br>ganko | *stubbornness* |
| **katolisismo**<br>カトリシズモ | カトリック教／かとりっくきょう<br>katolikkukyoo | *Catholicism* |
| **katotohanan**<br>カトトォハァナン | 現実／げんじつ<br>genjitsu | *reality* |
| **katukin**<br>カトゥキン | ノックする／のっくする<br>nokkusulu | *knock* |
| **katulad**<br>カトゥラド | 〜のように<br>〜 noyooni | *like* |
| **katutubo**<br>カトゥトゥボ | 天然／てんねん<br>tennen | *natives* |

| | | |
|---|---|---|
| **katutubo**<br>カトゥトゥボ | 当り前／あたりまえ<br>atalimae | *natural* |
| **katyaw**<br>カチャウ | 鶏／にわとり<br>niwatoli | *cock, rooster* |
| **kauntilang**<br>カウンティラン | ちょっと<br>chotto | *a bit* |
| **kautusan**<br>カウトゥサァン | 規則／きそく<br>kisoku | *rule* |
| **kautusan**<br>カウトゥサァン | 命令／めいれい<br>meilei | *commandments* |
| **kawalang katapusan**<br>カワラアン カタプゥサァン | 永遠／えいえん<br>eien | *eternity* |
| **kawalang-pag-asa**<br>カワラァン パグ アサ | 絶望／ぜつぼう<br>zetsuboo | *despair* |
| **kawastuan**<br>カワストゥアン | 完全／かんぜん<br>kanzen | *perfection* |
| **kawayan**<br>カワヤン | 竹／たけ<br>take | *bamboo* |
| **kayamanan**<br>カヤマナン | 宝／たから<br>takala | *treasure* |
| **kayo**<br>カヨォ | 布／ぬの<br>nuno | *cloth* |
| **kaysa**<br>カァイサ | ～より<br>～ yoli | *～ than* |
| **kendi**<br>ケンディ | 飴／あめ<br>ame | *candy* |
| **kendi**<br>ケンディ | お菓子／おかし<br>okashi | *confectionary* |
| **keso**<br>ケソ | チーズ／ちーず<br>chiizu | *cheese* |
| **ketsup**<br>ケッスプ | ケチャップ／けちゃっぷ<br>kechappu | *catsup* |
| **keyk**<br>ケイク | ケーキ／けーき<br>keiki | *cake* |

K

| | | |
|---|---|---|
| **kilalanin**<br>キララニン | 入れる／いれる<br>ilelu | *admit* |
| **kilalanin**<br>キララニン | 認める／みとめる<br>mitomelu | *admit* |
| **kilay**<br>キライ | 眉毛／まゆげ<br>mayuge | *eyebrow* |
| **kilikili**<br>キリキリ | 腋／わき<br>waki | *armpit* |
| **kilos**<br>キロス | 動き／うごき<br>ugoki | *motion* |
| **kilos**<br>キロス | 行儀／ぎょうぎ<br>gyoogi | *behavior* |
| **kilos**<br>キロス | 行為／こうい<br>kooi | *action* |
| **kimika**<br>キイミィカ | 化学／かがく<br>kagaku | *chemistry* |
| **kinalagan**<br>キナラガン | 解く／ほどく<br>hodoku | *untie* |
| **kita**<br>キタ | 収入／しゅうにゅう<br>shuunyuu | *income* |
| **klase**<br>クラセ | 種類／しゅるい<br>shului | *kind, sort* |
| **klerk**<br>クレルク | 店員／てんいん<br>ten-in | *clerk* |
| **ko**<br>コ | 私の／わたしの<br>watashino | *my by me* |
| **kombenyente**<br>コムベニェンテ | 便利／べんり<br>benli | *convenient* |
| **komedor**<br>コメドル | 食堂／しょくどう<br>shokudoo | *dining-room* |
| **komestibles**<br>コメスティブレス | 食品／しょくひん<br>shokuhin | *groceries, food* |
| **komoda**<br>コモダ | タンス／たんす<br>tansu | *chest of drawer* |

| | | |
|---|---|---|
| **kompaniya**<br>コムパニヤ | 会社／かいしゃ<br>kaisha | *company* |
| **komperensiya**<br>コムペレェンシヤァ | 会議／かいぎ<br>kaigi | *conference* |
| **kondisyon**<br>コンディション | 状態／じょうたい<br>jootai | *condition* |
| **kongreso**<br>コングレソ | 国会／こっかい<br>kokkai | *congress* |
| **konstruksiyon**<br>コンストルクシヨン | 工事／こうじ<br>kooji | *construction* |
| **kontinente**<br>コンティネンテ | 大陸／たいりく<br>tairiku | *continent* |
| **kontrata**<br>コントラタァ | 契約／けいやく<br>keiyaku | *contract* |
| **koponan**<br>コポナン | チーム／ちーむ<br>chiimu | *team* |
| **koral**<br>コラル | 珊瑚／さんご<br>sango | *coral* |
| **koryente**<br>コルイェンテ | 電流／でんりゅう<br>denlyuu | *electric current* |
| **kosmetiko**<br>コスメティコ | 化粧／けしょう<br>keshoo | *makeup* |
| **kot**<br>コォト | 上着／うわぎ<br>uwagi | *coat* |
| **kotse**<br>コッチェ | 自動車／じどうしゃ<br>jidoosha | *car* |
| **krema**<br>クレマ | クリーム／くりーむ<br>kriimu | *cream* |
| **krimen**<br>クリィメン | 罪／つみ<br>tsumi | *crime* |
| **kubeta**<br>クベタ | トイレ／といれ<br>toile | *lavatory* |
| **kubrekama**<br>クブレカマ | 掛蒲団／かけぶとん<br>kakebuton | *quilt* |

**K**

| | | |
|---|---|---|
| kuko<br>クコ | 爪／つめ<br>tsume | *nail* |
| kulay<br>クゥラァイ | 色／いろ<br>ilo | *color* |
| kulay-langit<br>クライ ランギト | 青色の／あおいろの<br>aoilono | *blue* |
| kuliro<br>クリロ | 偽物／にせもの<br>nisemono | *counterfeit* |
| kulisap<br>クリサプ | 昆虫／こんちゅう<br>konchuu | *insect* |
| kulog<br>クゥロォグ | 雷／かみなり<br>kaminali | *thunder* |
| kultura<br>クルトゥラ | 文化／ぶんか<br>bunka | *culture* |
| kulubot<br>クルボト | 皺／しわ<br>shiwa | *wrinkles* |
| kumain<br>クマイン | 食べる／たべる<br>tabelu | *eat* |
| kumalantog<br>クマラントグ | 打つ／うつ<br>utsu | *bang* |
| kumalap<br>クマラプ | 募集する／ぼしゅうする<br>boshuusulu | *recruit* |
| kumanta<br>クマンタ | 歌う／うたう<br>utau | *sing* |
| kumapit<br>クマピト | 握る／にぎる<br>nigilu | *grasp* |
| kumilig<br>クミリィグ | 震える／ふるえる<br>fuluelu | *tremble* |
| kumilos<br>クミロス | 行い／おこない<br>okonai | *act* |
| kumilos ng marahas<br>クミロス ナン マラハス | 暴れる／あばれる<br>abalelu | *riot* |
| kumintab<br>クミンタブ | 輝く／かがやく<br>kagayaku | *shine* |

| | | |
|---|---|---|
| **kumita**<br>クミタ | 稼ぐ／かせぐ<br>kasegu | *earn* |
| **kumot**<br>クモト | シーツ／しーつ<br>shiitsu | *sheets* |
| **kumpas**<br>クムパス | 身振り／みぶり<br>mibuli | *gesture* |
| **kumpisal**<br>クムピサァル | 告白／こくはく<br>kokuhaku | *confession* |
| **kumpiyansa**<br>クムピヤンサ | 信頼／しんらい<br>shinlai | *confidence* |
| **kumpuni**<br>クムプゥニ | 修理／しゅうり<br>shuuli | *repair* |
| **kumuha**<br>クムハ | 得る／える<br>elu | *obtain* |
| **kumuha ng pagsusulit**<br>クムハ ナン パグススリット | 試験を受ける／しけんをうける<br>shikenwoukelu | *take a test* |
| **kumulo**<br>クムロ | 煮る／にる<br>nilu | *boil* |
| **kumurap**<br>クムラァプ | ウインク／ういんく<br>uinku | *wink* |
| **kundi**<br>クンディ | 代わりに／かわりに<br>kawalini | *instead of* |
| **kundisyon**<br>クンディション | 条件／じょうけん<br>jooken | *condition* |
| **kuneho**<br>クネホ | 兎／うさぎ<br>usagi | *rabbit* |
| **kung**<br>クング | もし<br>moshi | *if* |
| **kunin**<br>クニン | 受ける／うける<br>ukelu | *get* |
| **kunsulta**<br>クンスルタ | 相談／そうだん<br>soodan | *consultation* |
| **kurbata**<br>クルバタ | ネクタイ／ねくたい<br>nekutai | *necktie* |

K

251

| | | |
|---|---|---|
| **kurtina**<br>クルティナ | カーテン／かーてん<br>kaaten | *curtain* |
| **kuru-kuro**<br>クル クロ | 意見／いけん<br>iken | *opinion* |
| **kuryusidad**<br>クリュシダド | 好奇心／こうきしん<br>kookishin | *curiosity* |
| **kusina**<br>クシナ | 台所／だいどころ<br>daidokolo | *kitchen* |
| **kuston**<br>クストン | 敷布団／しきぶとん<br>shikibuton | *mattress* |
| **kutis**<br>クティス | 顔色／かおいろ<br>kaoilo | *complexion* |
| **kutsara**<br>クッサラ | スプーン／すぷーん<br>supuun | *spoon* |
| **kutsilyo**<br>クッシリョ | ナイフ／ないふ<br>naifu | *knife* |
| **kuwarta**<br>クワルタ | お金／おかね<br>okane | *money* |
| **kuwarto**<br>クワルト | 部屋／へや<br>heya | *room* |
| **kuwelyo**<br>クウェリョ | 襟／えり<br>eli | *collar* |
| **kuwenta**<br>クウェンタ | 会計／かいけい<br>kaikei | *account* |
| **kuwento**<br>クウェント | 物語／ものがたり<br>monogatali | *story* |
| **kuwero**<br>クウェロ | 革／かわ<br>kawa | *leather* |
| **kuya**<br>クヤ | 兄／あに<br>ani | *elder brother* |

# L/l

| | | |
|---|---|---|
| **lababo**<br>ラバボ | 手洗い／てあらい<br>tealai | *washstand* |
| **labag**<br>ラバグ | 違反／いはん<br>ihan | *offense, violation* |
| **labaha**<br>ラバハ | 剃刀／かみそり<br>kamisoli | *razor* |
| **labanan**<br>ラバナァン | 活動／かつどう<br>katsudoo | *action* |
| **labanan**<br>ラバナァン | 紛争／ふんそう<br>funsoo | *struggle* |
| **labanos**<br>ラバノス | 大根／だいこん<br>daikon | *radish* |
| **labas**<br>ラバァス | 外部／がいぶ<br>gaibu | *outside* |
| **labi**<br>ラビ | 唇／くちびる<br>kuchibilu | *lip* |
| **labis na trabaho**<br>ラビス ナ トラバホ | 過労／かろう<br>kaloo | *overwork* |
| **labong**<br>ラボン | 筍／たけのこ<br>takenoko | *bamboo shoot* |
| **lagda**<br>ラグダァ | 署名／しょめい<br>shomei | *signature* |
| **lagi**<br>ラギ | 常に（〜です）／つねに（〜です）<br>tsuneni( 〜 desu) | *always* |
| **lagi na**<br>ラギ ナ | 常に／つねに<br>tsuneni | *always* |
| **lahi**<br>ラヒ | 民族／みんぞく<br>minzoku | *race* |
| **lakad**<br>ラカド | 散歩／さんぽ<br>sanpo | *stroll* |

L

| | | |
|---|---|---|
| lakad!<br>ラカド | 行け！／いけ！<br>ike | *Go!* |
| lakas<br>ラカァス | 影響／えいきょう<br>eikyoo | *influence* |
| lakas<br>ラカァス | 音量／おんりょう<br>onlyoo | *volume* |
| lakas<br>ラカァス | 力／ちから<br>chikala | *strength* |
| laki<br>ラキ | 地域／ちいき<br>chiiki | *area* |
| lalagyan<br>ララギャン | 入れ物／いれもの<br>ilemono | *receptacle* |
| lalake<br>ララケ | 男性／だんせい<br>dansei | *male* |
| lalaking ikasal<br>ララキング　イカサル | 新郎／しんろう<br>shinloo | *bridegroom* |
| lalamunan<br>ララムナン | 喉／のど<br>nodo | *throat* |
| lalawigan<br>ララウィガン | 田舎／いなか<br>inaka | *country* |
| lalim<br>ラリム | 深さ／ふかさ<br>fukasa | *depth* |
| lalo sa lahat<br>ラロォ　サ　ラハト | 主に／おもに<br>omoni | *chiefly* |
| laman<br>ラマァン | 内容／ないよう<br>naiyoo | *contents* |
| lamang<br>ラマング | たった一つ／たったひとつ<br>tattahitotsu | *single* |
| lambak<br>ラムバク | 谷／たに<br>tani | *valley* |
| lambat<br>ラムバァト | 網／あみ<br>ami | *net* |
| lamok<br>ラモォク | 蚊／か<br>ka | *mosquito* |

| | | |
|---|---|---|
| **lanaw**<br>ラナウ | 池／いけ<br>ike | *pond* |
| **langaw**<br>ランガウ | 蠅／はえ<br>hae | *fly* |
| **langgam**<br>ランガム | 蟻／あり<br>ali | *ant* |
| **langit**<br>ランギィト | 空／そら<br>sola | *sky* |
| **lansangan**<br>ランサンガン | 道／みち<br>michi | *road* |
| **lanseta**<br>ランセタ | ポケットナイフ／ぽけっとないふ<br>pokettonaifu | *knife* |
| **lapad**<br>ラパド | 幅／はば<br>haba | *width* |
| **lapatan**<br>ラパタン | 管理する／かんりする<br>kanlisulu | *administer* |
| **lapiang pampolitika**<br>ラピアン パムポリティカ | 政党／せいとう<br>seitoo | *political party* |
| **lapis**<br>ラピス | 鉛筆／えんぴつ<br>enpitsu | *pencil* |
| **larawan**<br>ラワン | イラスト／いらすと<br>ilasuto | *illustration* |
| **larawan**<br>ララワン | 反射／はんしゃ<br>hansha | *reflection* |
| **larawang-diwa**<br>ララワン ディワ | 幻／まぼろし<br>maboloshi | *vision* |
| **laro**<br>ラロォ | 遊び／あそび<br>asobi | *play* |
| **lasa**<br>ラサ | 味／あじ<br>aji | *taste, flavor* |
| **lason**<br>ラソン | 毒／どく<br>doku | *poison* |
| **lata**<br>ラタ | 缶／かん<br>kan | *tin* |

L

255

| | | |
|---|---|---|
| latian<br>ラティアン | 沼／ぬま<br>numa | *marsh* |
| latin alpabeto<br>ラティン　アルパベト | ローマ字／ろーまじ<br>loomaji | *Roman letters* |
| lawa<br>ラワ | 湖／みずうみ<br>mizuumi | *lake* |
| lawak<br>ラワク | 面積／めんせき<br>menseki | *area* |
| lawin<br>ラウィン | 鷹／たか<br>taka | *hawk* |
| layo<br>ラヨ | 範囲／はんい<br>han-i | *range* |
| layon<br>ラヨン | 狙い／ねらい<br>nelai | *aim* |
| leeg<br>レェエグ | 首／くび<br>kubi | *neck* |
| leon<br>レオン | ライオン／らいおん<br>laion | *lion* |
| libing<br>リビィング | 葬儀／そうぎ<br>soogi | *burial* |
| libingan<br>リビィンアン | 墓地／ぼち<br>bochi | *graveyard* |
| libo<br>リボ | 千／せん<br>sen | *thousand* |
| libre<br>リブレ | ただ<br>tada | *free* |
| libritong talaan<br>リブリトン　タァラアーン | 手帳／てちょう<br>techoo | *pocketbook* |
| libro<br>リブロォ | 本／ほん<br>hon | *book* |
| ligalig<br>リガリグ | 迷惑／めいわく<br>meiwaku | *trouble* |
| ligaya<br>リガヤ | 幸い／さいわい<br>saiwai | *happiness* |

| | | |
|---|---|---|
| **liham**<br>リハム | 便り／たより<br>tayoli | *letter* |
| **lihit**<br>リヒト | 半径／はんけい<br>hankei | *radius* |
| **likha**<br>リクハ | 小説／しょうせつ<br>shoosetsu | *fiction* |
| **liko**<br>リコォ | 回転／かいてん<br>kaiten | *turning* |
| **likod**<br>リコド | 後／あと<br>ato | *back* |
| **likod**<br>リコド | 背中／せなか<br>senaka | *back* |
| **likuran**<br>リクラァン | 背景／はいけい<br>haikei | *back ground* |
| **lila**<br>リラ | 紫色／むらさきいろ<br>mulasakiilo | *violet* |
| **lima**<br>リマ | 五／ご<br>go | *five* |
| **limampu**<br>リマンプ | 五十／ごじゅう<br>gojuu | *fifty* |
| **limit**<br>リミト | 回数／かいすう<br>kaisuu | *frequency* |
| **limit**<br>リミト | 限界／げんかい<br>genkai | *limitation* |
| **limitan**<br>リミタン | 繰り返す／くりかえす<br>kulikaesu | *make frequency* |
| **limutin**<br>リムティン | 忘れる／わすれる<br>wasulelu | *forget* |
| **linawin**<br>リナウィン | 晴れる／はれる<br>halelu | *clear* |
| **lindol**<br>リンドォル | 地震／じしん<br>jishin | *earthquake* |
| **linga**<br>リンガァ | 胡麻／ごま<br>goma | *sesame* |

**L**

| | | |
|---|---|---|
| **linggo**<br>リンゴォ | 日曜日／にちようび<br>nichi-yoobi | *Sunday* |
| **linggu-iinggo**<br>リング　リンゴォ | 毎週／まいしゅう<br>maishuu | *every week* |
| **lingo**<br>リンゴ | 週／しゅう<br>shuu | *week* |
| **linya**<br>リンヤ | 線／せん<br>sen | *line* |
| **lipi**<br>リピ | 世代／せだい<br>sedai | *generation* |
| **lipistik**<br>リピスティク | 口紅／くちべに<br>kuchibeni | *lipstick* |
| **lipon**<br>リポン | 委員会／いいんかい<br>iinkai | *committee* |
| **lipos**<br>リィボス | いっぱい<br>ippai | *full* |
| **lipulin**<br>リプリン | 絶滅する／ぜつめつする<br>zetsumetsusulu | *annihilate* |
| **listo**<br>リスト | 活動的な／かつどうてきな<br>katsudootekina | *active* |
| **literatura**<br>リテラトゥラ | 文学／ぶんがく<br>bungaku | *literature* |
| **litson**<br>リトソン | バーベキュー／ばーべきゅー<br>baabekyuu | *barbecue* |
| **litsugas**<br>リツゥガス | レタス／れたす<br>letasu | *lettuce* |
| **liwanag**<br>リワナグ | 灯り／あかり<br>akali | *light* |
| **liwanag ng buwan**<br>リイワナグ　ナン　ブワァン | 月光／げっこう<br>gekkoo | *moonlight* |
| **liwasan**<br>リィワァサン | 公園／こうえん<br>kooen | *park* |
| **lobo**<br>ロボ | 風船／ふうせん<br>fuusen | *balloon* |

| | | |
|---|---|---|
| lohika<br>ロヒカ | 理屈／りくつ<br>likutsu | *logic* |
| lola<br>ロラ | お祖母さん／おばあさん<br>obaasan | *grandmother* |
| lolo<br>ロロ | お祖父さん／おじいさん<br>ojiisan | *grandfather* |
| longganisa<br>ロンガニサ | ソーセージ／そーせーじ<br>sooseiji | *sausage* |
| loob<br>ロォオブ | 志／こころざし<br>kokolozashi | *will* |
| loteriya<br>ロテリィヤ | 宝くじ／たからくじ<br>takarakuji | *lottery* |
| lubas<br>ルバス | 出る／でる<br>delu | *go out* |
| lubid<br>ルビド | 綱／つな<br>tsuna | *rope* |
| lubos<br>ルボス | 全然／ぜんぜん<br>zenzen | *completely* |
| lugar ng pulis<br>ルガァル ナン プゥリス | 交番／こうばん<br>kooban | *police box* |
| luha<br>ルハ | 涙／なみだ<br>namida | *tear* |
| luma<br>ルマ | 古い／ふるい<br>fului | *old* |
| lumaban<br>ルマバン | 戦う／たたかう<br>tatakau | *fight* |
| lumakad<br>ルマカド | 歩く／あるく<br>aluku | *walk* |
| lumakad<br>ルマカド | 去る／さる<br>salu | *leave* |
| lumakad<br>ルマカド | 行く／いく<br>iku | *go, leave* |
| lumbalumba<br>ルムバルムバ | イルカ／いるか<br>iluka | *dolphin* |

L

| | | |
|---|---|---|
| **lumipat**<br>ルミパト | 引っ越す／ひっこす<br>hikkosu | *move* |
| **lumubog**<br>ルムボグ | 沈む／しずむ<br>shizumu | *sink* |
| **lumulan**<br>ルムラン | 乗る／のる<br>nolu | *get on* |
| **lunas**<br>ルナス | 扱い／あつかい<br>atsukai | *treatment* |
| **lunas**<br>ルナス | 治療／ちりょう<br>chilyoo | *medical treatment* |
| **lunes**<br>ルネス | 月曜日／げつようび<br>getsu-yoobi | *Monday* |
| **lungkot**<br>ルンコォト | 悲しさ／かなしさ<br>kanashisa | *sadness* |
| **lungkot**<br>ルンコォト | 不幸／ふこう<br>fukoo | *unhappiness* |
| **lungsod**<br>ルンソォド | 都市／とし<br>toshi | *city* |
| **lunsod**<br>ルンソド | 都会の／とかいの<br>tokaino | *urban* |
| **lupa**<br>ルパ | 土地／とち<br>tochi | *land* |
| **lupaypay**<br>ルパイパァイ | だるい<br>dalui | *languid* |
| **lupit**<br>ルピト | 暴力／ぼうりょく<br>boolyoku | *violence* |
| **lutang**<br>ルタング | 浮かぶ／うかぶ<br>ukabu | *float* |
| **luwang**<br>ルワン | 遅い／おそい<br>osoi | *tardiness* |
| **luwang**<br>ルワン | 生姜／しょうが<br>shooga | *ginger* |

# M/m

| | | |
|---|---|---|
| **maaari**<br>マアーリ | 可能性のある/かのうせいのある<br>kanooseinoalu | *possible* |
| **maaari**<br>マアーリ | 出来る/できる<br>dekilu | *can* |
| **maaga**<br>マアガ | 早い/はやい<br>hayai | *early* |
| **maalaala**<br>マーラーラ | 覚える/おぼえる<br>oboelu | *remember* |
| **maalab**<br>マアラブ | 夢中/むちゅう<br>muchuu | *earnest* |
| **maamo**<br>マアモォ | 大人しい/おとなしい<br>otonashii | *gentle* |
| **maanghang**<br>マアンハン | 辛い/からい<br>kalai | *peppery* |
| **maasin**<br>マーシン | 塩辛い/しおからい<br>shiokalai | *salty* |
| **mababang paaralan**<br>マババン　パーララン | 小学校/しょうがっこう<br>shoogakkoo | *primary school* |
| **mabagal**<br>マバガル | 鈍い/のろい<br>noloi | *slowly* |
| **mabait**<br>マバイト | 優しい/やさしい<br>yasashii | *kind* |
| **mabait**<br>マバイト | 親切/しんせつ<br>shinsetsu | *kind* |
| **mabawasan**<br>マバワサン | 減る/へる<br>helu | *decrease* |
| **mabigat**<br>マビガァト | 重い/おもい<br>omoi | *heavy* |
| **mabigat**<br>マビガァト | 深刻/しんこく<br>shinkoku | *serious* |

261

| | | |
|---|---|---|
| **mabilog**<br>マビログ | 丸い／まるい<br>marui | *round* |
| **mabuhay**<br>マブハァイ | 生きる／いきる<br>ikiru | *live* |
| **mabuhos**<br>マブホス | 熱中する／ねっちゅうする<br>nechuusuru | *be bitten with* |
| **mabuti**<br>マブティ | 良い／いい<br>ii | *good* |
| **mabuti**<br>マブティ | 一生懸命に／いっしょうけんめいに<br>isshookenmei | *hard* |
| **mabuting pagpapasiya**<br>マブティン　パグパパシヤ | 分別／ふんべつ<br>hunbetsu | *discretion* |
| **madaling-araw**<br>マダリン　アラウ | 夜明け／よあけ<br>yoake | *dawn* |
| **madilim**<br>マディリム | 暗い／くらい<br>kurai | *dark* |
| **madla**<br>マドラ | 庶民／しょみん<br>shomin | *common* |
| **mag alis**<br>マグ　アリス | 省く／はぶく<br>habuku | *omit* |
| **magaan**<br>マガアーン | 軽い／かるい<br>karui | *light* |
| **mag-aaral**<br>マグ　アアラル | 学生／がくせい<br>gakusei | *student* |
| **mag-alaala**<br>マグ　アラーラ | 心配する／しんぱいする<br>shinpaisuru | *worry* |
| **mag-alinlangan**<br>マグ　アリンランガン | 疑う／うたがう<br>utagau | *doubt* |
| **maganda**<br>マガンダァ | 美しい／うつくしい<br>utsukushii | *beautiful* |
| **maganda ang panahon**<br>マガンダ　アン　パナポン | 天気が良い／てんきがいい<br>tenkigaii | *fine weather* |
| **magandang umaga**<br>マガンダン　ウマガ | お早う／おはよう<br>ohayoo | *good morning* |

| | | |
|---|---|---|
| **magapi**<br>マガピィ | 圧倒する／あっとうする<br>attoosulu | *overwhelm* |
| **mag-ari**<br>マグ アリ | 持つ／もつ<br>motsu | *hold* |
| **mag-asawa**<br>マグ アサワ | 結婚する／けっこんする<br>kekkonsulu | *marry* |
| **magawa**<br>マガワ | 影響する／えいきょうする<br>eikyoosulu | *influence* |
| **magbago**<br>マグバゴ | 改める／あらためる<br>alatamelu | *renew* |
| **magbago**<br>マグバゴ | 移る／うつる<br>utsulu | *shift* |
| **magbago**<br>マグバゴ | 変える／かえる<br>kaelu | *change* |
| **magbago**<br>マグバゴ | 変わる、代わる／かわる<br>kawalu | *change* |
| **magbala**<br>マグバラァ | 脅かす／おびやかす<br>obiyakasu | *threaten* |
| **magbalik**<br>マグバリィク | 戻す／もどす<br>modosu | *return* |
| **magbenta**<br>マグベンタ | 売る／うる<br>ulu | *sel1* |
| **magbigay**<br>マグビガァイ | あげる／あげる<br>agelu | *give* |
| **magbitbit**<br>マグビトビィト | 携帯する／けいたいする<br>keitaisulu | *carry* |
| **magbukud-bukod**<br>マグブクッド ブクッド | 分類する／ぶんるいする<br>bunluisulu | *classify* |
| **magbuyo**<br>マグブヨォ | 刺激する／しげきする<br>shigekisulu | *motivate* |
| **magdamag**<br>マグダマグ | 一晩中／ひとばんじゅう<br>hitobanjuu | *all night* |
| **magdasal**<br>マグダサァル | 祈る／いのる<br>inolu | *pray* |

| | | |
|---|---|---|
| **magdugtong**<br>マグダグトォン | 添付する／てんぷする<br>tenpusulu | *attach* |
| **magdusa**<br>マグドゥサ | 悩む／なやむ<br>nayamu | *suffer* |
| **maghambig**<br>マグハムビグ | 比較する／ひかくする<br>hikakusulu | *compare* |
| **maghanap**<br>マグハナァプ | 捜す／さがす<br>sagasu | *seek* |
| **maghandog**<br>マグハンドォグ | 提供する／ていきょうする<br>teikyoosulu | *offer* |
| **maghangad**<br>マグハンガド | 憧れる／あこがれる<br>akogalelu | *long* |
| **magharap**<br>マグハラァプ | 提出する／ていしゅつする<br>teishutsusulu | *present* |
| **maghatid**<br>マグハティド | 伝える／つたえる<br>tsutaelu | *convey* |
| **maghilik**<br>マグヒリィク | いびき<br>ibiki | *snore* |
| **maghintay**<br>マグヒンタァイ | 待つ／まつ<br>matsu | *wait* |
| **maghiwalay**<br>マグヒワラァイ | 離れる／はなれる<br>hanalelu | *separate* |
| **maghubad**<br>マグフバド | 脱ぐ／ぬぐ<br>nugu | *take off* |
| **maghugas**<br>マグフガス | 洗う／あらう<br>alau | *wash* |
| **magiliw**<br>マギリウ | 愛情のある／あいじょうのある<br>aijoonoalu | *affectionate* |
| **maginaw**<br>マギナウ | 寒い／さむい<br>samui | *cold* |
| **maginhawa**<br>マギンハワ | 居心地が良い／いごこちがよい<br>igokochiyoi | *comfortable* |
| **mag-isip**<br>マグ イシプ | 考える／かんがえる<br>kangaelu | *think* |

| | | |
|---|---|---|
| magkabila<br>マグカビラ | どちらか<br>dochilaka | *either* |
| magkabit<br>マグカビト | 加わる／くわわる<br>kuwawalu | *join* |
| magkaisa<br>マグカイサ | 賛成する／さんせいする<br>sanseisulu | *agree* |
| magkaisa<br>マグカイサ | 同意する／どういする<br>dooisulu | *agree* |
| magkalamat<br>マグカラマト | 割れる／われる<br>walelu | *crack* |
| magkamali<br>マグカマリ | 間違う／まちがう<br>machigau | *mistake* |
| magkamukha<br>マグカムクハ | 同じ／おなじ<br>onaji | *alike* |
| magkasalubong<br>マグカァサルボン | 出会う／であう<br>deau | *meet* |
| magkasalubong<br>マグカァサルボン | 迎える／むかえる<br>mukaelu | *meet* |
| magkita<br>マグキタ | 会う／あう<br>au | *meet* |
| magkumpuni<br>マグクムプゥニィ | 直す／なおす<br>naosu | *repair* |
| maglaan<br>マグラーン | 予約する／よやくする<br>yoyakusulu | *reserve* |
| maglagay<br>マグラガイ | 載せる／のせる<br>noselu | *put* |
| maglagay sa tamang lugar<br>マグラガイ サ タマン ルガル | 後片づけ／あとかたづけ<br>atokatazuke | *rearrangement* |
| maglaglag<br>マグラグラァグ | 落とす／おとす<br>otosu | *drop* |
| maglampaso<br>マグラムパソ | 掃除する／そうじする<br>soojisulu | *mop* |
| maglaro<br>マグラロ | 遊ぶ／あそぶ<br>asobu | *play* |

| | | |
|---|---|---|
| **magligwak**<br>マグリグワク | こぼす<br>kobosu | *spill* |
| **maglinis**<br>マグリニス | 綺麗にする／きれいにする<br>kileinisulu | *clean* |
| **maglipat**<br>マグリィパト | 移植する／いしょくする<br>isyokusulu | *transplant* |
| **maglulan**<br>マグルラン | 積む／つむ<br>tsumu | *load* |
| **magmadali**<br>マグマダリィ | 急ぐ／いそぐ<br>isogu | *hurry* |
| **magmataas**<br>マグマタース | 偽善／ぎぜん<br>gizen | *hypocrisy* |
| **magmura**<br>マグムラァ | 叱る／しかる<br>shikalu | *scold* |
| **magnanakaw**<br>マグナナカウ | 泥棒／どろぼう<br>doloboo | *thief* |
| **mag-obertaim**<br>マグオベルタイム | 残業する／ざんぎょうする<br>zangyoosulu | *work over time* |
| **magpabaya**<br>マグパバヤ | 諦める／あきらめる<br>akilamelu | *abandon* |
| **magpadala**<br>マグパダラァ | 送る／おくる<br>okulu | *send* |
| **magpagaan**<br>マグパガーン | 相殺する／そうさいする<br>soosaisulu | *offset* |
| **magpagaling**<br>マグパガリィン | 癒す／いやす<br>iyasu | *heal* |
| **magpahaba**<br>マグパハバ | 伸ばす／のばす<br>nobasu | *lengthen* |
| **magpahigpit**<br>マグパヒグピィト | 締める／しめる<br>shimelu | *tighten* |
| **magpahindi**<br>マグパヒンディ | 拒む／こばむ<br>kobamu | *reject* |
| **magpahinga**<br>マグパヒンガ | 休む／やすむ<br>yasumu | *rest* |

| | | |
|---|---|---|
| **magpaiwan**<br>マグパイワァン | 滞在する／たいざいする<br>taizaisuiu | *stay* |
| **magpalaya**<br>マグパラヤァ | 解放する／かいほうする<br>kaihoosulu | *emancipate* |
| **magpalayan**<br>マグパラヤン | 夢中になる／むちゅうになる<br>muchuuninalu | *absorb* |
| **magpaliban**<br>マグパリバン | 延期する／えんきする<br>enkisulu | *delay* |
| **magpaligsahan**<br>マグパァリグサハン | 競う／きそう<br>kisou | *compete* |
| **magpalubha**<br>マグパルブハ | 悪化する／あっかする<br>akkasulu | *aggravate* |
| **magpasalamat**<br>マグパサラマト | ありがとう<br>aligatoo | *thank you* |
| **magpasama**<br>マグパサマ | 転落する／てんらくする<br>tenlakusulu | *degrade* |
| **magpasigla**<br>マグパシグラァ | 励ます／はげます<br>hagemasu | *encourage* |
| **magpasyal**<br>マグパシャル | 散歩する／さんぽする<br>sanposuru | *take walk* |
| **magpatigas**<br>マグパティガァス | 固める／かためる<br>katamelu | *harden* |
| **magpatiwakal**<br>マグパティワカァル | 自殺する／じさつする<br>jisatsusulu | *suicide* |
| **magpatuloy**<br>マグパトゥロイ | 続く／つづく<br>tsuzuku | *continue* |
| **magpauna**<br>マグパウナ | 昇進する／しょうしんする<br>shooshinsuru | *advance* |
| **magpautang**<br>マグパウタン | 信じる／しんじる<br>shinjilu | *trust* |
| **magpawis**<br>マグパウィス | 汗をかく／あせをかく<br>asewokaku | *perspire* |
| **magpayo**<br>マグパヨ | 忠告する／ちゅうこくする<br>chuukokusulu | *advise* |

| | | |
|---|---|---|
| **magpuslit**<br>マグプゥスリィト | 密輸する／みつゆする<br>mitsuyusulu | *smuggle* |
| **magrasa**<br>マグラサ | 油の／あぶらの<br>abulano | *oily, greasy* |
| **magretiro**<br>マグレティロ | 引退する／いんたいする<br>intaisulu | *retire* |
| **magsabi**<br>マグサビ | 告げる／つげる<br>tsugelu | *tell* |
| **magsalita**<br>マグサリタ | 喋る／しゃべる<br>shabelu | *talk* |
| **magsara**<br>マグサラ | 閉める／しめる<br>shimelu | *close* |
| **magsasayaw**<br>マグササヤウ | ダンサー／だんさー<br>dansaa | *dancer* |
| **magsikap**<br>マグシカプ | 努力する／どりょくする<br>dolyokusulu | *endeavor* |
| **magsimula**<br>マグシムラ | 始める／はじめる<br>hajimelu | *begin* |
| **magsiwalat**<br>マグシワラト | 明らかにする／あきらかにする<br>akilakanisulu | *disclose* |
| **magsuri**<br>マグスリ | 検査する／けんさする<br>kensasulu | *inspect* |
| **magtago impok**<br>マグタゴ　イムポク | 貯める／ためる<br>tamelu | *save* |
| **magtagumpay**<br>マグタグムパァイ | 成功する／せいこうする<br>seikoosulu | *succeed* |
| **magtaka**<br>マグタカァ | 怪しむ／あやしむ<br>ayashimu | *wonder* |
| **magtanim**<br>マグタニィム | 植える／うえる<br>uelu | *plant* |
| **magtanong**<br>マグタノン | 尋ねる／たずねる<br>tazunelu | *ask, inquire* |
| **magtapos**<br>マグタポォス | 終える／おえる<br>oelu | *finish* |

| | | |
|---|---|---|
| magtatag<br>マグタタグ | 建てる/たてる<br>tatelu | *build* |
| magtrabaho<br>マグトラバホ | 働く/はたらく<br>hatalaku | *work* |
| magulang<br>マグラング | 大人/おとな<br>otona | *adult* |
| magulang<br>マグラング | 濃い/こい<br>koi | *dark, deep* |
| magulang<br>マグラング | 両親/りょうしん<br>lyooshin | *parents* |
| magulo<br>マグロ | 手間のかかる/てまのかかる<br>temanokakaru | *troublesome* |
| mahaba<br>マハバ | 長い/ながい<br>nagai | *long* |
| mahalaga<br>マハラガァ | 大切な/たいせつな<br>taisetsuna | *important* |
| mahalaga<br>マハラガァ | 大変/たいへん<br>taihen | *serious* |
| mahalin<br>マハリン | 可愛がる/かわいがる<br>kawaigalu | *love* |
| mahalumigmig<br>マハルミグミィグ | 湿気/しっけ<br>shikke | *humid* |
| mahinahon<br>マヒナホン | 冷静な/れいせいな<br>leiseina | *cool* |
| mahirap<br>マヒラプ | 難しい/むずかしい<br>muzukashii | *difficult* |
| mahirap unawain<br>マヒラプ ウナワイン | 抽象的/ちゅうしょうてき<br>chuushooteki | *abstract* |
| mahiwaga<br>マヒワガ | 気味悪い/きみわるい<br>kimiwalui | *weird* |
| mahiyain<br>マヒイヤァイン | 内気な/うちきな<br>uchikina | *shy* |
| mahuli<br>マフリ | 遅れる/おくれる<br>okulelu | *be late* |

| | | |
|---|---|---|
| **mahulog**<br>マフログ | 転倒する／てんとうする<br>tentoosulu | *fall* |
| **mahusto**<br>マフスト | 足りる／たりる<br>talilu | *suffice* |
| **maibibigay**<br>マイビビガァイ | 余裕がある／よゆうがある<br>yoyuugaalu | *afford* |
| **maikli**<br>マイクリ | 短い／みじかい<br>mijikai | *short* |
| **mainggit**<br>マインギィト | 羨む／うらやむ<br>ulayamu | *envy* |
| **mainis**<br>マイニス | 大嫌い／だいきらい<br>daikilai | *disgust* |
| **mainit**<br>マイニィト | 暖かい／あたたかい<br>atatakai | *warm* |
| **mainit na tubig**<br>マイニト　ナ　トゥビグ | 湯／ゆ<br>yu | *hot water* |
| **maintindihan**<br>マインティンディハン | 分かる／わかる<br>wakalu | *understand* |
| **makakatulad**<br>マカカトゥラド | 似る／にる<br>nilu | *resemble* |
| **makakaya**<br>マカカヤ | 余裕がある／よゆうがある<br>yoyuugaalu | *afford* |
| **makapal**<br>マカパァル | 厚い／あつい<br>atsui | *thick* |
| **makapasa**<br>マカパサァ | 合格／ごうかく<br>gookaku | *pass* |
| **makaragdag**<br>マカラグダァグ | 補う／おぎなう<br>oginau | *supplement* |
| **makasarili**<br>マカサリリ | 利己的／りこてき<br>likoteki | *selfish* |
| **makasaysay**<br>マカサイサイ | 歴史／れきし<br>lekishi | *history* |
| **makatapos**<br>マカタポス | 後に／あとに<br>atoni | *after* |

| | | |
|---|---|---|
| **makatapos**<br>マカタポス | 後に／あとに<br>atoni | *after* |
| **makatarungan**<br>マカタルンガン | 公平／こうへい<br>koohei | *fair* |
| **makatuklas**<br>マカトゥクラス | 発見する／はっけんする<br>hakkensulu | *discover* |
| **make-up**<br>マケ　アプ | 化粧品／けしょうひん<br>keshoohin | *cosmetics* |
| **makikiliti**<br>マキキリティ | くすぐる<br>kusugulu | *tickle* |
| **makilala**<br>マキララ | 知る／しる<br>shilu | *know* |
| **makina**<br>マキナ | エンジン／えんじん<br>enjin | *engine* |
| **makinig**<br>マキニグ | 聞く／きく<br>kiku | *hear* |
| **makipag away**<br>マキパグ　アワイ | 喧嘩する／けんかする<br>kenkasulu | *fight* |
| **makipag-alam**<br>マキパグ　アラァム | 連絡する／れんらくする<br>lenlakusulu | *contact with* |
| **makirot**<br>マキロオト | 苦しい／くるしい<br>kulushii | *painful* |
| **makita**<br>マキタ | 会う／あう<br>au | *meet* |
| **makompleto**<br>マコムプレト | 出来上がる／できあがる<br>dekiagalu | *complete* |
| **makuman**<br>マクマン | 流産する／りゅうざんする<br>lyuuzansulu | *abort* |
| **makuntento**<br>マクンテント | 満足する／まんぞくする<br>manzokusulu | *be satisfied* |
| **malaglag**<br>マラグラグ | 落ちる／おちる<br>ochilu | *fall, drop* |
| **malaki**<br>マラキ | 多い／おおい<br>ooi | *many, much* |

| | | |
|---|---|---|
| malaki<br>マラキ | 大きい／おおきい<br>ookii | *big, large* |
| malakingbato<br>マラキィンバトォ | 岩／いわ<br>iwa | *rock* |
| malamig<br>マラミグ | 涼しい／すずしい<br>suzushii | *cold* |
| malamig na tubig<br>マラミグ　ナ　トゥビグ | 冷水／ひやみず<br>hiyamizu | *cold water* |
| malampasan<br>マラムパサン | 勝る／まさる<br>masaru | *surpass* |
| malapit<br>マラピト | 近くに／ちかくに<br>chikakuni | *near* |
| malawak<br>マラワク | 広大な／こうだいな<br>koodaina | *vast* |
| malay<br>マライ | 意識／いしき<br>ishiki | *consciousness* |
| maleta<br>マレタ | スーツケース／すーつけーす<br>suutsukeesu | *suitcase* |
| mali<br>マリィ | 間違い／まちがい<br>machigai | *mistake* |
| malibansa 〜<br>マリバンサ | 〜以外／〜いがい<br>igai | *except for* |
| maligalig<br>マリガリグ | 厄介な／やっかいな<br>yakkaina | *knotty* |
| maligaw<br>マリガウ | 迷う／まよう<br>mayou | *get lost* |
| maligaya<br>マリガヤ | 嬉しい／うれしい<br>uleshii | *happy* |
| maligo<br>マリゴ | 浴びる／あびる<br>abilu | *bathe* |
| maligo<br>マリゴ | 入浴する／にゅうよくする<br>nyuuyokusuru | *take a bath* |
| maliit<br>マリイイト | 小さい／ちいさい<br>chiisai | *little, small* |

| maliit na saingang elektrik<br>マリート ナ サインガン エレクトリク | 電子レンジ／でんしれんじ<br>denshilenji | *microwave oven* |
|---|---|---|
| malimit<br>マリミト | しばしば<br>shibashiba | *often* |
| malinamnam<br>マリナムナム | うまい<br>umai | *good* |
| malingpag-gamit<br>マリングパグ ガミト | 悪用／あくよう<br>akuyoo | *misuse* |
| maling pagkakaintindi<br>マリング パグカカインティンディ | 誤解／ごかい<br>gokai | *misunderstanding* |
| malinis<br>マリニス | 清潔な／せいけつな<br>seiketsuna | *clean* |
| malinis na tubig<br>マリニス ナ トゥビグ | 飲料水／いんりょうすい<br>inryoosui | *drinking water* |
| maliwanag<br>マリワナグ | 明るい／あかるい<br>akalui | *light* |
| maloko<br>マロコ | 嫌な奴／いやなやつ<br>iyanayatsu | *nasty* |
| malugod<br>マルゴド | 心からの／こころからの<br>kokolokalano | *cordial* |
| malugod na pagtanggap<br>マルゴド ナ パグタンガァプ | 歓迎／かんげい<br>kangei | *welcome* |
| malungkot<br>マルンコト | 寂しい／さびしい<br>sabishii | *lonely* |
| malusog<br>マルソォグ | 達者な／たっしゃな<br>tasshana | *healthy* |
| mamahayag<br>ママハヤグ | ジャーナリスト／じゃーなりすと<br>jaanalisuto | *journalist* |
| mamalagi<br>ママラギ | 持続する／じぞくする<br>jizokusulu | *abide* |
| mamamayan<br>マママヤン | 市民／しみん<br>shimin | *citizen* |
| mamanhik<br>ママンヒク | 頼む／たのむ<br>tanomu | *beg, request* |

| | | |
|---|---|---|
| **mamatay**<br>ママタイ | 死ぬ／しぬ<br>shinu | *die* |
| **mamaya**<br>マァマヤ | 間もなく／まもなく<br>mamonaku | *soon* |
| **mamili**<br>マミリ | 選ぶ／えらぶ<br>elabu | *choose* |
| **mamimili**<br>マミミリ | お客さん／おきゃくさん<br>okyakusan | *customer* |
| **mamuhi**<br>マムヒ | 憎む／にくむ<br>nikumu | *detest* |
| **mamulaklak**<br>マムラクラァク | 咲く／さく<br>saku | *bloom* |
| **mamulot**<br>マムロト | 摘む／つむ<br>tsumu | *pick up* |
| **manabik**<br>マナビィク | 憧れる／あこがれる<br>akogalelu | *yearn* |
| **managot sa krimen**<br>マナゴト サ クリメン | 刑事責任／けいじせきにん<br>keijisekinin | *criminal liability* |
| **manaka-naka**<br>マナカナカ | 時々／ときどき<br>tokidoki | *occasionally* |
| **manalig**<br>マナリグ | 頼る／たよる<br>tayolu | *rely on* |
| **manalo**<br>マナロ | 勝つ／かつ<br>katsu | *win* |
| **manatili**<br>マナティリ | 留まる／とどまる<br>todomalu | *remain* |
| **manatili**<br>マナティリ | 待つ／まつ<br>matsu | *await, abide* |
| **mandorokot**<br>マンドロコト | ひったくり<br>hittakuli | *snatcher, pickpocket* |
| **mangga**<br>マンガ | マンゴー／まんごー<br>mangoo | *mango* |
| **manggagawa**<br>マンガガワァ | 職人／しょくにん<br>shokunin | *workman* |

| manggagawa<br>マンガガワァ | 労働者／ろうどうしゃ<br>loodoosha | *worker* |
| manggantsilyo<br>マンガントシルヨ | 編む／あむ<br>amu | *knit* |
| manghiram<br>マンヒラム | 借りる／かりる<br>kalilu | *borrow* |
| mangingibig<br>マニニビィグ | 愛人／あいじん<br>aijin | *lover* |
| manginig<br>マンギニグ | 恐れる／おそれる<br>osolelu | *tremble* |
| mangisda<br>マンギスダ | 釣る／つる<br>tsulu | *fish* |
| mangkok<br>マンコォク | 皿／さら<br>sala | *bowl* |
| mangkok<br>マンコォク | 丼／どんぶり<br>donbuli | *bowl* |
| manhaw<br>マンハウ | 渇く／かわく<br>kawaku | *feel thirsty* |
| manika<br>マニカ | 人形／にんぎょう<br>ningyoo | *doll* |
| manikit<br>マニキト | くっつく<br>kuttsuku | *adhere* |
| manipa<br>マニパァ | 蹴る／ける<br>kelu | *kick* |
| manipis<br>マニピィス | 薄い／うすい<br>usui | *thin* |
| manlalakbay<br>マンララクバイ | 旅人／たびびと<br>tabibito | *traveler* |
| manlalaro<br>マンララロォ | 選手／せんしゅ<br>senshu | *player* |
| manliit<br>マンリート | 退く／しりぞく<br>shilizoku | *retreat* |
| manloob<br>マンロオブ | 強奪する／ごうだつする<br>goodatsusulu | *blunder* |

| | | |
|---|---|---|
| **manok**<br>マノク | 鶏肉／とりにく<br>toliniku | *chicken* |
| **mansanas**<br>マンサナス | 林檎／りんご<br>lingo | *apple* |
| **mantsa**<br>マンツァ | 染み／しみ<br>shimi | *stain* |
| **manuskrito**<br>マヌスクリト | 原稿／げんこう<br>genkoo | *manuscript* |
| **mapa**<br>マパ | 地図／ちず<br>chizu | *map* |
| **mapahiya**<br>マパヒヤ | 困る／こまる<br>komalu | *feel embarrassed* |
| **mapahiya**<br>マパヒヤ | 戸惑う／とまどう<br>tomadou | *be embarrassed* |
| **mapait**<br>マパイト | 苦い／にがい<br>nigai | *bitter* |
| **mapanganib**<br>マパァンガニィブ | 危ない／あぶない<br>abunai | *dangerous* |
| **mapanupil**<br>マパヌピル | 苛め／いじめ<br>ijime | *bully* |
| **mapapaliban**<br>マグパパリバン | 延期／えんき<br>enki | *postponement* |
| **maparam**<br>マパラム | 消える／きえる<br>kielu | *vanish* |
| **mapilay**<br>マピライ | 捻挫／ねんざ<br>nenza | *sprain* |
| **mapilit**<br>マピリト | しつこい<br>shitsukoi | *persistent* |
| **mapurol**<br>マプゥロール | 鈍い／にぶい<br>nibui | *dull* |
| **maputla**<br>マプゥトラ | 青白い／あおじろい<br>aojiloi | *pale* |
| **marahas**<br>マラハス | 激しい／はげしい<br>hageshii | *violent* |

| | | |
|---|---|---|
| maramdam<br>マラムダム | 感じる／かんじる<br>kanjilu | *feel* |
| marami<br>マラミ | 沢山／たくさん<br>takusan | *a lot* |
| maraming<br>マラミン | 多忙／たぼう<br>taboo | *busy* |
| marso<br>マルソ | 三月／さんがつ<br>sangatsu | *March* |
| marte<br>マルテ | 火星／かせい<br>kasei | *Mars* |
| Martes<br>マルテェス | 火曜日／かようび<br>ka-yoobi | *Tuesday* |
| marumi<br>マルミィ | 汚い／きたない<br>kitanai | *dirty* |
| marupok<br>マルポォク | 脆い／もろい<br>moloi | *fragile* |
| mas<br>マス | 〜もっと<br>〜 motto | *more* |
| mas<br>マス | 〜より<br>〜 yoli | *more* |
| masahe<br>マサヘ | マッサージ／まっさーじ<br>massaaji | *massage* |
| masakit<br>マサキイト | 痛い／いたい<br>itai | *painful* |
| masakit<br>マサキイト | 心苦しい／こころぐるしい<br>kokologulushii | *painful* |
| masaktan<br>マサクタン | 痛む／いたむ<br>itamu | *ache* |
| masama<br>マサマァ | 悪い／わるい<br>walui | *bad* |
| masarap<br>マサラァプ | 美味しい／おいしい<br>oishii | *delicious* |
| masarili<br>マサリリ | 独占する／どくせんする<br>dokusensulu | *monopolize* |

| | | |
|---|---|---|
| **masayaan**<br>マサヤーン | 快活な／かいかつな<br>kaikatsuna | *cheerful* |
| **masigla**<br>マシグラァ | 生き生きした／いきいきした<br>ikiikishita | *lively* |
| **masikip**<br>マシキプ | きつい<br>kitsui | *tight* |
| **masipag**<br>マシパグ | 熱狂的な／ねっきょうてきな<br>nekkyootekina | *zealous* |
| **masira**<br>マシラ | 壊れる／こわれる<br>kowalelu | *break* |
| **maskara**<br>マスカラ | マスク／ますく<br>masuku | *mask* |
| **masugid**<br>マスギド | 攻撃的な／こうげきてきな<br>koogekitekina | *aggressive* |
| **masunog**<br>マスノグ | 燃える／もえる<br>moelu | *burn* |
| **mata**<br>マタ | 目／め<br>me | *eyes* |
| **mataas**<br>マタース | 高い／たかい<br>takai | *high* |
| **matagal**<br>マタガァル | 我慢する／がまんする<br>gamansulu | *resisting* |
| **matagalan**<br>マタガラァン | 耐える／たえる<br>taelu | *endure, abide* |
| **matagumpay na buhay**<br>マタグムパイ　ナ　ブハイ | 履歴／りれき<br>lileki | *career* |
| **matakaw**<br>マタカウ | 貪欲／どんよく<br>don-yoku | *greedy* |
| **matalik**<br>マタリク | 親しい／したしい<br>shitashii | *intimate* |
| **matalim**<br>マタリィム | 鋭い／するどい<br>suludoi | *sharp* |
| **matalino**<br>マタリノ | 頭の良い／あたまのよい<br>atamanoyoi | *bright* |

| | | |
|---|---|---|
| matalo<br>マタロ | 劣る／おとる<br>otolu | *inferior* |
| matalo<br>マタロ | 負ける／まける<br>makelu | *be defeated* |
| matamaan<br>マァタマーン | 当たる／あたる<br>atalu | *hit* |
| matamis<br>マタミス | 甘い／あまい<br>amai | *sweet* |
| matanda<br>マタンダ | 成熟／せいじゅく<br>seijuku | *adult* |
| matanda<br>マタンダ | 長老／ちょうろう<br>choloo | *elder* |
| matanda<br>マタンダ | 年とった／としとった<br>toshitotta | *old* |
| matanda<br>マタンダ | 古い／ふるい<br>fului | *old* |
| matanda tao<br>マタンダ タオ | 老人／ろうじん<br>loojin | *old man* |
| matandaan<br>マタンダーン | 覚える／おぼえる<br>oboelu | *remember* |
| matao<br>マタオ | 満員／まんいん<br>man-in | *full* |
| matapang<br>マタパン | 勇ましい／いさましい<br>isamashii | *brave* |
| matapos<br>マタポス | 終わる／おわる<br>owalu | *finish* |
| matapos ang mahabang panahon<br>マタボス アン マハバン パナホン | 久しぶり／ひさしぶり<br>hisashibuli | *after a long time* |
| matarik<br>マタリィク | 険しい／けわしい<br>kewashii | *steep* |
| matarik na dalisdis<br>マタリィク ナ ダリスディス | 崖／がけ<br>gake | *cliff* |
| matematika<br>マテマティカ | 数学／すうがく<br>suugaku | *mathematics* |

| | | |
|---|---|---|
| **matigas**<br>マティガアス | 硬い／かたい<br>katai | *hard* |
| **matino**<br>マティノ | 正気／しょうき<br>shooki | *sober* |
| **matipuno**<br>マティプノォ | 強い／つよい<br>tsuyoi | *muscular* |
| **matira**<br>マティラ | 余る／あまる<br>amalu | *remain* |
| **matrikula**<br>マトリクラ | 授業料／じゅぎょうりょう<br>jugyoolyoo | *tuition* |
| **matris**<br>マトリィス | 子宮／しきゅう<br>shikyuu | *womb* |
| **matulin**<br>マトゥリン | 素早い／すばやい<br>subayai | *quick* |
| **matulog**<br>マトゥログ | 眠る／ねむる<br>nemulu | *sleep* |
| **matunaw**<br>マトゥナウ | 溶ける／とける<br>tokelu | *melt* |
| **matutuhan**<br>マトゥトゥハン | 習う／ならう<br>nalau | *learn* |
| **matuyo**<br>マトゥヨ | 乾く／かわく<br>kawaku | *dry up* |
| **maubos**<br>マウボス | 使用される／しようされる<br>shiyoosalelu | *be used* |
| **maulap**<br>マウラプ | 曇り／くもり<br>kumoli | *cloudy* |
| **maunawaan**<br>マウナワーン | 理解する／りかいする<br>likaisulu | *understand* |
| **mawalan**<br>マワラァン | 失う、無くす／うしなう、なくす<br>ushinau, nakusu | *lose* |
| **may**<br>マイ | 有る／ある<br>alu | *there are, is* |
| **may**<br>マイ | 持つ／もつ<br>motsu | *have, posses* |

| | | |
|---|---|---|
| **maya maya**<br>マヤマヤ | 後で／あとで<br>atode | *later* |
| **mayaman**<br>マヤマン | 裕福／ゆうふく<br>yuufuku | *rich* |
| **may-asin**<br>マイ アシィン | 塩辛い／しおからい<br>shiokalai | *salty* |
| **maybahay**<br>マイバハアイ | 主婦／しゅふ<br>shufu | *housewife* |
| **may-kaya**<br>マイ カヤ | 出来る／できる<br>dekilu | *able* |
| **maynaiwang bagay**<br>マイナイワン バガイ | 忘れ物／わすれもの<br>wasulemono | *things left behind* |
| **mayo**<br>マヨ | 五月／ごがつ<br>gogatsu | *May* |
| **maytatlong sulok**<br>マイタトロン スロク | 定規／じょうぎ<br>joogi | *ruler* |
| **melokoton**<br>メロコトン | 桃／もも<br>momo | *peach* |
| **memorya**<br>メモルヤ | 暗記／あんき<br>anki | *learning by heart* |
| **merito**<br>メリト | 長所／ちょうしょ<br>choosho | *merit* |
| **mesa**<br>メサ | テーブル／てーぶる<br>teebulu | *table* |
| **mga dagdag na gamit**<br>マガ ダグダァグ ナ ガミト | アクセサリー／あくせさりー<br>akusesalii | *accessories* |
| **mga dalahin**<br>マガ ダラヒン | 荷物／にもつ<br>nimotsu | *luggage* |
| **mga kagamitan sa pagsulat**<br>マガ カガミタン サ パグスラト | 文房具／ぶんぼうぐ<br>bunboogu | *stationary* |
| **mga pook na napakainit**<br>マガ ポォーク ナ ナァパカイニト | 熱帯／ねったい<br>nettai | *torrid zone* |
| **mgamagulang**<br>マガマグラン | 親／おや<br>oya | *parent* |

| | | |
|---|---|---|
| **mikroskopyo**<br>ミクロスコピヨ | 顕微鏡／けんびきょう<br>kenbikyoo | *microscope* |
| **milon**<br>ミィロン | 瓜／うり<br>uli | *melon* |
| **mina**<br>ミナ | 鉱山／こうざん<br>koozan | *mine* |
| **mina**<br>ミナ | 地雷／じらい<br>jilai | *mine* |
| **ministro**<br>ミニストロ | 僧侶／そうりょ<br>soolyo | *pastor, priest* |
| **ministro**<br>ミニストロ | 牧師／ぼくし<br>bokushi | *pastor, priest* |
| **minsan**<br>ミィンサン | 一度／いちど<br>ichido | *once* |
| **minuto**<br>ミヌト | 分／ふん<br>fun | *minute* |
| **miselanea**<br>ミセラネア | 雑貨／ざっか<br>zakka | *miscellaneous goods* |
| **misu**<br>ミス | 味噌／みそ<br>miso | *soybean paste* |
| **mithi**<br>ミシイ | 理想／りそう<br>lisoo | *ideal* |
| **miting**<br>ミティン | 面会／めんかい<br>menkai | *meeting* |
| **miyerkoles**<br>ミイェルゴレス | 水曜日／すいようび<br>suiyoobi | *Wednesday* |
| **moda**<br>モダ | 流行／りゅうこう<br>lyuukoo | *fashion* |
| **monopolyo**<br>モノポリヨ | 独占／どくせん<br>dokusen | *monopoly* |
| **moralidad**<br>モラリダァド | 道徳／どうとく<br>dootoku | *morality* |
| **motorsiklo**<br>モトルシクロ | バイク／ばいく<br>baiku | *motorcycle* |

| | | |
|---|---|---|
| **mukha**<br>ムクハ | 顔／かお<br>kao | *face* |
| **mukhang bata**<br>ムクハン（グ）バタ | 若い／わかい<br>wakai | *young* |
| **mula ngayon**<br>ムラ ンガヨン | 今後／こんご<br>kongo | *from now on* |
| **mula noon**<br>ムラ ノーン | 以前／いぜん<br>izen | *before* |
| **muling itayo**<br>ムリン イタヨォ | 改築／かいちく<br>kaichiku | *rebuilding* |
| **multo**<br>ムルトォ | 幽霊／ゆうれい<br>yuulei | *ghost* |
| **mundo**<br>ムンドォ | 世界／せかい<br>sekai | *world* |
| **munisipyo**<br>ムニシピョ | 市役所／しやくしょ<br>shiyakusho | *city government* |
| **munti**<br>ムンティ | 小さい／ちいさい<br>chiisai | *small* |
| **muntok**<br>ムントク | 殴る／なぐる<br>nagulu | *blow* |
| **museo**<br>ムセロ | 博物館／はくぶつかん<br>hakubutsukan | *museum* |
| **musika**<br>ムシィカ | 音楽／おんがく<br>ongaku | *music* |
| **muwebles**<br>ムウェブレス | 家具／かぐ<br>kagu | *furniture* |
| **muwestra**<br>ムウェストラ | サンプル／さんぷる<br>sanpulu | *sample* |

# N/n

| | | |
|---|---|---|
| **na**<br>ナ | 大変／たいへん<br>taihen | *very* |
| **na**<br>ナ | 本当に／ほんとうに<br>hontooni | *really* |
| **nagdalamhating pamilya**<br>ナグダラムハティン パミリヤ | 遺族／いぞく<br>izoku | *bereaved family* |
| **nagdaramdam**<br>ナグダラムダム | 残念／ざんねん<br>zannen | *sorry* |
| **nagsisilbi**<br>ナグシシルビ | 仕える／つかえる<br>tsukaelu | *serve* |
| **nagtototoo**<br>ナグトトトオ | 真面目／まじめ<br>majime | *serious* |
| **nagugustuhan**<br>ナググストゥハン | 好む／このむ<br>konomu | *like* |
| **nais**<br>ナイス | 願い／ねがい<br>negai | *desire* |
| **nakahihiya**<br>ナカヒヒヤ | 見苦しい／みぐるしい<br>migulushii | *disgraceful* |
| **nakahihiya**<br>ナカヒヒヤ | みっともない<br>mittomonai | *disgraceful* |
| **nakakabatang kapatid na babae**<br>ナカカバタン カパティド ナ ババエ | 妹／いもうと<br>imooto | *younger sister* |
| **nakakabatang kapatid na lalaki**<br>ナカカバタン カパティド ナ ララキィ | 弟／おとうと<br>otooto | *younger brother* |
| **nakakahawa**<br>ナカカハワ | 感染する／かんせんする<br>kansensulu | *contagious* |
| **nakakatawa**<br>ナカカタワ | 面白い／おもしろい<br>omoshiloi | *funny* |
| **nakalinis**<br>ナカリニス | 退屈／たいくつ<br>taikutsu | *boring* |

| | | |
|---|---|---|
| **nakapangingilabot**<br>ナカパニニラボト | 無気味／ぶきみ<br>bukimi | *weird* |
| **nakapopoot**<br>ナカポポォート | 憎らしい／にくらしい<br>nikulashii | *hateful* |
| **nakasasama**<br>ナカサァサマ | 有害／ゆうがい<br>yuugai | *harmful* |
| **nakasisindak**<br>ナカシシンダァク | 怖い／こわい<br>kowai | *frightful* |
| **nakasusuya**<br>ナカスゥスヤ | 苦々しい／にがにがしい<br>niganigashii | *unpleasant* |
| **nakatatakot**<br>ナカタァタコト | 恐ろしい／おそろしい<br>osoloshii | *fearful* |
| **nakatatanda**<br>ナカタァタンダ | 年上／としうえ<br>toshiue | *older* |
| **nakawan**<br>ナカワァン | 盗難／とうなん<br>toonan | *robbery* |
| **nakayayamot**<br>ナカヤァヤモォト | うるさい<br>ulusai | *annoying* |
| **namamahala**<br>ナママハラ | 経営／けいえい<br>keiei | *management* |
| **namin**<br>ナァミン | 私達の／わたしたちの<br>watashitachino | *our* |
| **nang**<br>ナン | 〜の時／〜のとき<br>〜 notoki | *when* |
| **nangalay**<br>ナンガライ | 疲れた／つかれた<br>tsukaleta | *fatigued* |
| **nanonood**<br>ナノノォオド | 観客／かんきゃく<br>kankyaku | *spectator* |
| **napakagaling**<br>ナァパカガリィン | 素敵な／すてきな<br>sutekina | *fine* |
| **napakagaling**<br>ナァパカガリィン | 立派／りっぱ<br>lippa | *excellent* |
| **napakamura**<br>ナパカムラ | 安売り／やすうり<br>yasuuli | *bargain* |

| | | |
|---|---|---|
| **napakarami**<br>ナァパカラミ | 一万／いちまん<br>ichiman | *myriad* |
| **napakaringal**<br>ナァパカリンガル | 豪華な／ごうかな<br>gookana | *gorgeous* |
| **napakasama**<br>ナァパカサマァ | 凶悪な／きょうあくな<br>kyooakuna | *atrocious* |
| **naposu na**<br>ナポス　ナ | すでに<br>sudeni | *already* |
| **nararapat**<br>ナララバト | 適切な／てきせつな<br>tekisetsuna | *appropriate* |
| **naririyan(nariyan)**<br>ナリリヤン（ナリヤン） | そこに<br>sokoni | *there* |
| **nasa**<br>ナサ | 中に／なかに<br>nakani | *in, at, on* |
| **nasa kalahatian**<br>ナサ　カラハティアン | 中途半端／ちゅうとはんぱ<br>chuutohanpa | *halfway* |
| **nasaan**<br>ナサーン | どこに<br>dokoni | *where* |
| **nasaisip**<br>ナサイシイプ | 架空の／かくうの<br>kakuuno | *imaginary* |
| **nasaktan**<br>ナサクタン | 傷つける／きずつける<br>kizutsukelu | *hurt* |
| **nasiyahan**<br>ナシヤハン | 楽しむ／たのしむ<br>tanoshimu | *enjoy* |
| **nasor-presa**<br>ナソル　プレサ | 驚く／おどろく<br>odoloku | *be surprised* |
| **nasyon**<br>ナション | 国民／こくみん<br>kokumin | *nation, people* |
| **nasyonalidad**<br>ナショナリダド | 国籍／こくせき<br>kokuseki | *nationality* |
| **natatanging paghahatid**<br>ナタタニィン　パグハハティド | 速達／そくたつ<br>sokutatsu | *special delivery* |
| **natural na sakit**<br>ナトゥラル　ナ　サキト | 意地悪／いじわる<br>ijiwalu | *ill tempered* |

| | | |
|---|---|---|
| **negosyo**<br>ネゴショ | 営業／えいぎょう<br>eigyoo | *business* |
| **negosyo**<br>ネゴショ | ビジネス／びじねす<br>bijinesu | *business* |
| **nerbiyos**<br>ネルビヨス | 神経／しんけい<br>shinkei | *nerve* |
| **ng publiko**<br>ナン パブリコォ | 公共の／こうきょうの<br>kookyoono | *public* |
| **ngalan**<br>ンガラン | 名前／なまえ<br>namae | *name* |
| **ngayon**<br>ンガヨン | 今／いま<br>ima | *now* |
| **ngayon**<br>ンガヨン | 今日／きょう<br>kyoo | *today* |
| **ngayon**<br>ンガヨン | 現在／げんざい<br>genzai | *present time* |
| **ngayong gabi**<br>ンガヨン ガビ | 今晩／こんばん<br>konban | *tonight* |
| **ngayong umaga**<br>ンガヨン ウマガ | 今朝／けさ<br>kesa | *this morning* |
| **ngipin**<br>ニイピン | 歯／は<br>ha | *tooth* |
| **ngiti**<br>ニィティ | 笑顔／えがお<br>egao | *smile* |
| **ngiwi**<br>ニィウィ | 曲った／まがった<br>magatta | *wry* |
| **ngumiti**<br>ヌミティ | 微笑む／ほほえむ<br>hohoemu | *smile* |
| **ngunit**<br>ヌニィト | しかし<br>shikashi | *but* |
| **nila**<br>ニラァ | 彼等の／かれらの<br>kalelano | *their* |
| **nilaga**<br>ニラガ | 煮る／にる<br>nilu | *boil, cook* |

| | | |
|---|---|---|
| nilalaman<br>ニララマン | 内容／ないよう<br>naiyoo | *contents* |
| ningas<br>ニインガス | 炎／ほのお<br>honoo | *flame* |
| niya<br>ニヤァ | 彼女の／かのじょの<br>kanojono | *her* |
| niya<br>ニヤァ | 彼の／かれの<br>kaleno | *his* |
| niya<br>ニヤァ | その<br>sono | *it* |
| nobyembre<br>ノビィェムブレ | 十一月／じゅういちがつ<br>juuichigatsu | *November* |
| noong isang linggo<br>ノーン イサァン リンゴォ | 先週／せんしゅう<br>senshuu | *last week* |
| noong nagdaang taon<br>ノーン ナグダーン タオン | 去年／きょねん<br>kyonen | *last year* |
| noong nakaraang buwan<br>ノーン ナカラァーン ブワン | 先月／せんげつ<br>sengetsu | *last month* |
| noong unang panahon<br>ノーン ウナン パナホォン | 昔／むかし<br>mukashi | *long ago* |
| norte<br>ノルテ | 北／きた<br>kita | *north* |
| numero<br>ヌメロ | 数／かず<br>kazu | *number* |
| numero ng telepono<br>ヌメロ ナン テレポノ | 電話番号／でんわばんこう<br>denwabangoo | *telephone number* |
| numero uno<br>ヌメロ ウノ | 第一／だいいち<br>daiichi | *first* |
| nuno<br>ヌノォ | 祖先／そせん<br>sosen | *ancestor* |
| nuno<br>ヌノォ | 祖父母／そふぼ<br>sofubo | *grandparents* |

| | | |
|---|---|---|
| **obligasyon**<br>オブリガション | 恩／おん<br>on | *obligation* |
| **obligation**<br>オブリガション | 義務／ぎむ<br>gimu | *obligation* |
| **okay**<br>オッケェイ（オカイ） | 大丈夫／だいじょうぶ<br>daijoobu | *okay* |
| **oktubre**<br>オクトウブレ | 十月／じゅうがつ<br>juugatsu | *October* |
| **okupado**<br>オクパド | 忙しい／いそがしい<br>isogashii | *busy* |
| **oo**<br>オォ | はい<br>hai | *yes* |
| **operasyon**<br>オペラション | 手術／しゅじゅつ<br>shujutsu | *surgical operation* |
| **opisina**<br>オピシナ | オフィス／おふぃす<br>ofisu | *office* |
| **oras**<br>オラス | 時間／じかん<br>jikan | *time, hour* |
| **orasan**<br>オラサン | 腕時計／うでどけい<br>udedokei | *watch* |
| **orasyon**<br>オラション | 呪文／じゅもん<br>jumon | *spell* |
| **organisasyon**<br>オルガニサション | 組織／そしき<br>soshiki | *organization* |
| **organo**<br>オルガノ | オルガン／おるがん<br>olugan | *organ* |
| **orkestra**<br>オルケストラ | オーケストラ／おーけすとら<br>ookesutola | *orchestra* |

| | | |
|---|---|---|
| **oso**<br>オソ | 熊／くま<br>kuma | *bear* |
| **ospital**<br>オスピタル | 病院／びょういん<br>byooin | *hospital* |
| **ospital ng paanakan**<br>オスピタル ナン パーナカン | 産婦人科病院／さんふじんかびょういん<br>sanfujinkabyooin | *hospital of obstetrics* |
| **otel**<br>オテル | ホテル／ほてる<br>hotelu | *hotel* |

# P/p

| | | |
|---|---|---|
| **pa**<br>パ | もっと<br>motto | *more* |
| **paa**<br>パァ | 足／あし<br>ashi | *foot* |
| **paalaala**<br>パアラアラァ | 警報／けいほう<br>keihoo | *warning* |
| **paalam**<br>パァアラム | さようなら<br>sayoonala | *good-bye* |
| **paaralan**<br>パアララァン | 学校／がっこう<br>gakkoo | *school* |
| **pabango**<br>パバンゴ | 香水／こうすい<br>koosui | *perfume* |
| **pabaya**<br>パバヤ | 怠慢／たいまん<br>taiman | *neglect, negligent* |
| **pabo**<br>パボ | 七面鳥／しちめんちょう<br>shichimenchoo | *turkey* |
| **paboritoa**<br>パボリトア | 好物／こうぶつ<br>koobutsu | *favorite dish* |
| **pabrika(o)**<br>パブリカ（コ） | 工場／こうじょう<br>koojyoo | *factory* |
| **padalhan**<br>パダルハン | 送る／おくる<br>okulu | *send* |
| **padali**<br>パダリ | 近道／ちかみち<br>chikamichi | *shortcut* |
| **padaskul-daskol**<br>パダスクゥル ダスコォル | 無器用な／ぶきような<br>bukiyoona | *clumsy* |
| **padyama**<br>パジャマ | パジャマ／ぱじゃま<br>pajama | *pajama* |
| **pag-aaiis**<br>パグ アーリィス | 排除／はいじょ<br>haijo | *elimination* |

| | | |
|---|---|---|
| **pag-aani**<br>パグ　アアニ | 収穫／しゅうかく<br>shuukaku | *harvest* |
| **pag-aari**<br>パグ　アーリ | 個人の／こじんの<br>kojinno | *personal* |
| **pag-aayos**<br>パグ　アアヨス | 整理／せいり<br>seili | *arrangement* |
| **pagain**<br>パガイン | 搾取する／さくしゅする<br>sakushusulu | *wring* |
| **pag-akay**<br>パグ　アカイ | 指導／しどう<br>shidoo | *guidance* |
| **pag-akyat sa bundok**<br>パグ　アクヤト　サ　ブンドク | 登山／とざん<br>tozan | *mountain climbing* |
| **pagalingin**<br>パガリンギン | 治す／なおす<br>naosu | *cure* |
| **pag-alis**<br>パグ　アリス | 出発／しゅっぱつ<br>shuppatsu | *departure* |
| **pag-alis sa ospital**<br>パグ　アリス　サ　オスピタル | 退院／たいいん<br>taiin | *leaving hospital* |
| **pag-amin**<br>パグ　アミン | 許可／きょか<br>kyoka | *admission* |
| **pag-angkat**<br>パグ　アンカァト | 輸入／ゆにゅう<br>yunyuu | *import* |
| **pag-anib**<br>パグ　アニブ | 加入／かにゅう<br>kanyuu | *affiliation* |
| **pag-anib**<br>パグ　アニブ | 協力／きょうりょく<br>kyoolyoku | *affiliation* |
| **pag-asa**<br>パグ　アサ | 希望／きぼう<br>kiboo | *hope* |
| **pagawaan**<br>パガワーン | 産業／さんぎょう<br>sangyoo | *factory, industry* |
| **pagbabago**<br>パグババゴ | 変化／へんか<br>henka | *change* |
| **pagbabagong tayo**<br>パグババゴン　タヨォ | 改造／かいぞう<br>kaizoo | *reconstruction* |

| | | |
|---|---|---|
| **pagbabagong-buhay**<br>パグババゴン ブハイ | 復活／ふっかつ<br>fukkatsu | *revival* |
| **pagbabagong kimikal**<br>パグババゴン キィミィカル | 化学変化／かがくへんか<br>kagakuhenka | *chemical change* |
| **pagbabahagi**<br>パグババハギ | 割算／わりざん<br>walizan | *division* |
| **pagbabalita**<br>パグババリタ | 放送／ほうそう<br>hoosoo | *broadcast* |
| **pagbabawal**<br>パグババワル | 禁止／きんし<br>kinshi | *prohibition* |
| **pagbabawas**<br>パグババワス | 軽減／けいげん<br>keigen | *reduction* |
| **pagbabayad**<br>パグババヤド | 支払い／しはらい<br>shihalai | *payment* |
| **pagbabayad ng mga utang**<br>パグババヤド ナン マガ ウタン | 決算／けっさん<br>kessan | *settling accounts* |
| **pagbabayad-puri**<br>パグババヤド プゥリ | 賠償金／ばいしょうきん<br>baishookin | *reparations* |
| **pagbasa**<br>パグバサ | 読書／どくしょ<br>dokusho | *reading* |
| **pagbati**<br>パグバティ | 挨拶／あいさつ<br>aisatsu | *greeting* |
| **pagbati**<br>パグバティ | 祝い／いわい<br>iwai | *congratulation* |
| **pagbaybay**<br>パグバイバァイ | 綴り／つづり<br>tsuzuli | *spelling* |
| **pagbibigay ng kagamitan**<br>パグビビガァイ ナン カガミィタン | 設備／せつび<br>setsubi | *equipment* |
| **pagbibilad sa init**<br>パグビビラド サ イニィト | 日射病／にっしゃびょう<br>nisshabyoo | *sunstroke* |
| **pagbili**<br>パグビリィ | 購入／こうにゅう<br>koonyuu | *purchase* |
| **pagbiyak**<br>パグビヤァク | 分裂／ぶんれつ<br>bunletsu | *split* |

P

293

| | | |
|---|---|---|
| **pagdadalang tao**<br>パグダダラァン タォ | 妊娠／にんしん<br>ninshin | *pregnancy* |
| **pagdagdag**<br>パグダグダグ | 足し算／たしざん<br>tashizan | *addition* |
| **pagdalo**<br>パグダロ | 出席／しゅっせき<br>shusseki | *attendance* |
| **pagdalo**<br>パグダロ | 付き添い／つきそい<br>tsukisoi | *attendance* |
| **pagdami**<br>パグダミ | 増加／ぞうか<br>zooka | *increase* |
| **pagdaragdag**<br>パグダラグダァグ | 追加／ついか<br>tsuika | *addition* |
| **pagdaraya**<br>パグダラヤァ | 詐欺／さぎ<br>sagi | *fraud* |
| **pagdidilidili**<br>パグディディリリディリ | 反省／はんせい<br>hansei | *reflection* |
| **pagdiriwang**<br>パグディリワン | 記念／きねん<br>kinen | *commemoration* |
| **pagdusta**<br>パグダスタ | 軽蔑／けいべつ<br>keibetsu | *contempt* |
| **paggalang**<br>パグガラング | 尊敬／そんけい<br>sonkei | *respect* |
| **paggamit**<br>パグガミト | 実用／じつよう<br>jitsuyoo | *practical use* |
| **pagganap**<br>パグガナァプ | 演技／えんぎ<br>engi | *acting* |
| **pagganyak**<br>パグガニヤァク | 刺激／しげき<br>shigeki | *motivation* |
| **pagganyak**<br>パグガニヤァク | 動機／どうき<br>dooki | *motivation* |
| **paggawa**<br>パグガワァ | 作業／さぎょう<br>sagyoo | *work* |

| | | |
|---|---|---|
| **paghahambing**<br>パグハハムビン | 比較／ひかく<br>hikaku | *comparison* |
| **paghahandog**<br>パグハハンドォグ | 贈呈／ぞうてい<br>zootei | *presentation* |
| **paghahari**<br>パグハハリィ | 支配／しはい<br>shihai | *control, domination* |
| **paghahatid**<br>パグハハティド | 配達／はいたつ<br>haitatsu | *delivery* |
| **paghanga**<br>パグハンガ | 賞賛／しょうさん<br>shoosan | *admiration* |
| **paghatol**<br>パグハトル | 判決、判断／はんけつ、はんだん<br>hanketsu, handan | *judgment* |
| **paghatol**<br>パグハトル | 判定／はんてい<br>hantei | *decision* |
| **paghihiganti**<br>パグヒヒガンティ | 仕返し／しかえし<br>shikaeshi | *revenge* |
| **paghihimagsik**<br>パグヒヒマグシイク | 反逆／はんぎゃく<br>hangyaku | *rebellion* |
| **paghihirap**<br>パグヒヒラァプ | 苦労／くろう<br>kuloo | *troubles, hardships* |
| **paghikayat**<br>パグヒカヤット | 説得／せっとく<br>settoku | *persuasion* |
| **paghimpil**<br>パグヒムピル | 駐車／ちゅうしゃ<br>chuusha | *parking* |
| **paghinga**<br>パグヒンガ | 呼吸／こきゅう<br>kokyuu | *breathing* |
| **paghingi ng tawad**<br>パグヒンギ ナン タワド | 謝罪／しゃざい<br>shazai | *apology* |
| **paghintong**<br>パグヒントォン | 休止／きゅうし<br>kyuushi | *pause* |
| **paghipo**<br>パグヒポ | 感触／かんしょく<br>kanshoku | *feeling* |
| **paghuli**<br>パグプリ | 逮捕／たいほ<br>taiho | *arrest* |

P

| | | |
|---|---|---|
| **pag-ibig**<br>パグ イビグ | 感動／かんどう<br>kandoo | *affection* |
| **pag-ibig**<br>パグ イビグ | 恋愛／れんあい<br>len-ai | *love* |
| **pag-ihi ng matamis**<br>パグ イヒ ナン マタミス | 糖尿病／とうにょうびょう<br>toonyoobyoo | *diabetes* |
| **pag-iingat**<br>パグ イーンガト | 防止／ぼうし<br>booshi | *prevention* |
| **pag-iisa**<br>パグ イイサァ | 孤独／こどく<br>kodoku | *solitude* |
| **pag-iisip**<br>パグ イーシプ | 考え／かんがえ<br>kangae | *thoughts* |
| **pag-iisip**<br>パグ イーシプ | 心、精神／こころ、せいしん<br>kokolo, seishin | *mind* |
| **pag-iisip**<br>パグ イーシプ | 配慮／はいりょ<br>hailyo | *consideration* |
| **pagkabigo**<br>パグカビゴ | 失望／しつぼう<br>shitsuboo | *disappointment* |
| **pagkabigo**<br>パグカビゴ | 不合格／ふごうかく<br>fugookaku | *failure* |
| **pagkahabag ng anak**<br>パグカハバァグ ナン アナク | 孝行／こうこう<br>kookoo | *filial piety* |
| **pagkahawa**<br>パグカァハアワ | 伝染／でんせん<br>densen | *infection* |
| **pagkahubu't hubad**<br>パグカフブット フバド | 裸／はだか<br>hadaka | *naked* |
| **pagkain**<br>パグカイン | 栄養／えいよう<br>eiyoo | *nourishment* |
| **pagkain**<br>パグカイン | 食事／しょくじ<br>shokuji | *meal* |
| **pagkain**<br>パグカイン | 食べ物／たべもの<br>tabemono | *food* |
| **pagkain**<br>パグカイン | 料理／りょうり<br>lyooli | *cooking, meal* |

| | | |
|---|---|---|
| pagkain(inumin)<br>パグカイン（イヌゥミン） | 間食／かんしょく<br>kanshoku | *snack* |
| pagkaing hapones<br>パグカイン　ハポネス | 和食／わしょく<br>washoku | *Japanese food* |
| pagkakagusto<br>パグカカグストォ | 好き／すき<br>suki | *liking* |
| pagkakaibigan<br>パグカカイビガン | 友情／ゆうじょう<br>yuujoo | *friendship* |
| pagkakakilala<br>パグカカキララ | 知り合い／しりあい<br>shiriai | *acquaintance* |
| pagkakapareho<br>パグカカァパレポ | 均一／きんいつ<br>kin-itsu | *uniformity* |
| pagkakaroon<br>パグカカローン | 存在／そんざい<br>sonzai | *existence* |
| pagkakataon<br>パグカカァタオン | 機会／きかい<br>kikai | *chance* |
| pagkakautang<br>パグカカウタン | 借金／しゃっきん<br>shakkin | *debt* |
| pagkakawanqis<br>パグカカァワァンギス | 類似／るいじ<br>luiji | *similarity* |
| pagkakita<br>パグカァキィタ | 観測／かんそく<br>kansoku | *observation* |
| pagkalagot<br>パグカラゴォト | 破裂／はれつ<br>haletsu | *rupture* |
| pagkalinga<br>パグカリンガ | 保護／ほご<br>hogo | *protection* |
| pagkaltas<br>パグカルタァス | 解除／かいじょ<br>kaijyo | *cancelation* |
| pagkaltas<br>パグカルタァス | 解消／かいしょう<br>kaishoo | *cancelation* |
| pagkamagulo<br>パグカマグロオ | 複雑／ふくざつ<br>fukuzatsu | *complication* |
| pagkamalinis<br>パグカマリニス | 純潔／じゅんけつ<br>junketsu | *purity* |

P

| | | |
|---|---|---|
| **pagkamana**<br>パグカマナ | 遺産／いさん<br>isan | *inheritance* |
| **pagkamana**<br>パグカマナ | 相続／そうぞく<br>soozoku | *inheritance* |
| **pagkamaramdamin**<br>パグカマラムダミン | 敏感／びんかん<br>binkan | *sensitiveness* |
| **pagkamatalik**<br>パグカマタリク | 馴染み／なじみ<br>najimi | *familiarity* |
| **pagkamatapat**<br>パグカマタパァト | 真心／まごころ<br>magokolo | *sincerity* |
| **pagkamay**<br>パグカマァイ | 握手／あくしゅ<br>akushu | *handshake* |
| **pagkaraan**<br>パグカラアン | その後／そのご<br>sonogo | *afterwards* |
| **pagkasimple**<br>パグカシムプレ | 素朴／そぼく<br>soboku | *simplicity* |
| **pagkasimple**<br>パグカシムプレ | 単純／たんじゅん<br>tanjun | *simplicity* |
| **pagkatalo**<br>パグカタロ | 敗退／はいたい<br>haitai | *defeat* |
| **pagkatao**<br>パグカタオ | 人格／じんかく<br>jinkaku | *character* |
| **pagkatapos**<br>パグカタボス | 以来／いらい<br>ilai | *since* |
| **pagkatawan**<br>パグカタワァン | 代理／だいり<br>daili | *proxy* |
| **pagkatiyak**<br>パグカティヤァク | 確実／かくじつ<br>kakujitsu | *certainty* |
| **pagkawala**<br>パグカワラァ | 損／そん<br>son | *loss* |
| **pagkawala**<br>パグカワラァ | 紛失／ふんしつ<br>funshitsu | *loss* |
| **pagkawala ng kuryente**<br>パグカワラ ナン クリェンテ | 停電／ていでん<br>teiden | *failure of electricity* |

| | | |
|---|---|---|
| **pagkawasak**<br>パグカワサク | 滅亡／めつぼう<br>metsuboo | *ruin* |
| **pagkikiskis**<br>パグキキスキィス | 摩擦／まさつ<br>masatsu | *friction* |
| **pagkilala**<br>パグキララ | 認識／にんしき<br>ninshiki | *recognition* |
| **pagkilala**<br>パグキララ | 見方／みかた<br>mikata | *view* |
| **pagkilos**<br>パグキロス | 動作／どうさ<br>doosa | *action* |
| **pagkuha**<br>パグクハ | 獲得／かくとく<br>kakutoku | *acquisition* |
| **paglaki**<br>パグラキイ | 成長／せいちょう<br>seichoo | *growth* |
| **paglaki**<br>パグラキイ | 発展／はってん<br>hatten | *expansion* |
| **paglalagay**<br>パグララガァイ | 適用／てきよう<br>tekiyoo | *application* |
| **paglalakbay**<br>パグララクバイ | 旅／たび<br>tabi | *travel* |
| **paglalakbay**<br>パグララクバイ | 旅行／りょこう<br>lyokoo | *travel* |
| **paglalathala**<br>パグララザァラ | 出版／しゅっぱん<br>shuppan | *publication* |
| **paglalayag**<br>パグララヤァグ | 航海／こうかい<br>kookai | *navigation* |
| **paglangoy**<br>パグランゴイ | 泳ぎ、水泳／およぎ、すいえい<br>oyogi, suiei | *swimming* |
| **paglapit**<br>パグラピィト | 接近／せっきん<br>sekkin | *approach* |
| **pagliban**<br>パグリバン | 不在／ふざい<br>fuzai | *absence* |
| **paglibang**<br>パグリバァン | 芸能／げいのう<br>geinoo | *entertainments* |

P

299

| | | |
|---|---|---|
| **paglibot**<br>パグリボト | 徘徊／はいかい<br>haikai | *roving* |
| **pagligaw**<br>パグリガウ | 求愛／きゅうあい<br>kyuuai | *wooing* |
| **paglilibre**<br>パグリリブレ | 免除／めんじょ<br>menjo | *exemption* |
| **pagliligtas**<br>パグリリグタァス | 救助／きゅうじょ<br>kyuujo | *rescue* |
| **paglilimbag**<br>パグリリムバァグ | 印刷／いんさつ<br>insatsu | *printing* |
| **paglilinis**<br>パグリリニス | 掃除／そうじ<br>sooji | *cleaning* |
| **paglilipat**<br>パグリリパト | 移転、移動／いてん、いどう<br>iten, idoo | *transferring* |
| **paglilipat**<br>パグリリパト | 乗り換え／のりかえ<br>nolikae | *transferring* |
| **paglilitis**<br>パグリリティス | 裁判／さいばん<br>saiban | *justice, trial* |
| **pagliliwaliw**<br>パグリリワリウ | 見物／けんぶつ<br>kenbutsu | *sightseeing* |
| **paglipol**<br>パグリポル | 絶滅／ぜつめつ<br>zetsumetsu | *extermination* |
| **paglubog**<br>パグルボォグ | 減退／げんたい<br>gentai | *decline* |
| **paglubog ng araw**<br>パグルボグ　ナン　アラウ | 日没／にちぼつ<br>nichibotsu | *sunset* |
| **pagluluwas**<br>パグルルワァス | 輸出／ゆしゅつ<br>yushutsu | *export* |
| **paglutas**<br>パグルタァス | 解決／かいけつ<br>kaiketsu | *solution* |
| **pagmamahal**<br>パグママハル | 愛情／あいじょう<br>aijoo | *affection* |
| **pagmamalupit**<br>パグママルピィト | 虐待／ぎゃくたい<br>gyakutai | *maltreatment* |

| | | |
|---|---|---|
| **pagmamana**<br>パグママナ | 遺伝／いでん<br>iden | *heredity* |
| **pagmamaneho**<br>パグママネホ | 運転／うんてん<br>unten | *driving* |
| **pagmamaneho ng lasing**<br>パグママネホ ナン ラシング | 飲酒運転／いんしゅうんてん<br>inshuuunten | *drunken driving* |
| **pagmamasid sa mga tanawin**<br>パグママシド サ マガ タナウィン | 観光／かんこう<br>kankoo | *sightseeing* |
| **pagmamatyag**<br>パグママティアグ | 見学／けんがく<br>kengaku | *observation* |
| **pagmemenos**<br>パグメメノス | 倹約／けんやく<br>ken-yaku | *thrift, economy* |
| **pagnanakaw**<br>パグナナカウ | 盗み／ぬすみ<br>nusumi | *stealing* |
| **pagninilay-nilay**<br>パグニニライ ニライ | 瞑想／めいそう<br>meisoo | *meditation* |
| **pag-opera**<br>パグ オペラァ | 外科／げか<br>geka | *surgery* |
| **pagpahinga**<br>パグパヒンガ | 休む／やすむ<br>yasumu | *rest* |
| **pagpahinuhod**<br>パグパヒヌホド | 同意／どうい<br>dooi | *assent* |
| **pagpanig**<br>パグパニィグ | 不公平／ふこうへい<br>fukoohei | *partiality* |
| **pagpapabaya**<br>パグパパバヤ | 廃棄／はいき<br>haiki | *abandonment* |
| **pagpapabuti**<br>パグパパブティ | 改良／かいりょう<br>kailyoo | *improvement* |
| **pagpapahayag**<br>パグパパハヤグ | 肯定／こうてい<br>kootei | *affirmation* |
| **pagpapahayag**<br>パグパパハヤグ | 宣言／せんげん<br>sengen | *declaration* |
| **pagpapahiwatig**<br>パグパパヒワティグ | 表情／ひょうじょう<br>hyoojoo | *complexion* |

P

301

| | | |
|---|---|---|
| **pagpapakamatay**<br>パグパパカマタァイ | 自殺／じさつ<br>jisatsu | *suicide* |
| **pagpapakasakit**<br>パグパパカサキト | 犠牲／ぎせい<br>gisei | *sacrifice* |
| **pagpapakita**<br>パグパパキタ | デモ／でも<br>demo | *demonstration* |
| **pagpapalagay**<br>パグパパラガァイ | 待遇／たいぐう<br>taiguu | *treatment* |
| **pagpapalaki**<br>パグパパラキ | 育ち／そだち<br>sodachi | *upbringing* |
| **pagpapapresko**<br>パグパパプレスコ | 爽やか／さわやか<br>sawayaka | *refreshing* |
| **pagpapasiya**<br>パグパパシャァ | 決断／けつだん<br>ketsudan | *determination* |
| **pagpapatala**<br>パグパパタラ | 登録／とうろく<br>tooloku | *registration* |
| **pagpapatibay**<br>パグパパティバァイ | 決着／けっちゃく<br>kecchaku | *conclusion* |
| **pagpapatibay**<br>パグパパティバァイ | 賛成／さんせい<br>sansei | *approval* |
| **pagpapaunlad**<br>パグパパウンラド | 発達／はったつ<br>hattatsu | *development* |
| **pagpara**<br>パグパラ | 停止／ていし<br>teishi | *stopping* |
| **pagpasok**<br>パグパソク | 出入り口／でいりぐち<br>deiliguchi | *entrance* |
| **pagpasok**<br>パグパソク | 入場／にゅうじょう<br>nyuujoo | *entrance* |
| **pagpatatunay**<br>パグパタトゥナイ | 確認／かくにん<br>kakunin | *confirmation* |
| **pagpatay ng tao**<br>パグパタイ ナン タオ | 殺人／さつじん<br>satsujin | *murder* |
| **pagpawi**<br>パグパウィ | 廃止／はいし<br>haishi | *abolition* |

| | | |
|---|---|---|
| **pagpili**<br>パグピリィ | 選択／せんたく<br>sentaku | *selection* |
| **pagpipigil**<br>パグピピギル | 調整／ちょうせい<br>choosei | *adjustment* |
| **pagreret**<br>パグレレト | 試合／しあい<br>shiai | *match* |
| **pagsabog**<br>パグサボグ | 爆発／ばくはつ<br>bakuhatsu | *explosion* |
| **pagsakal**<br>パグサカァル | 絞殺／こうさつ<br>koosatsu | *strangulation* |
| **pagsakay**<br>パグサカイ | 乗車／じょうしゃ<br>joosha | *getting into a car* |
| **pagsalakay**<br>パグサラカイ | 侵入／しんにゅう<br>shinnyuu | *invasion* |
| **pagsalakay**<br>パグサラカイ | 侵略／しんりゃく<br>shinlyaku | *aggression* |
| **pagsali**<br>パグサリ | 入会／にゅうかい<br>nyuukai | *affiliation* |
| **pagsamba**<br>パグサムバァ | 崇拝／すうはい<br>suuhai | *adoration* |
| **pagsasaka**<br>パグササカ | 農業／のうぎょう<br>noogyoo | *agriculture* |
| **pagsasalita**<br>パグササリタァ | 言論／げんろん<br>genlon | *speech* |
| **pagsasamahan**<br>パグササマハァン | 付き合い／つきあい<br>tsukiai | *intercourse* |
| **pagsasanay**　、<br>パグササナイ | 稽古／けいこ<br>keiko | *practice* |
| **pagsasanay**<br>パグササナイ | ドリル／どりる<br>dolilu | *drill* |
| **pagsikat ng araw**<br>パグシカト　ナン　アラウ | 日の出／ひので<br>hinode | *sunrise* |
| **pagsilang**<br>パグシラン | 出産／しゅっさん<br>shussan | *birth* |

| | | |
|---|---|---|
| **pagsilang**<br>パグシラン | 誕生／たんじょう<br>tanjoo | *birth* |
| **pagsira**<br>パグシラ | 破壊／はかい<br>hakai | *destruction* |
| **pagsisisi**<br>パグシシシ | 後悔／こうかい<br>kookai | *repentance* |
| **pagsisiwalat**<br>パグシシワラト | 暴露／ばくろ<br>bakulo | *disclosure* |
| **pagsisiyasat**<br>パグシシヤサト | 検閲／けんえつ<br>ken-etsu | *inspection* |
| **pagsisiyasat**<br>パグシシヤサト | 検査／けんさ<br>kensa | *inspection* |
| **pagsubok**<br>パグスボク | 実験／じっけん<br>jikken | *experiment* |
| **pagsubok**<br>パグスボク | テスト／てすと<br>tesuto | *test* |
| **pagsukat**<br>パグスカト | 測定／そくてい<br>sokutei | *measurement* |
| **pagsuko**<br>パグスコォ | 降伏／こうふく<br>koofuku | *surrender* |
| **pagsulong**<br>パグスロング | 昇進／しょうしん<br>shooshin | *advance* |
| **pagsunod**<br>パグスノォド | 従順／じゅうじゅん<br>juujun | *obedience* |
| **pagsusulatan**<br>パグススラタァン | 文通／ぶんつう<br>buntsuu | *correspondence* |
| **pagsusulit**<br>パグススリト | クイズ／くいず<br>kuizu | *quiz* |
| **pagsusuri**<br>パグススリ | 検討／けんとう<br>kentoo | *examination* |
| **pagsusuri**<br>パグススリ | 捜査／そうさ<br>soosa | *search* |
| **pagtanggi**<br>パグタンギィ | 拒否／きょひ<br>kyohi | *denial, refusal* |

| pagtanggi<br>パグタンギィ | 辞退／じたい<br>jitai | *refusal* |
|---|---|---|
| pagtanggi<br>パグタンギィ | 反発／はんぱつ<br>hanpatsu | *repulsion* |
| pagtatalo<br>パグタタロ | 口論／こうろん<br>koolon | *dispute* |
| pagtatangi tangi<br>パグタタンギ タンギ | 差別／さべつ<br>sabetsu | *discrimination* |
| pagtatanim ng palay<br>パグタタニム ナン パライ | 田植え／たうえ<br>taue | *rice-planting* |
| pagtatapos<br>パグタタポス | 卒業／そつぎょう<br>sotsugyoo | *graduation* |
| pagtatatag<br>パグタタタグ | 設置／せっち<br>secchi | *establishment* |
| pagtatatag<br>パグタタタグ | 創立／そうりつ<br>soolitsu | *establishment* |
| pagtatatuwa<br>パグタタトゥワ | 否定／ひてい<br>hitei | *denial* |
| pagtatayo<br>パグタタヨ | 建造／けんぞう<br>kenzoo | *building* |
| pagtatayo<br>パグタタヨ | 建築／けんちく<br>kenchiku | *building* |
| pagtatayo<br>パグタタヨ | 設立／せつりつ<br>setsulitsu | *establishment* |
| pagtigil<br>パグティギル | 滞在／たいざい<br>taizai | *stay* |
| pagtigil sa trapiko<br>パグティギル サ トラピコ | 通行止め／つうこうどめ<br>tsuukoodome | *prohibition of traffic* |
| pagtingin<br>パグティンギン | 影響／えいきょう<br>eikyoo | *affection* |
| pagtingin<br>パグティンギン | 評価／ひょうか<br>hyooka | *estimation* |
| pagtitipon<br>パグティティポン | 収集／しゅうしゅう<br>shuushuu | *collection* |

P

305

| | | |
|---|---|---|
| **pagtitis**<br>パグティティス | 我慢／がまん<br>gaman | *patience* |
| **pagtitiwalag**<br>パグティティワラァグ | 解雇／かいこ<br>kaiko | *discharge* |
| **pagtitiyaga**<br>パグティティヤガ | 努力／どりょく<br>dolyoku | *effort* |
| **pagtubo**<br>パグトゥボ | 開発／かいはつ<br>kaihatsu | *development* |
| **pagtuklas**<br>パグトゥクラス | 発見／はっけん<br>hakken | *discovery* |
| **pagtunaw**<br>パグトゥナウ | 消化／しょうか<br>shooka | *digestion* |
| **pagtutol**<br>パグトゥトル | 反抗／はんこう<br>hankoo | *resistance* |
| **pagtutuloy**<br>パグトゥトゥロォイ | 連続／れんぞく<br>lenzoku | *continuation* |
| **pagtutulungan**<br>パグトゥトゥルンガァン | 助け合い／たすけあい<br>tasukeai | *mutual help* |
| **pagtutulungan**<br>パグトゥトゥルンガァン | 同盟／どうめい<br>doomei | *alliance* |
| **pagtuturo**<br>パグトゥトゥロォ | 教育／きょういく<br>kyooiku | *teaching* |
| **pagtutuwid**<br>パグトゥトゥウィズ | 訂正／ていせい<br>teisei | *correction* |
| **pag-upa**<br>パグ　ウパ | 賃貸／ちんたい<br>chintai | *lease* |
| **pagupit**<br>パグピト | 散髪／さんぱつ<br>sanpatsu | *haircut* |
| **pag-uusap**<br>パグ　ウウサプ | 会話／かいわ<br>kaiwa | *conversation* |
| **pagwawalang-bahala**<br>パグワワラァンバハラ | 無関心／むかんしん<br>mukanshin | *indifference* |
| **pagwawasto**<br>パグワワストォ | 改正／かいせい<br>kaisei | *revision* |

| | | |
|---|---|---|
| **pagyari sa kamay**<br>パグヤリ サ カマイ | 手芸／しゅげい<br>shugei | *handicraft* |
| **pagyayari**<br>パグヤァヤリ | 組み立て／くみたて<br>kumitate | *structure* |
| **pahatirang-sulat sa himpapawid**<br>パハティラン スラト サ ヒムパパウィズ | 航空便／こうくうびん<br>kookuubin | *airmail* |
| **pahayagan**<br>パハヤガン | 新聞／しんぶん<br>shinbun | *newspaper* |
| **pahina**<br>パヒナ | ページ／ぺーじ<br>peeji | *page* |
| **pahinga**<br>パヒンガァ | 息抜き／いきぬき<br>ikinuki | *break* |
| **pahinga**<br>パヒンガァ | 休暇／きゅうか<br>kyuuka | *vacation* |
| **pahinga**<br>パヒンガァ | 休憩／きゅうけい<br>kyuukei | *rest* |
| **pahintulot**<br>パヒントゥロト | 認可／にんか<br>ninka | *authorization* |
| **paikliin**<br>パイクリーン | 短縮する／たんしゅくする<br>tanshukusulu | *abbreviate* |
| **pain**<br>パイン | 餌／えさ<br>esa | *bait* |
| **pait**<br>パイト | 苦み／にがみ<br>nigami | *bitterness* |
| **pakawala(n)**<br>パカワラ（ン） | 離す／はなす<br>hanasu | *set free* |
| **pakikipagkalakalan**<br>パキキパグカァラカラァン | 貿易／ぼうえき<br>booeki | *trade* |
| **pakikipagsabwatan**<br>パキキパグサァブワタン | 共犯／きょうはん<br>kyoohan | *complicity* |
| **pakikipanayam**<br>パキキパナヤム | インタビュー／いんたびゅー<br>intabyuu | *interview* |
| **pakikipanayam**<br>パキキパナヤム | 会見／かいけん<br>kaiken | *interview* |

| | | |
|---|---|---|
| **pakiramdam**<br>パキラムダァム | 感覚／かんかく<br>kankaku | *sense* |
| **pakiramdam**<br>パキラムダァム | 感情／かんじょう<br>kanjyoo | *feeling* |
| **pakiramdam**<br>パキラムダァム | 気持ち／きもち<br>kimochi | *feeling* |
| **pako**<br>パコォ | 爪／つめ<br>tsume | *nail* |
| **paksa**<br>パクサ | 議題／ぎだい<br>gidai | *subject* |
| **pakulutan**<br>パクルタン | 美容院／びよういん<br>biyooin | *beauty parlor* |
| **pakyaw**<br>パクヤァウ | 問屋／とんや<br>ton-ya | *wholesale* |
| **palaan**<br>パラーン | 予約／よやく<br>yoyaku | *reservation* |
| **palagay**<br>パラガァイ | 仮定／かてい<br>katei | *assumption* |
| **palagay**<br>パラガァイ | 予想／よそう<br>yosoo | *expectation* |
| **palagayko**<br>パラガイコ | 思う／おもう<br>omou | *I think* |
| **palagong negosyo**<br>パラゴン　ネゴショ | 景気が良い／けいきがよい<br>keikigayoi | *brisk business* |
| **palaisdaan**<br>パライスダァーン | 漁業／ぎょぎょう<br>gyogyoo | *fishery* |
| **palaka**<br>パラカ | 蛙／かえる<br>kaelu | *frog* |
| **palakihin**<br>パラキヒン | 育てる／そだてる<br>sodatelu | *bring up* |
| **palakol**<br>パラコォル | 斧／おの<br>ono | *ax* |
| **palakpak**<br>パラクパァク | 拍手／はくしゅ<br>hakushu | *applause* |

| | | |
|---|---|---|
| **palala**<br>パララ | 悪化／あっか<br>akka | *getting worse* |
| **palamanan**<br>パラマナァン | 詰める／つめる<br>tsumelu | *stuff* |
| **palamigin**<br>パラミギン | 冷やす／ひやす<br>hiyasu | *cool off* |
| **palamutihan**<br>パラムティハン | 飾る／かざる<br>kazalu | *adorn* |
| **palanggana**<br>パランガナ | 洗面器／せんめんき<br>senmenki | *washbasin* |
| **palapag**<br>パラパグ | 階／かい<br>kai | *floor* |
| **palaro**<br>パラロ | 運動会／うんどうかい<br>undookai | *athletic meeting* |
| **palawakin**<br>パラワキン | 延ばす／のばす<br>nobasu | *extend* |
| **palay**<br>パラァイ | 稲／いね<br>ine | *rice-plant* |
| **palayan**<br>パラヤン | 田／た<br>ta | *rice field* |
| **palayaw**<br>パラヤゥ | あだ名／あだな<br>adana | *nickname* |
| **palayok**<br>パラヨク | 壺／つぼ<br>tsubo | *pot* |
| **palda**<br>パルダ | スカート／すかーと<br>sukaato | *skirt* |
| **palengke**<br>パレンケ | マーケット／まーけっと<br>maaketto | *market* |
| **paligsahan**<br>パァリグサハン | 競争／きょうそう<br>kyoosoo | *competition* |
| **paliguan**<br>パリグゥアン | 風呂場／ふろば<br>fuloba | *bathroom* |
| **paligusahan**<br>パリグサハン | コンテスト／こんてすと<br>kontesuto | *contest* |

P

| | | |
|---|---|---|
| **paliguy-ligoy**<br>パリグイリゴイ | 遠回し／とおまわし<br>toomawashi | *indirect* |
| **palikuran**<br>パリクゥラン | 手洗い／てあらい<br>tealai | *lavatory* |
| **paliparan**<br>パリパラン | 空港／くうこう<br>kuukoo | *airport* |
| **paliparin**<br>パリパリン | 飛ぶ／とぶ<br>tobu | *fly* |
| **palit**<br>パリト | 交換レート／こうかんれーと<br>kookanleito | *money exchange rate* |
| **palitan**<br>パァリタン | 替る／かわる<br>kawalu | *relieve, replace* |
| **palitan**<br>パァリタン | 引き換え／ひきかえ<br>hikikae | *exchange* |
| **palito**<br>パリト | 爪楊枝／つまようじ<br>tsumayooji | *toothpick* |
| **pamahalaan**<br>パマハラーン | 治める／おさめる<br>osamelu | *rule* |
| **pamahalaan**<br>パマハラーン | 政府／せいふ<br>seifu | *government* |
| **pamahid**<br>パマヒド | 軟膏／なんこう<br>nankoo | *ointment* |
| **pamamahagi**<br>パママハギ | 配給／はいきゅう<br>haikyuu | *distribution* |
| **pamamahala**<br>パママハラァ | 案内／あんない<br>annai | *direction* |
| **pamamahala**<br>パママハラァ | 監督／かんとく<br>kantoku | *superintendent* |
| **pamamahay**<br>パママハイ | 家／いえ<br>ie | *home* |
| **pamamanglaw**<br>パママンラウ | 憂鬱／ゆううつ<br>yuuutsu | *melancholy* |
| **pamamaraan**<br>パママラーン | 手順、手続き／てじゅん、てつづき<br>tejun, tetsuduki | *procedure* |

| | | |
|---|---|---|
| **pamamatnugot**<br>パママトヌゴト | 演出／えんしゅつ<br>enshutsu | *direction* |
| **pamangking babae**<br>パマンキン ババエ | 姪／めい<br>mei | *niece* |
| **pamangking lalaki**<br>パマンキン ララキィ | 甥／おい<br>oi | *nephew* |
| **pamatay**<br>パマタイ | 殺虫剤／さっちゅうざい<br>sacchuuzai | *insecticide* |
| **pambahay**<br>パムバハァイ | 屋内の／おくないの<br>okunaino | *indoor* |
| **pambahay**<br>パムバハァイ | 室内の／しつないの<br>shitsunaino | *indoor* |
| **pambakal na industriya**<br>パムバカル ナ インダストリヤ | 鉄鋼業／てっこうぎょう<br>tekkoogyoo | *iron and steel industry* |
| **pambansa**<br>パムバンサァ | 国内／こくない<br>kokunai | *domestic* |
| **pamilihan**<br>パミリィハン | 市／いち<br>ichi | *fair* |
| **pamilihan ng gulay**<br>パミリハン ナン グライ | 八百屋／やおや<br>yaoya | *vegetable shop* |
| **pamilya**<br>パミルヤ | 家族／かぞく<br>kazoku | *family* |
| **pamimili**<br>パミミリ | 買い物／かいもの<br>kaimono | *shopping* |
| **paminta**<br>パミンタァ | 胡椒／こしょう<br>koshoo | *pepper* |
| **pampublikong institusyos**<br>パムプブリコン インスティトゥショス | 公共施設／こうきょうしせつ<br>kookyooshisetsu | *public facilities* |
| **pamukli**<br>パムクリィ | お釣り／おつり<br>otsuli | *change* |
| **pamumuhunan**<br>パムムフナン | 投資／とうし<br>tooshi | *investment* |
| **pana**<br>パナ | 矢／や<br>ya | *arrow* |

| | | |
|---|---|---|
| **panabik**<br>パナビィク | 憧れ／あこがれ<br>akogale | *yearning* |
| **panagano**<br>パナガノ | 気分／きぶん<br>kibun | *mood* |
| **panahon**<br>パナホォン | 期間／きかん<br>kikan | *period* |
| **panahon**<br>パナホォン | 気象／きしょう<br>kishoo | *weather* |
| **panahon**<br>パナホォン | 時期／じき<br>jiki | *season* |
| **panahon**<br>パナホォン | 時代／じだい<br>jidai | *age* |
| **panahon**<br>パナホォン | 天気／てんき<br>tenki | *weather* |
| **panahon**<br>パナホォン | 時／とき<br>toki | *time* |
| **panahongmalaya**<br>パナホンマラヤ | 暇／ひま<br>hima | *time* |
| **panalangin**<br>パナラングィン | 祈り／いのり<br>inoli | *prayer* |
| **panamdam**<br>パナムダム | 感嘆符／かんたんふ<br>kantanfu | *exclamation mark(!)* |
| **pananabik**<br>パナナビィク | 興奮／こうふん<br>koofun | *excitement* |
| **pananabik**<br>パナナビィク | 熱意、熱心／ねつい、ねっしん<br>netsui, nesshin | *eagerness* |
| **pananaliksik**<br>パナナリクシク | 研究／けんきゅう<br>kenkyuu | *study, research* |
| **pananamit**<br>パナナミィト | 衣類／いるい<br>ilui | *clothing* |
| **pananim**<br>パナニィム | 作物／さくもつ<br>sakumotsu | *crops* |
| **panapal**<br>パナパル | 絆創膏／ばんそうこう<br>bansookoo | *plaster* |

| | | |
|---|---|---|
| **pandinig**<br>パンディニィグ | 聴覚／ちょうかく<br>chookaku | *hearing* |
| **pandiwa**<br>パンディワ | 動詞／どうし<br>dooshi | *verb* |
| **pang-abay**<br>パンアバイ | 副詞／ふくし<br>fukushi | *adverb* |
| **pangako**<br>パンアコ | 約束／やくそく<br>yakusoku | *promise* |
| **pangakuan**<br>パンガクァン | 約束する／やくそくする<br>yakusokusulu | *promise* |
| **pangalagaan**<br>パンアラガーン | 守る／まもる<br>mamolu | *protect* |
| **pangalan**<br>パンガラン | 氏名／しめい<br>shimei | *name* |
| **pangalan tag**<br>パンアラン　タグ | 名札／なふだ<br>nafuda | *name tag* |
| **pang-alisngsakit**<br>パンアリスナンサキト | 痛み止め／いたみどめ<br>itamidome | *painkiller* |
| **panganay na lalaki**<br>パンアナイ　ナ　ララキ | 長男／ちょうなん<br>choonan | *eldest son* |
| **pangangailangan**<br>パンガンガイランガン | 必要／ひつよう<br>hitsuyoo | *need, necessity* |
| **pangangatawan**<br>パンガンガタワン | 体格／たいかく<br>taikaku | *bodily structure* |
| **panganib**<br>パンアニブ | 危険／きけん<br>kiken | *danger* |
| **pangarap**<br>パンガラプ | 夢／ゆめ<br>yume | *dream* |
| **pangaserahan**<br>パンガセラハァン | 宿泊／しゅくはく<br>shukuhaku | *lodging* |
| **pangasiwaan**<br>パンガシワーン | 管理／かんり<br>kanli | *management* |
| **panggagamot**<br>パンガガァモット | 医学／いがく<br>igaku | *medical science* |

P

| | | |
|---|---|---|
| **panggulo**<br>パングロ | 邪魔／じゃま<br>jama | *disturbance* |
| **panghal**<br>パンハァル | 飽きる／あきる<br>akilu | *tired of* |
| **panghalili**<br>パンハリリ | 代わり／かわり<br>kawali | *substitute* |
| **panghalina**<br>パンハリナ | 魅力／みりょく<br>milyoku | *charm* |
| **panghalip**<br>パンハリィプ | 代名詞／だいめいし<br>daimeishi | *pronoun* |
| **pangingisda**<br>パンギンギスダ | 釣り／つり<br>tsuli | *fishing* |
| **pangkaisipan**<br>パンカイシパァン | 知的／ちてき<br>chiteki | *intellectual* |
| **pangkaraniwan**<br>パンカラニワン | 普通は／ふつうは<br>futsuuwa | *generally* |
| **pangkatawan**<br>パンカタワン | 身体の／からだの<br>kaladano | *bodily* |
| **pangmalayuan**<br>パンマラユアン | 長距離／ちょうきょり<br>chookyoli | *long distance* |
| **pangsarilinggamit**<br>パンサリリンガミト | 専用／せんよう<br>sen-yoo | *exclusive use* |
| **pangulo**<br>パンヌロ | 大統領／だいとうりょう<br>daitoolyoo | *president* |
| **pangunahing**<br>パンウナヒィン | 救急／きゅうきゅう<br>kyuukyuu | *first aid* |
| **pangungusap**<br>パンウンウサプ | 文章／ぶんしょう<br>bunshoo | *sentence* |
| **pang-uri**<br>パンウリ | 形容詞／けいようし<br>keiyooshi | *adjective* |
| **pangyayari**<br>パンヤヤリ | イベント／いべんと<br>ibento | *event* |
| **pangyayari**<br>パンヤヤリ | 出来事／できごと<br>dekigoto | *happening* |

| | | |
|---|---|---|
| **paninigarilyo**<br>パニニガリリョ | 喫煙／きつえん<br>kitsuen | *smoking* |
| **paninirang-puri**<br>パニニランプゥリ | 中傷／ちゅうしょう<br>chuushoo | *slander* |
| **paniniwala**<br>パニニワラァ | 信仰／しんこう<br>shinkoo | *belief* |
| **pansarilinan**<br>パンサァリリナン | こっそり<br>kossoli | *secretly* |
| **pansilyo**<br>パンシリョ | 印鑑／いんかん<br>inkan | *seal impression* |
| **pansin**<br>パンシン | 注意／ちゅうい<br>chuui | *attention* |
| **pansiterya**<br>パンシテルヤ | 注目／ちゅうもく<br>chuumoku | *notice* |
| **pantali sa tiyan**<br>パンタリ　サ　ティヤン | 腹巻／はらまき<br>halamaki | *stomach-band* |
| **pantas**<br>パンタス | 学者／がくしゃ<br>gakusha | *scholar* |
| **pantiyon**<br>パンティヨン | 墓場／はかば<br>hakaba | *grave* |
| **pantiyon**<br>パンティヨン | 墓地／ぼち<br>bochi | *grave* |
| **panukala**<br>パヌカラァ | 企画、計画／きかく、けいかく<br>kikaku, keikaku | *plan* |
| **panuos**<br>パヌオス | コンピュータ／こんぴゅーた<br>konpyuuta | *computer* |
| **panustos**<br>パヌストォス | 供給／きょうきゅう<br>kyookyuu | *supply* |
| **panyo**<br>パンヨ | ハンカチ／はんかち<br>hankachi | *handkerchief* |
| **papatay**<br>パパタイ | 殺す／ころす<br>kolosu | *kill* |
| **papaya**<br>パパヤ | パパイヤ／ぱぱいや<br>papaiya | *papaw, papaya* |

P

| | | |
|---|---|---|
| **papel**<br>パペル | 紙／かみ<br>kami | *paper* |
| **papuntang likod**<br>パプゥンタン　リコド | 後戻り／あともどり<br>atomodoli | *going backwards* |
| **paputok**<br>パプゥトク | 花火／はなび<br>hanabi | *fireworks* |
| **para**<br>パラ | 〜ために<br>〜 tameni | *for* |
| **paraan**<br>パラァーン | 技術／ぎじゅつ<br>gijutsu | *technique* |
| **paraan**<br>パラァーン | 工夫／くふう<br>kufuu | *device* |
| **paraan**<br>パラァーン | コース／こーす<br>koosu | *process* |
| **paraan**<br>パラァーン | 手段／しゅだん<br>shudan | *means* |
| **parada**<br>パラダ | パレード／ぱれーど<br>paleedo | *parade* |
| **paradahan**<br>パラダハン | 駐車場／ちゅうしゃじょう<br>chuushajoo | *parking lot* |
| **paraiso**<br>パライソ | 天国／てんごく<br>tengoku | *heaven* |
| **paralisa**<br>パラリサ | 痺れ、麻痺／しびれ、まひ<br>shibile, mahi | *palsy* |
| **parasol**<br>パラソル | 日傘／ひがさ<br>higasa | *parasol* |
| **paratang**<br>パラタン | 告訴／こくそ<br>kokuso | *accusation* |
| **parati**<br>パラティ | 何時も／いつも<br>itsumo | *all the time* |
| **parlor**<br>パルロル | 居間／いま<br>ima | *parlor* |
| **parola**<br>パロラ | 灯台／とうだい<br>toodai | *lighthouse* |

316

| | | |
|---|---|---|
| **paroroonan**<br>パロォロオナァン | 行き先／いきさき<br>ikisaki | *destination* |
| **parsela**<br>パルセラ | 小包／こづつみ<br>kozutsumi | *parcel* |
| **partisipasyon**<br>パルテシパション | 参加／さんか<br>sanka | *participation* |
| **paruparo**<br>パルパロ | 蝶／ちょう<br>choo | *butterfly* |
| **parusa**<br>パルサ | 体罰／たいばつ<br>taibatsu | *penalty* |
| **pasahe**<br>パサヘ | 運賃／うんちん<br>unchin | *fare* |
| **pasahero**<br>パサヘロ | 乗客／じょうきゃく<br>jookyaku | *passenger* |
| **pasko**<br>パスコ | クリスマス／くりすます<br>kulisumas | *Christmas* |
| **pasta**<br>パスタ | 糊／のり<br>noli | *paste* |
| **pasukan**<br>パスカン | 入り口／いりぐち<br>iliguchi | *entrance* |
| **pasyente**<br>パシェンテ | 患者／かんじゃ<br>kanja | *patient* |
| **pasyente**<br>パシェンテ | 病人／びょうにん<br>byoonin | *patient* |
| **pataan**<br>パターン | 手当、給与／てあて、きゅうよ<br>teate, kyuuyo | *allowance* |
| **patakaran**<br>パタカラァン | 制度／せいど<br>seido | *system* |
| **patalastas**<br>パタラスタァス | 発表／はっぴょう<br>happyoo | *announcement* |
| **patas**<br>パタァス | 引き分け／ひきわけ<br>hikiwake | *draw* |
| **patawa**<br>パタワ | ユーモア／ゆーもあ<br>yuumoa | *humor* |

P

| | | |
|---|---|---|
| **patawad**<br>パタワド | 謝る／あやまる<br>ayamalu | *excuse, apologize* |
| **patawad po**<br>パタワド　ポ | すみません<br>sumimasen | *Excuse me* |
| **patay**<br>パタァイ | 死／し<br>shi | *dead* |
| **patayin**<br>パタイイン | 消す／けす<br>kesu | *turn off* |
| **patayin**<br>パタイイン | 止める／とめる<br>tomelu | *turn off* |
| **patayo**<br>パタヨ | 縦に／たてに<br>tateni | *vertically* |
| **patibayin**<br>パティバイン | 肯定する／こうていする<br>kooteisulu | *affirm* |
| **pating**<br>パティン | 鮫／さめ<br>same | *shark* |
| **patnubay**<br>パトヌバイ | 案内する／あんないする<br>annaisulu | *guide* |
| **patnubay**<br>パトヌバイ | 導く／みちびく<br>michibiku | *guide* |
| **patotoo**<br>パトトォー | 証言／しょうげん<br>shoogen | *testimony* |
| **paulit-ulit**<br>パウリィトウリト | 定期（の）／ていき<br>teiki(no) | *periodical* |
| **paunang bayad**<br>パウナン　バヤド | 前払い／まえばらい<br>maebalai | *advanced payment* |
| **pawis**<br>パウィス | 汗／あせ<br>ase | *sweat* |
| **payak**<br>パヤァク | 簡単な／かんたんな<br>kantanna | *simple* |
| **payo**<br>パヨ | カウンセリング／かうんせりんぐ<br>kaunselingu | *counseling* |
| **payong**<br>パヨン | 雨傘／あまがさ<br>amagasa | *umbrella* |

| | | |
|---|---|---|
| **payong**<br>パヨン | 傘／かさ<br>kasa | *umbrella* |
| **pebrero**<br>ペブレロ | 二月／にがつ<br>nigatsu | *February* |
| **pelikula**<br>ペリクラ | 映画／えいが<br>eiga | *movie, cinema* |
| **pensiyon**<br>ペンシヨン | 年金／ねんきん<br>nenkin | *pension* |
| **pera**<br>ペラ | お金／おかね<br>okane | *money* |
| **peras**<br>ペラス | 梨／なし<br>nashi | *pear* |
| **perlas**<br>ペルラス | 真珠／しんじゅ<br>shinju | *pearl* |
| **perokaril**<br>ペロカリル | 鉄道／てつどう<br>tetsudoo | *railway* |
| **personalidad(ugali)**<br>ペルソナリダアド（ウガリ） | 個性／こせい<br>kosei | *personality* |
| **peryodista**<br>ペルヨディスタ | ジャーナリスト／じゃーなりすと<br>jaanalisuto | *journalist* |
| **petrolyo**<br>ペトローリョ | 石油／せきゆ<br>sekiyu | *petroleum* |
| **petsa**<br>ペトサ | 日付／ひづけ<br>hizuke | *date* |
| **physician doctor**<br>フィシィシャン　ドクトール | 医師／いし<br>ishi | *doctor* |
| **pigura**<br>ピグラ | 姿／すがた<br>sugata | *figure* |
| **pihit**<br>ピヒト | 回転／かいてん<br>kaiten | *rotation* |
| **piknik**<br>ピクニィク | 遠足／えんそく<br>ensoku | *picnic* |
| **piling pagkain**<br>ピリン　パグカイン | 珍味／ちんみ<br>chinmi | *delicacy* |

| | | |
|---|---|---|
| **pilipinas**<br>ピリピナス | フィリピン／ふぃりぴん<br>fiilipin | *(the) Philippines* |
| **pilipino**<br>ピリピノ | フィリピン人／ふぃりぴんじん<br>fiilipinjin | *Philippine* |
| **pilosopiya**<br>ピロソピヤ | 哲学／てつがく<br>tetsugaku | *philosophy* |
| **pilyego**<br>ピリェゴ | 一枚／いちまい<br>ichimai | *sheet* |
| **pinaka**<br>ピナカ | 最上の／さいじょうの<br>saijoono | *(the) best* |
| **pinaka**<br>ピナカ | 最新／さいしん<br>saishin | *(the) newest* |
| **pinakuluan itlog**<br>ピナクルアン　イトログ | 茹で卵／ゆでたまご<br>yudetamago | *boiled egg* |
| **pinalala**<br>ピナララ | 悪化する／あっかする<br>akkasulu | *aggravate* |
| **pinatumba**<br>ピナトゥムバ | 倒す／たおす<br>taosu | *knock down* |
| **pingkas**<br>ピンカス | 不動産／ふどうさん<br>fudoosan | *estate* |
| **pinilakan**<br>ピニラカン | 銀色の／ぎんいろの<br>gin-ilono | *silvery* |
| **pinsala**<br>ピンサラ | 損害／そんがい<br>songai | *damage* |
| **pinsan**<br>ピィンサァン | 従兄弟、従姉妹／いとこ<br>itoko | *cousin* |
| **pinta sa langis**<br>ピンタ　サ　ランギス | 油絵／あぶらえ<br>abulae | *oil painting* |
| **pintahan**<br>ピンタハン | 塗る／ぬる<br>nulu | *paint* |
| **pinto**<br>ピント | ドア／どあ<br>doa | *door* |
| **pintura**<br>ピントゥラ | 絵の具／えのぐ<br>enogu | *paint* |

| | | |
|---|---|---|
| **pintura**<br>ピントゥラ | ペンキ／ぺんき<br>penki | *paint* |
| **pinuno**<br>ピヌノ | 主任／しゅにん<br>shunin | *chief* |
| **pinya**<br>ピンヤ | パインアップル／ぱいんあっぷる<br>pain-appulu | *pineapple* |
| **pipino**<br>ピピノ | 胡瓜／きゅうり<br>kyuuli | *cucumber* |
| **pipit**<br>ピピト | 雀／すずめ<br>suzume | *sparrow* |
| **pisngi**<br>ピスンギ | 頬／ほほ<br>hoho | *cheek* |
| **pitaka**<br>ピタカ | 財布／さいふ<br>saifu | *purse* |
| **pito**<br>ピト | 七／しち<br>shichi | *seven* |
| **pitumpu**<br>ピトゥムプ | 七十／ななじゅう<br>nanajuu | *seventy* |
| **piyano**<br>ピヤノ | ピアノ／ぴあの<br>piano | *Piano* |
| **planeta**<br>プラネタ | 惑星／わくせい<br>wakusei | *planet* |
| **plano**<br>プラノ | 予定／よてい<br>yotei | *plan* |
| **plantsa**<br>プランツァ | アイロン／あいろん<br>ailon | *iron* |
| **plata**<br>プラタ | 銀／ぎん<br>gin | *silver* |
| **plauta**<br>プラウタ | フルート／ふるーと<br>fuluuto | *flute* |
| **plema**<br>プレマ | 痰／たん<br>tan | *phlegm* |
| **plorera**<br>プロレラ | 花瓶／かびん<br>kabin | *vase* |

P

321

| | | |
|---|---|---|
| **plusisyon**<br>プルシション | 行列／ぎょうれつ<br>gyooletsu | *procession* |
| **poeta**<br>ポエタ | 詩人／しじん<br>shijin | *poet* |
| **pogi**<br>ポギ | ハンサム／はんさむ<br>hansamu | *handsome* |
| **polong hilaga**<br>ポロン　ヒラガ | 北極／ほっきょく<br>hokkyoku | *North Pole* |
| **polong timog**<br>ポロン　ティモグ | 南極／なんきょく<br>nankyoku | *South Pole* |
| **polusyon**<br>ポルション | 汚染／おせん<br>osen | *pollution* |
| **pook na malapit**<br>ポォク　ナ　マラピト | 近所／きんじょ<br>kinjo | *neighborhood* |
| **poot**<br>ポート | 嫌悪／けんお<br>ken-o | *hatred* |
| **poot**<br>ポート | 憎しみ／にくしみ<br>nikushimi | *hatred* |
| **popuiaridad**<br>ポプゥラリダド | 人気／にんき<br>ninki | *popularity* |
| **populasyon**<br>ポプゥラション | 人口／じんこう<br>jinkoo | *population* |
| **porma**<br>ポルマ | 形式／けいしき<br>keishiki | *form* |
| **porma**<br>ポルマ | 用紙／ようし<br>yooshi | *form* |
| **pormalidad**<br>ポルマリダド | 正式／せいしき<br>seishiki | *formality* |
| **porselana**<br>ポルセラナ | 磁器／じき<br>jiki | *porcelain china* |
| **posibilidad**<br>ポシビリダァド | 可能／かのう<br>kanoo | *possibility* |
| **posil**<br>ポシル | 化石／かせき<br>kaseki | *fossil* |

322

| | | |
|---|---|---|
| **praktis**<br>プラクティス | 練習／れんしゅう<br>lenshuu | *practice* |
| **preparasyon**<br>プレパラション | 支度／したく<br>shitaku | *preparation* |
| **preparasyon**<br>プレパラション | 準備／じゅんび<br>junbi | *preparation* |
| **presa**<br>プレサ | 苺／いちご<br>ichigo | *strawberry* |
| **presidente**<br>プレシデンテ | 社長／しゃちょう<br>shachoo | *president* |
| **presyo**<br>プレショ | 価格／かかく<br>kakaku | *price* |
| **presyongpiho**<br>プレションピホ | 定価／ていか<br>teika | *fixed price* |
| **presyon ng dugo**<br>プレション ナン ドゥゴ | 血圧／けつあつ<br>ketsuatsu | *blood pressure* |
| **primera klase**<br>プリメラ クラセ | 一流／いちりゅう<br>ichilyuu | *first-class* |
| **prinsipal**<br>プリンシパル | 校長／こうちょう<br>koochoo | *principal* |
| **prinsipyo**<br>プリンシピョ | 原理／げんり<br>genii | *principle* |
| **prinsipyo**<br>プリンシピョ | 主義／しゅぎ<br>shugi | *principle* |
| **prito**<br>プリト | フライ／ふらい<br>fulai | *fried* |
| **probinsya**<br>プロビンシャ | 田舎／いなか<br>inaka | *countryside* |
| **problema**<br>プロブレマ | 問題／もんだい<br>mondai | *problem* |
| **produksyon**<br>プロドゥクション | 制作／せいさく<br>seisaku | *production* |
| **produkto**<br>プロドゥクト | 生産／せいさん<br>seisan | *production* |

P

| | | |
|---|---|---|
| **produktong pantubig**<br>プロダクトン　パントゥビィグ | 海産物／かいさんぶつ<br>kaisanbutsu | *marine products* |
| **propaganda**<br>プロパガンダ | 宣伝／せんでん<br>senden | *propaganda* |
| **propesor**<br>プロペソォル | 教授／きょうじゅ<br>kyooju | *professor* |
| **propesyon**<br>プロペション | 職業／しょくぎょう<br>shokugyoo | *profession* |
| **prospero**<br>プロスペロ | 栄えて／さかえて<br>sakaete | *prosperous* |
| **prutas**<br>プルゥタス | 果物／くだもの<br>kudamono | *fruit* |
| **pruweba**<br>プルウェバ | 証明／しょうめい<br>shoomei | *proof* |
| **pugita**<br>プゥギタ | 蛸／たこ<br>tako | *octopus* |
| **pug-ulit**<br>プゥグウリト | 反復／はんぷく<br>hanpuku | *repetition* |
| **puhunan**<br>プゥフナン | 資金／しきん<br>shikin | *investment* |
| **puhunanin**<br>プフナニン | 融資する／ゆうしする<br>yuushisulu | *invest, loan money* |
| **pula**<br>プゥラ | 赤い／あかい<br>akai | *red* |
| **pulang bataw**<br>プゥラン　バタウ | 小豆／あずき<br>azuki | *red bean* |
| **pulbos**<br>プゥルボス | 粉／こな<br>kona | *flour, powder* |
| **pulis**<br>プゥリィス | 警察／けいさつ<br>keisatsu | *police* |
| **pulitika(politika)**<br>プリティカ（ポリティカ） | 政治／せいじ<br>seiji | *politics* |
| **pulmunya**<br>プルムンヤ | 肺炎／はいえん<br>haien | *pneumonia* |

| | | |
|---|---|---|
| pulo<br>プロ | 島／しま<br>shima | *island* |
| pulong<br>プゥロン | 会／かい<br>kai | *meeting* |
| pulseras<br>プゥルセラヌ | 腕輪／うでわ<br>udewa | *bracelet* |
| pulso<br>プゥルソォ | 脈／みゃく<br>myaku | *pulse* |
| pulutin<br>プゥルティン | 拾う／ひろう<br>hilou | *pick up* |
| pumaligid<br>プゥマリギド | 囲む／かこむ<br>kakomu | *surround* |
| pumapasok<br>プゥマパソク | 入る／はいる<br>hailu | *go, go to* |
| pumayat<br>プゥマヤァト | 痩せる／やせる<br>yaselu | *get thin,*<br>*become thin* |
| pumunta<br>プゥムンタァ | 行く／いく<br>iku | *go* |
| puna<br>プゥナ | 批判／ひはん<br>hihan | *criticism* |
| pundasyon<br>プゥンダション | 基礎／きそ<br>kiso | *foundation* |
| puno<br>プゥノ | 木／き<br>ki | *tree* |
| punong ministro<br>プゥノン ミニストロ | 首相／しゅしょう<br>shushoo | *prime minister* |
| puno ng pino<br>プゥノ ナン ピノ | 松／まつ<br>matsu | *pine tree* |
| puno ng seresa<br>プゥノ ナン セレサ | 桜／さくら<br>sakula | *cherry tree* |
| punta<br>プンタ | 点／てん<br>ten | *point* |
| puntod<br>プゥントォド | 墓／はか<br>haka | *grave* |

P

| | | |
|---|---|---|
| **puntos**<br>プゥントォス | 得点／とくてん<br>tokuten | *score* |
| **punuin**<br>プゥヌイン | 満たす／みたす<br>mitasu | *fill* |
| **puri**<br>プゥリ | お世辞／おせじ<br>oseji | *compliment* |
| **purok**<br>プゥロク | 区／く<br>ku | *ward* |
| **purok-tanggapan**<br>プゥロォクタンガァパン | 役所／やくしょ<br>yakusho | *district office* |
| **purongginto**<br>プゥロンギント | 純金／じゅんきん<br>junkin | *pure gold* |
| **pusa**<br>プゥサ | 猫／ねこ<br>neko | *cat* |
| **puso**<br>プゥソ | 心臓／しんぞう<br>shinzoo | *heart* |
| **pustura**<br>プゥストゥラ | 姿勢／しせい<br>shisei | *posture* |
| **putatas**<br>プゥタタス | 芋／いも<br>imo | *potato* |
| **puti**<br>プゥティ | 白／しろ<br>shilo | *white* |
| **putik**<br>プゥティク | 泥／どろ<br>dolo | *mud* |
| **putting buhok**<br>プゥティン ブホォク | 白髪／しらが<br>shilaga | *white hair* |
| **puwede**<br>プゥウェデ | 良い／いい<br>ii | *fine* |
| **puwersa**<br>プゥエルサ | 圧力／あつりょく<br>atsulyoku | *pressure* |
| **puwit**<br>プゥウィト | 尻／しり<br>shili | *buttocks* |

# R/r

| | | |
|---|---|---|
| **radyo**<br>ラディオ | 半径／はんけい<br>hankei | *radius* |
| **radyo**<br>ラディオ | ラジオ／らじお<br>lajio | *radio* |
| **rantso**<br>ランツオ | 牧場／ぼくじょう<br>bokujyoo | *ranch* |
| **regla**<br>レグラ | 月経／げっけい<br>gekkei | *menstruation* |
| **reklamo**<br>レクラモ | 苦情／くじょう<br>kujoo | *complaint* |
| **rekomendasyon**<br>レコメンダション | 推薦／すいせん<br>suisen | *recommendation* |
| **rekord**<br>レコルド | 記録／きろく<br>kiloku | *record* |
| **relasyon**<br>レラシヨン | 関係／かんけい<br>kankei | *relation* |
| **relihiyon**<br>レリヒヨン | 宗教／しゅうきょう<br>shuukyoo | *religion* |
| **relo**<br>レロ | 時計／とけい<br>tokei | *clock* |
| **repaso**<br>レパソ | 復習／ふくしゅう<br>fukushuu | *review* |
| **repolyo**<br>レポルヨ | キャベツ／きゃべつ<br>kyabetsu | *cabbage* |
| **report**<br>レポルト | 通報／つうほう<br>tsuuhoo | *report* |
| **report**<br>レポルト | 報告／ほうこく<br>hookoku | *report* |
| **reporter**<br>レポルテル | 記者／きしゃ<br>kisha | *journalist* |

R

| | | |
|---|---|---|
| **resibo**<br>レシボ | 領収証／りょうしゅうしょう<br>lyooshuushoo | *receipt* |
| **resolusyon**<br>レソルション | 覚悟／かくご<br>kakugo | *resolution* |
| **responsibilidad**<br>レズポンシビリダド | 責任／せきにん<br>sekinin | *responsibility* |
| **resulta**<br>レスルタ | 結果／けっか<br>kekka | *result* |
| **retaso**<br>レタソ | 残り物／のこりもの<br>nokolimono | *remnant* |
| **reto**<br>レト | 勝敗／しょうはい<br>shoohai | *match* |
| **riles**<br>リレス | 線路／せんろ<br>senlo | *rail* |
| **rin**<br>リン | 又／また<br>mata | *also* |
| **ritmo**<br>リトモ | リズム／りずむ<br>lizumu | *rhythm* |
| **rito**<br>リト | ここ<br>koko | *here* |
| **rubyo**<br>ルビョ | 金髪／きんぱつ<br>kinpatsu | *blond* |
| **ruleta**<br>ルレッタ | ルーレット／るーれっと<br>luuletto | *roulette* |
| **rusya**<br>ルシヤ | ロシア／ろしあ<br>losia | *Russia* |

# S/s

| saad<br>サード | 知らせ／しらせ<br>shilase | *information* |
|---|---|---|
| saan<br>サーン | どこ<br>doko | *where* |
| sabado<br>サバド | 土曜日／どようび<br>do-yoobi | *Saturday* |
| sabaw<br>サバウ | スープ／すーぷ<br>suupu | *soup* |
| sabay-sabay<br>サバイ サバイ | 一緒に／いっしょに<br>isshoni | *together* |
| sabihin<br>サビヒン | 言う／いう<br>iu | *say* |
| sabitan<br>サビタン | ハンガー／はんがー<br>hangaa | *hangers* |
| sabon<br>サボン | 石鹸／せっけん<br>sekken | *soap* |
| sa buwang ito<br>サ ブワン イト | 今月／こんげつ<br>kongetsu | *this month* |
| sabwatan<br>サブワタン | 企み／たくらみ<br>takulami | *plot* |
| sadakoroon<br>サダコローン | あちら／あちら<br>achila | *over there* |
| sadya<br>サドヤ | 目的／もくてき<br>mokuteki | *purpose* |
| sa gabing ito<br>サ ガビン イト | 今夜／こんや<br>konya | *tonight* |
| saging<br>サギィング | バナナ／ばなな<br>banana | *banana* |
| sagot<br>サゴォト | 応答／おうとう<br>ootoo | *reply* |

S

329

| | | |
|---|---|---|
| sagot<br>サゴォト | 答え／こたえ<br>kotae | *answer* |
| sagutin ang telepono<br>サグティン アン テレポノ | 留守番電話／るすばんでんわ<br>lusubandenwa | *answering phone* |
| sahig<br>サヒグ | 床／ゆか<br>yuka | *floor* |
| sahod<br>サホド | 給与／きゅうよ<br>kyuuyo | *salary* |
| sahol<br>サホル | 不足／ふそく<br>fusoku | *lack* |
| sa ibang araw<br>サ イバン アラウ | いつか<br>itsuka | *sometime* |
| sa isang pagkakataon<br>サ イサン パグカカァタァオン | 偶然／ぐうぜん<br>guuzen | *by chance* |
| saisang sandali<br>サ イサン サンダリ | 束の間／つかのま<br>tsukanoma | *momentarily* |
| sa isang buwan<br>サ イサン ブワン | 来月／らいげつ<br>laigetsu | *next month* |
| sa isang linggo<br>サ イサン リンゴォ | 来週／らいしゅう<br>laishuu | *next week* |
| sa kabila ng lahat<br>サ カビラ ナン ラハト | 結局／けっきょく<br>kekkyoku | *after all* |
| sakay<br>サカイ | 乗ること／のること<br>nolukoto | *ride* |
| sakdal<br>サクダル | 訴え／うったえ<br>uttae | *suit* |
| sakit<br>サキイト | 病気／びょうき<br>byooki | *sickness* |
| sakit ng tiyan<br>サキト ナン ティヤァン | 胃痛／いつう<br>itsuu | *stomachache* |
| sakit ng tiyan<br>サキト ナン ティヤァン | 腹痛／ふくつう<br>fukutsuu | *stomachache* |
| sakit sa bato<br>サキト サ バト | 腎臓病／じんぞうびょう<br>jinzoobyoo | *kidney trouble* |

| | | |
|---|---|---|
| **sakit sa ng ngipin**<br>サキト サ ナン ンギピン | 歯痛／はいた<br>haita | *toothache* |
| **sakitin**<br>サキティン | 不健康／ふけんこう<br>fukenkoo | *unhealthy* |
| **sakit ng ulo**<br>サキト ナン ウロ | 頭痛／ずつう<br>zutsuu | *headache* |
| **sakong**<br>サコン | 踵／かかと<br>kakato | *heel* |
| **sakuna**<br>サクナ | 災害／さいがい<br>saigai | *calamity* |
| **sakuna**<br>サクナ | 事故／じこ<br>jiko | *accident* |
| **sala**<br>サラ | 罪／つみ<br>tsumi | *sin* |
| **sala**<br>サラ | 間違い／まちがい<br>machigai | *mistake* |
| **salabay**<br>サラバイ | クラゲ／くらげ<br>kulage | *jellyfish* |
| **salamat**<br>サラマト | 有難う／ありがとう<br>aligatoo | *Thank you* |
| **salamin**<br>サラミン | 鏡／かがみ<br>kagami | *mirror* |
| **salamin**<br>サラミン | ガラス／がらす<br>galasu | *glass* |
| **salapi**<br>サラピ | 通貨／つうか<br>tsuuka | *currency* |
| **salarin**<br>サラリィン | 罪人／つみびと<br>tsumibito | *criminal* |
| **salarin**<br>サラリィン | 犯人／はんにん<br>hannin | *criminal* |
| **salawahan**<br>サァラワハァン | 浮気／うわき<br>uwaki | *fickle* |
| **salawal**<br>サラワァル | ズボン／ずぼん<br>zubon | *trousers* |

| | | |
|---|---|---|
| **saligan**<br>サリガァン | 基本／きほん<br>kihon | *base* |
| **saliw**<br>サリィゥ | 伴奏／ばんそう<br>bansoo | *accompaniment* |
| **salmon**<br>サルモォン | 鮭／さけ<br>sake | *salmon* |
| **samahan**<br>サマハァン | 世間／せけん<br>seken | *society* |
| **samakalawa**<br>サマカラワ | 明後日／みょうごにち<br>myoogonichi | *day after tomorrow* |
| **samakatuwid**<br>サマカトゥウィズ | それから／それから<br>solekala | *then* |
| **samantala**<br>サマンタラ | 暫く／しばらく<br>shibalaku | *meantime* |
| **sampu**<br>サムプ | 10（十）／じゅう<br>juu | *ten* |
| **sandaangmilyon**<br>サンダーンミィルヨン | 億／おく<br>oku | *one hundred million* |
| **sanga**<br>サンガ | 枝／えだ<br>eda | *branch* |
| **sangay**<br>サンガイ | 支店／してん<br>shiten | *branch shop* |
| **sa ngayon**<br>サ ナヨン | この間／このあいだ<br>konoaida | *now a days* |
| **sanggol**<br>サンゴォル | 赤ちゃん／あかちゃん<br>akachan | *baby* |
| **sanggunian**<br>サングゥニアン | 参考／さんこう<br>sankoo | *reference* |
| **sankap**<br>サンカプ | 材料／ざいりょう<br>zailyoo | *material* |
| **sansinukob**<br>サンシヌコォブ | 宇宙／うちゅう<br>uchuu | *universe* |
| **sapalibot**<br>サパリボト | 辺り／あたり<br>atali | *around* |

| | | |
|---|---|---|
| **sa panahong ito**<br>サ　パナホン　イト | 今度／こんど<br>kondo | *this time* |
| **sapat**<br>サパァト | 十分な／じゅうぶんな<br>juubunna | *adequate* |
| **sapatos**<br>サパトォス | 靴／くつ<br>kutsu | *shoes* |
| **sara**<br>サラ | 閉店／へいてん<br>heiten | *closed* |
| **saranggola**<br>サランゴラ | 凧／たこ<br>tako | *kite* |
| **sardinas**<br>サルディナス | 鰯／いわし<br>iwashi | *sardine* |
| **sarilinan**<br>サリリナン | 密かに／ひそかに<br>hisokani | *privately* |
| **sariling ehersisyo**<br>サリリン　エヘルシショ | 修業／しゅぎょう<br>shugyoo | *discipline* |
| **sariling karanasan**<br>サリリン　カラナサン | 体験／たいけん<br>taiken | *experience* |
| **sariling katangian**<br>サリリン　カタァニアン | 本性／ほんしょう<br>honshoo | *nature* |
| **sarisari**<br>サリサリ | 色々な／いろいろな<br>iloilona | *various* |
| **sariwa**<br>サリワ | 新鮮な／しんせんな<br>shinsenna | *fresh* |
| **sarsa**<br>サルサ | ソース／そーす<br>soosu | *sauce* |
| **sas**<br>サス | 帯／おび<br>obi | *belt, sash* |
| **sasakyan**<br>ササキヤァン | 乗り物／のりもの<br>nolimono | *vehicle* |
| **satabi**<br>サタビ | 蕎麦／そば<br>soba | *near* |
| **sataongito**<br>サタオンイト | 今年／ことし<br>kotoshi | *this year* |

S

| | | |
|---|---|---|
| **satispaksiyon**<br>サティスパクシヨン | 満足／まんぞく<br>manzoku | *satisfaction* |
| **sawakas**<br>サワカス | 遂に／ついに<br>tsuini | *at last* |
| **saway**<br>サワァイ | 束縛／そくばく<br>sokubaku | *restraint* |
| **sayaw**<br>サヤァウ | 踊り／おどり<br>odoli | *dance* |
| **seda**<br>セダ | 絹／きぬ<br>kinu | *silk* |
| **segundo**<br>セグンド | 秒／びょう<br>byoo | *second* |
| **seguridad**<br>セグリダド | 保険／ほけん<br>hoken | *insurance* |
| **seguridad**<br>セグリダド | 保証／ほしょう<br>hoshoo | *security* |
| **sekso**<br>セクソ | 性／せい<br>sei | *sex* |
| **selos**<br>セロス | 妬み／ねたみ<br>netami | *jealousy* |
| **selula**<br>セェルラァ | 細胞／さいぼう<br>saiboo | *cell* |
| **selyo**<br>セルヨ | 切手／きって<br>kitte | *stamp* |
| **selyular**<br>セリュラール | 携帯電話／けいたいでんわ<br>keitaidenwa | *cell-phone* |
| **sentro**<br>セントロ | 中心／ちゅうしん<br>chuushin | *center* |
| **senyas**<br>センヤス | 信号／しんごう<br>shingoo | *traffic signal* |
| **Septiyembre**<br>セプティイェムブレ | 九月／くがつ<br>kugatsu | *September* |
| **serbesa**<br>セルベサ | ビール／びーる<br>biilu | *beer* |

| | | |
|---|---|---|
| **serbilyeta**<br>セルビルイェタ | ナプキン／なぷきん<br>napukin | *napkin* |
| **seremonya**<br>セレモニヤ | 式／しき<br>shiki | *ceremony* |
| **sero**<br>セロ | ゼロ（無い）／ぜろ（ない）<br>zelo | *zero* |
| **seryoso**<br>セリョソ | 本気／ほんき<br>honki | *serious* |
| **sibuyas**<br>シブヤス | 玉葱／たまねぎ<br>tamanegi | *onion* |
| **sigla**<br>シイグラァ | エネルギー／えねるぎー<br>enelugii | *energy* |
| **siguruhin**<br>シグルヒン | 確かめる／たしかめる<br>tashikamelu | *make sure* |
| **sigwa**<br>シグワァ | 豪雨／ごうう<br>goou | *heavy rain* |
| **sikatngaraw**<br>シカトナンアラウ | 日光／にっこう<br>nikkoo | *sunlight* |
| **sikmura**<br>シクムラァ | 胃腸／いちょう<br>ichoo | *stomach* |
| **sikmura**<br>シクムラァ | 腹部／ふくぶ<br>fukubu | *abdomen* |
| **siko**<br>シコ | 肘／ひじ<br>hiji | *elbow* |
| **sikolohiya**<br>シコロヒヤ | 心理／しんり<br>shinli | *psychology* |
| **sila**<br>シラァ | 彼等（は）／かれら（は）<br>kalela(wa) | *they, them* |
| **silangan**<br>シランガン | 東／ひがし<br>higashi | *east* |
| **silid**<br>シリド | 部屋／へや<br>heya | *room* |
| **silid paaralan**<br>シリド パァアララァン | 教室／きょうしつ<br>kyooshitsu | *classroom* |

**S**

| silong シロン | 地下／ちか chika | *underground* |
| silya シルヤ | 椅子／いす isu | *chair* |
| simbahan シムバハン | 教会／きょうかい kyookai | *church* |
| simple シンプレ | 質素／しっそ shisso | *simple* |
| simula シムラァ | 開始／かいし kaishi | *start* |
| sinakal シナカル | 詰まる／つまる tsumalu | *chocked* |
| sinat シナト | 微熱／びねつ binetsu | *slight fever* |
| sindak シィンダアク | 恐れ／おそれ osole | *fear* |
| sindihan シンディハァン | 点火する／てんかする tenkasulu | *ignite* |
| singsing シンシン | 指輪／ゆびわ yubiwa | *ring* |
| singsingsusi シンシンスシ | キーホルダー／きーほるだー kiiholudaa | *keying* |
| sinilangang bayan シニランガン　バヤン | 故郷／こきょう kokyoo | *hometown* |
| sinisera シニセラ | 灰皿／はいざら haizala | *ashtray* |
| sino シノ | 誰／だれ dale | *who* |
| sintidu-kumon シンティドゥクモン | 常識／じょうしき jooshiki | *commonsense* |
| sinulid シヌリイド | 糸／いと ito | *thread* |
| sinungaling シヌンガリン | 嘘つき／うそつき usotsuki | *liar* |

336

| | | |
|---|---|---|
| **sinunggaban**<br>シヌンガゾン | 奪う／うばう<br>ubau | *seize* |
| **sinusuwerteat**<br>シヌスエルテアット | 幸いにも／さいわいにも<br>saiwainimo | *fortunately* |
| **sipon**<br>シイポォン | 風邪／かぜ<br>kaze | *cold* |
| **sipsipin**<br>シプシピン | 吸う／すう<br>suu | *suck* |
| **sira**<br>シラ | 欠点／けってん<br>ketten | *defect, flaw* |
| **siruhano**<br>シルハノ | 外科医／げかい<br>gekai | *surgeon* |
| **sisidan**<br>シシダァン | 器／うつわ<br>utsuwa | *vessel* |
| **sisikat**<br>シシカト | 大当り／おおあたり<br>ooatali | *bonanza* |
| **sitaw**<br>シタウ | 豆／まめ<br>mame | *bean* |
| **siya**<br>シヤァ | 彼女（は）／かのじょ（は）<br>kanojo(wa) | *she* |
| **siya**<br>シヤァ | 彼（は）／かれ（は）<br>kale(wa) | *he* |
| **siya**<br>シヤァ | それ（は）／それ（は）<br>sole(wa) | *it* |
| **siyam**<br>シヤム | 九／きゅう（く）<br>kyuu(ku) | *nine* |
| **siya nga pala**<br>シヤ（ナ）ンガ パラ | ところで<br>tokolode | *by the way* |
| **siyempre**<br>シイェムプレ | 勿論／もちろん<br>mochilon | *of course* |
| **siyensiya**<br>シイェンシヤ | 理科／りか<br>lika | *science* |
| **siyudad**<br>シュダド | 市／し<br>shi | *city* |

S

| | | |
|---|---|---|
| sobre<br>ソブレ | 封筒／ふうとう<br>fuutoo | *envelope* |
| soda<br>ソォダ | 炭酸／たんさん<br>tansan | *carbonic acid* |
| sona<br>ソナ | 区域／くいき<br>kuiki | *zone* |
| sora<br>ソラ | 狐／きつね<br>kitsune | *fox* |
| sorbetes<br>ソルベテス | アイスクリーム／あいすくりーむ<br>aisukuliimu | *ice cream* |
| sorpresa<br>ソルプレサ | 驚き／おどろき<br>odoloki | *surprise* |
| sosyalismo<br>ソシャリスモ | 社会主義／しゃかいしゅぎ<br>shakaishugi | *socialism* |
| sosyedad<br>ソシェダァド | 社会／しゃかい<br>shakai | *society* |
| subenir<br>スゥベニィル | 土産／みやげ<br>miyage | *souvenir* |
| subukin<br>スブキン | 試す／ためす<br>tamesu | *try* |
| suburban<br>スブルバン | 郊外／こうがい<br>koogai | *suburbs* |
| sugat<br>スガト | 傷／きず<br>kizu | *wound* |
| suka<br>スカァ | 嘔吐／おうと<br>ooto | *vomiting* |
| sukatin<br>スカティン | 計量する／けいりょうする<br>keilyoosulu | *measure* |
| sukatin<br>スカティン | 計る／はかる<br>hakalu | *measure* |
| sulatan<br>スラタン | 書く／かく<br>kaku | *write* |
| suma<br>スマ | 全額／ぜんがく<br>zengaku | *sum* |

| | | |
|---|---|---|
| **sumagot**<br>スマゴト | 解く／とく<br>toku | *solve* |
| **sumamba**<br>スマムバ | 崇拝する／すうはいする<br>suuhaisulu | *adore* |
| **sumayaw**<br>スマヤウ | 踊る／おどる<br>odolu | *dance* |
| **sumbreto**<br>スムブレト | 帽子／ぼうし<br>booshi | *hat* |
| **sumilip**<br>スミリプ | 覗く／のぞく<br>nozoku | *peep* |
| **sumisi**<br>スミシ | 責める／せめる<br>semelu | *blame* |
| **sumpa**<br>スンパァ | 宣誓／せんせい<br>sensei | *oath* |
| **sumpain**<br>スムパイン | 呪う／のろう<br>nolou | *curse* |
| **sumugat**<br>スムガァト | 怒らせる／おこらせる<br>okolaselu | *offend* |
| **sumugod**<br>スムゴド | 進む／すすむ<br>susumu | *advance* |
| **sumuka**<br>スムカ | 吐く／はく<br>haku | *vomit* |
| **sumulat**<br>スムラト | 記す／しるす<br>shilusu | *write* |
| **sumulong**<br>スムロン | 展開する／てんかいする<br>tenkaisulu | *develop* |
| **sumumpa**<br>スムムパ | 誓う／ちかう<br>chikau | *swear* |
| **sumuno**<br>スムノォ | 主語／しゅご<br>shugo | *subject* |
| **sumunod**<br>スムノォド | 従う／したがう<br>shitagau | *follow* |
| **sumusunod**<br>スムスノド | 次／つぎ<br>tsugi | *next* |

S

| | | |
|---|---|---|
| **sungay**<br>スンガイ | 角／つの<br>tsuno | *horn* |
| **sunod-sunod**<br>スノドスノド | 順番に／じゅんばんに<br>junbanni | *by turn* |
| **suntukin**<br>スントゥキン | 叩く／たたく<br>tataku | *strike* |
| **sunugin**<br>スヌギン | 焼く／やく<br>yaku | *burn* |
| **supermarket**<br>スゥペルマルケト | スーパー／すーぱー<br>suupaa | *supermarket* |
| **supot**<br>スポト | 袋／ふくろ<br>fukulo | *bag* |
| **susi**<br>スシイ | 鍵／かぎ<br>kagi | *key* |
| **suso**<br>スソ | 乳／ちち<br>chichi | *bust* |
| **susog**<br>スソグ | 修正／しゅうせい<br>shuusei | *amendment* |
| **suspensiyon**<br>ススペンシヨン | 中止／ちゅうし<br>chuushi | *abeyance* |
| **suspetsa**<br>ススペツァ | 容疑者／ようぎしゃ<br>yoogisha | *suspect* |
| **syampo**<br>シャンポ | シャンプー／しゃんぷー<br>shanpuu | *shampoo* |
| **syawer**<br>シャウエル | シャワー／しゃわー<br>shawaa | *shower* |

# T/t

| | | |
|---|---|---|
| **taba**<br>タバァ | 脂肪／しぼう<br>shiboo | *fat* |
| **tabing dagat**<br>タビン ダガト | 海辺／うみべ<br>umibe | *sea shore* |
| **tabing dagat**<br>タビン ダガト | 海岸／かいがん<br>kaigan | *sea shore* |
| **tabla**<br>タブラ | 板／いた<br>ita | *board* |
| **tabulasyon**<br>タブラション | 表／ひょう<br>hyoo | *table* |
| **tadlong**<br>タドロン | 垂直／すいちょく<br>suichoku | *perpendicular* |
| **tag**<br>タグ | 札／ふだ<br>fuda | *tag* |
| **tagaibang bansa**<br>タガイバン バンサ | 外国人／がいこくじん<br>gaikokujin | *foreigner* |
| **tagapag ampon**<br>タガパグ アムポォン | 恩人／おんじん<br>onjin | *benefactor* |
| **tagapagbalita**<br>タガパグバリタ | アナウンサー／あなうんさー<br>anaunsaa | *announcer* |
| **tagapaggawa**<br>タガパグガワ | 元祖／がんそ<br>ganso | *originator* |
| **tagapagluto**<br>タガパグルト | 料理人／りょうりにん<br>lyoolinin | *cook* |
| **tagapagmana**<br>タガパグマナ | 跡取り／あととり<br>atotoli | *heir* |
| **tagapagturo**<br>タガパグトゥロォ | 講師／こうし<br>kooshi | *instructor* |
| **tagapamahayag**<br>タガパマハヤグ | 新聞記者／しんぶんきしゃ<br>shinbunkisha | *reporter* |

T

| | | |
|---|---|---|
| **tagapangulo**<br>タガパングロ | 議長／ぎちょう<br>gichoo | *chairman* |
| **tagapayo**<br>タガパヨ | カウンセラー／かうんせらー<br>kaunselaa | *counselor* |
| **tagausig**<br>タガウシグ | 検事／けんじ<br>kenji | *prosecutor* |
| **tagihawat**<br>タギハワト | ニキビ／にきび<br>nikibi | *pimple* |
| **tag-init**<br>タグイニィト | 夏／なつ<br>natsu | *summer* |
| **taglagas**<br>タグラガス | 秋／あき<br>aki | *autumn* |
| **taglamig**<br>タグラミグ | 冬／ふゆ<br>fuyu | *winter* |
| **tagpanahon**<br>タグパナホン | 季節／きせつ<br>kisetsu | *season* |
| **tagsibol**<br>タグシボル | 春／はる<br>halu | *spring* |
| **tagumpay**<br>タグムパァイ | 成功／せいこう<br>seikoo | *success* |
| **tahimik**<br>タヒミク | 静かな／しずかな<br>shizukana | *quiet* |
| **taimtim**<br>タイムティム | 真剣な／しんけんな<br>shinkenna | *earnest* |
| **tainga**<br>タインガ | 耳／みみ<br>mimi | *ear* |
| **takas**<br>タカス | 難民／なんみん<br>nanmin | *refugees* |
| **takas**<br>タカス | 逃げる／にげる<br>nigelu | *escape* |
| **takip**<br>タキプ | 容器／ようき<br>yooki | *container* |
| **takipsilim**<br>タキプシリム | 日の入／ひのいり<br>hinoili | *sunset* |

| | | |
|---|---|---|
| **taksi**<br>タクシ | タクシー／たくしー<br>takusii | *taxi* |
| **tala**<br>タラ | 録音／ろくおん<br>lokuon | *record* |
| **talaarawan**<br>タラァーラワン | 日記／にっき<br>nikki | *diary* |
| **talaba**<br>タラバァ | 蠣／かき<br>kaki | *oyster* |
| **talaga nga**<br>タラガ　ナガ | 実際に／じっさいに<br>jissaini | *really* |
| **talampas**<br>タラムパァス | 高原／こうげん<br>koogen | *plateau* |
| **tali**<br>タリ | 紐／ひも<br>himo | *string* |
| **talian**<br>タリアン | 縛る／しばる<br>shibalu | *bind* |
| **talim**<br>タリム | 刃／は<br>ha | *blade* |
| **talino**<br>タリノ | 才能／さいのう<br>sainoo | *talent* |
| **talino**<br>タリノ | 知性／ちせい<br>chisei | *intellect* |
| **talino**<br>タリノ | 天才／てんさい<br>tensai | *genius* |
| **talino**<br>タリノ | 能力／のうりょく<br>noolyoku | *ability* |
| **talon**<br>タロン | 滝／たき<br>taki | *waterfall, fall* |
| **talong**<br>タロング | 茄子／なす<br>nasu | *eggplant* |
| **talusalang**<br>タルサラン | 微妙／びみょう<br>bimyoo | *delicate* |
| **tama**<br>タマァ | 正しい／ただしい<br>tadashii | *correct* |

T

| | | |
|---|---|---|
| **tama**<br>タマァ | 当然／とうぜん<br>toozen | *natural* |
| **tamang sagot**<br>タマン　サゴト | 正解／せいかい<br>seikai | *correct answer* |
| **tamang tama**<br>タマン　タァマ | きちんと<br>kichinto | *exactly* |
| **tambal**<br>タムバル | 強化／きょうか<br>kyooka | *strengthening* |
| **tambalang salita**<br>タムバラン　サリタ | 熟語／じゅくご<br>jukugo | *compound word* |
| **tambo**<br>タムボ | 茎／くき<br>kuki | *stem* |
| **tambol**<br>タムボル | 太鼓／たいこ<br>taiko | *drum* |
| **tanan**<br>タナァン | 皆／みな（みんな）<br>mina(minna) | *everyone* |
| **tanawin**<br>タァナァウィン | 景色／けしき<br>keshiki | *scenery* |
| **tandang**<br>タンダァン | 雄鶏／おんどり<br>ondoli | *cock* |
| **tanganan**<br>タンアナン | 抱く／だく<br>daku | *hold in the arm* |
| **tanggapan**<br>タンガパン | 事務所／じむしょ<br>jimusho | *office* |
| **tanggapan ng koreo**<br>タンガパン　ナン　コレオ | 郵便局／ゆうびんきょく<br>yuubinkyoku | *post office* |
| **tanggapin**<br>タンガピン | 許す／ゆるす<br>yulusu | *admit* |
| **tanghali**<br>タンハリ | 正午／しょうご<br>shoogo | *noon* |
| **tanghalian**<br>タンハリアン | 昼食／ちゅうしょく<br>chuushoku | *lunch* |
| **tangi**<br>タンギ | 特別の／とくべつの<br>tokubetsuno | *special* |

| | | |
|---|---|---|
| tangi<br>タンギ | 名物/めいぶつ<br>meibutsu | *feature* |
| tangkain<br>タンカイン | 図る/はかる<br>hakalu | *undertake* |
| tangos<br>タングォス | 岬/みさき<br>misaki | *cape* |
| tanim<br>タニム | 植物/しょくぶつ<br>shokubutsu | *plant* |
| tanong<br>タノン | 質問/しつもん<br>shitsumon | *question* |
| tao<br>タオ | 人間/にんげん<br>ningen | *human* |
| tao<br>タオ | 人/ひと<br>hito | *man* |
| tao o hayop<br>タオ オ ハヨプ | 生き物/いきもの<br>ikimono | *creature* |
| taong matanda<br>タオン マタンダ | 年寄り/としより<br>toshiyoli | *old person* |
| tapat<br>タパト | 正直/しょうじき<br>shoojiki | *honest* |
| tapos<br>タポス | 決まった/きまった<br>kimatta | *concluded* |
| tapusin<br>タプシン | 延期する/えんきする<br>enkisulu | *adjourn* |
| tarangkahan<br>タァランカハン | 門/もん<br>mon | *gate* |
| tarheta<br>タルヘタ | 名刺/めいし<br>meishi | *calling card* |
| tarheta postal<br>タルヘタ ポスタル | 葉書/はがき<br>hagaki | *postcard* |
| tasa<br>タサ | カップ/かっぷ<br>kappu | *cup* |
| tatlo<br>タトロ | 三/さん<br>san | *three* |

T

345

| | | |
|---|---|---|
| **tauhin**<br>タウヒィン | 性別／せいべつ<br>seibetsu | *sex distinction* |
| **taun-taon**<br>タウン タオン | 毎年／まいとし<br>maitoshi | *every year* |
| **tawa**<br>タワ | 笑う／わらう<br>walau | *laugh* |
| **tawagan**<br>タワガン | 電話する／でんわする<br>denwasulu | *ring up* |
| **tayo**<br>タァヨォ | 位置／いち<br>ichi | *position* |
| **tayom**<br>タヨム | 藍色／あいいろ<br>aiilo | *indigo color* |
| **teknolohiya**<br>テクノロヒヤ | 工学／こうがく<br>koogaku | *technology* |
| **telebisyon**<br>テレビション | テレビ／てれび<br>telebi | *television* |
| **telegrama**<br>テレグラマ | 電報／でんぽう<br>denpoo | *telegram* |
| **telepono**<br>テレポノ | 電話／でんわ<br>denwa | *telephone* |
| **teleponong bitbitin**<br>テレーポノン ビトビティン | 携帯電話／けいたいでんわ<br>keitaidenwa | *cell-phone* |
| **teleskopyo**<br>テレスコピョ | 望遠鏡／ぼうえんきょう<br>booenkyoo | *telescope* |
| **temperatura**<br>テムペラトゥラ | 温度／おんど<br>ondo | *temperature* |
| **temperatura**<br>テムペラトゥラ | 気温／きおん<br>kion | *temperature* |
| **temperatura**<br>テムペラトゥラ | 体温／たいおん<br>taion | *temperature* |
| **templo**<br>テムプロ | 寺／てら<br>tela | *temple* |
| **temporero**<br>テンポレロ | 臨時／りんじ<br>linji | *temporary* |

| | | |
|---|---|---|
| **termometro**<br>テルモメトロ | 体温計／たいおんけい<br>taionkei | *thermometer* |
| **tibay**<br>ティバアイ | 安定／あんてい<br>antei | *stability* |
| **ticket**<br>ティケット | チケット／ちけっと<br>tiketto | *ticket* |
| **tigre**<br>ティグレ | 虎／とら<br>tola | *tiger* |
| **tiket**<br>ティケット | 切符／きっぷ<br>kippu | *ticket* |
| **tikin**<br>ティキン | 竿／さお<br>sao | *pole* |
| **timbang**<br>ティムバアン | 重さ／おもさ<br>omosa | *weight* |
| **timbangin**<br>ティムバンギン | 量る／はかる<br>hakalu | *weigh* |
| **timog**<br>ティモォグ | 南／みなみ<br>minami | *south* |
| **tinanggihan**<br>ティナンギハン | 断る／ことわる<br>kotowalu | *refuse* |
| **tinanghal**<br>ティナンハル | 贈る／おくる<br>okulu | *present* |
| **tinapay**<br>ティナパイ | パン／ぱん<br>pan | *bread* |
| **tindahan**<br>ティンダハン | 商店／しょうてん<br>shooten | *shop* |
| **tingga**<br>ティンガ | 鉛／なまり<br>namali | *lead* |
| **tingis**<br>ティンギス | 追跡する／ついせきする<br>tsuisekisulu | *pursue, chase* |
| **tinidor**<br>ティニドル | フォーク／ふぉーく<br>fooku | *fork* |
| **tinig**<br>ティニグ | 声／こえ<br>koe | *voice* |

T

| | | |
|---|---|---|
| tinik<br>ティニク | 骨／ほね<br>hone | *bone* |
| tinta<br>ティンタ | インク／いんく<br>inku | *ink* |
| tinugis<br>ティヌギス | 追う／おう<br>ou | *chase* |
| tipunin<br>ティプゥニン | 集める／あつめる<br>atsumelu | *gather* |
| tirahan<br>ティラァハン | 住所／じゅうしょ<br>juusho | *address* |
| tisa<br>ティサ | 瓦／かわら<br>kawala | *tile* |
| tisis<br>ティシィス | 結核／けっかく<br>kekkaku | *tuberculosis* |
| tiwala<br>ティワラ | 信用／しんよう<br>shin-yoo | *trust* |
| tiwala sa sarili<br>ティワラ サ サリリ | 自信／じしん<br>jishin | *self-confidence* |
| tiya<br>ティヤ | 伯母／おば<br>oba | *aunt* |
| tiyak<br>ティヤァク | 明らかな／あきらかな<br>akilakana | *clear* |
| tiyak<br>ティヤァク | 必ず／かならず<br>kanalazu | *definite answer* |
| tiyan<br>ティヤァン | 胃／い<br>i | *stomach* |
| tortilya<br>トォルティルヤ | オムレツ／おむれつ<br>omuletsu | *omelet* |
| tosino<br>トシノ | ベーコン／べーこん<br>beekon | *bacon* |
| total<br>トォタァル | 合計／ごうけい<br>gookei | *total, amount* |
| totoo<br>トオトオー | 実際の／じっさいの<br>jissaino | *real* |

| | | |
|---|---|---|
| **totoo**<br>トオトオー | 非常に／ひじょうに<br>hijooni | *very* |
| **toyo**<br>トヨ | 醤油／しょうゆ<br>shooyu | *soy sauce* |
| **trabaho**<br>トラバホ | 業務／ぎょうむ<br>gyoomu | *business* |
| **trabaho**<br>トラバホ | 事業／じぎょう<br>jigyoo | *business enterprise* |
| **trahedya**<br>トラヘディヤ | 悲劇／ひげき<br>higeki | *tragedy* |
| **trak**<br>トラク | トラック／とらっく<br>tolakku | *truck* |
| **trambiya**<br>トラムビヤ | 電車／でんしゃ<br>densha | *electric car* |
| **trangkaso**<br>トランカソ | インフルエンザ／いんふるえんざ<br>infuluenza | *influenza* |
| **transaksiyon**<br>トランサクション | 取引／とりひき<br>tolihiki | *transactions* |
| **transportasyon**<br>トランスポルタション | 輸送／ゆそう<br>yusoo | *transportation* |
| **trapiko**<br>トラピコ | 交通、通行／こうつう、つうこう<br>kootsuu, tsuukoo | *traffic* |
| **tren**<br>トレン | 列車／れっしゃ<br>lessha | *train* |
| **trianggulo**<br>トリアングロ | 三角形／さんかくけい<br>sankakukei | *triangle* |
| **trigo**<br>トリゴ | 麦／むぎ<br>mugi | *wheat* |
| **truan**<br>トルアン | 助言する／じょげんする<br>jogensulu | *advise* |
| **tsa**<br>チャ | 茶／ちゃ<br>cha | *tea* |
| **tsaa**<br>チャア | 紅茶／こうちゃ<br>koocha | *black tea* |

T

| | | |
|---|---|---|
| **tseke**<br>ツェケ | 小切手／こぎって<br>koggite | *check* |
| **tsimenea**<br>ツィメネエア | 煙突／えんとつ<br>entotsu | *chimney* |
| **tsina**<br>ツィナ | 中国／ちゅうごく<br>chuugoku | *China* |
| **tsinelas**<br>ツイネラス | スリッパ／すりっぱ<br>sulippa | *slippers* |
| **tsismis**<br>ツィスミィス | 噂／うわさ<br>uwasa | *rumor* |
| **tsuper**<br>ツゥペル | 運転手／うんてんしゅ<br>untenshu | *driver* |
| **tubig**<br>トゥビグ | 水／みず<br>mizu | *water* |
| **tugon**<br>トゥゴン | 返事／へんじ<br>henji | *reply* |
| **tuhod**<br>トゥホド | 膝／ひざ<br>hiza | *knee* |
| **tulong**<br>トゥロング | 応援／おうえん<br>ooen | *aid* |
| **tukso**<br>トゥクソォ | 誘惑／ゆうわく<br>yuuwaku | *temptation* |
| **tuktok**<br>トゥクトク | 頂上／ちょうじょう<br>choojyoo | *summit, top* |
| **tula**<br>トゥラァ | 詩／し<br>shi | *poem* |
| **tulay**<br>トゥライ | 橋／はし<br>hashi | *bridge* |
| **tuldok**<br>トゥルドク | 終止符／しゅうしふ<br>shuushifu | *period* |
| **tulin**<br>トゥリン | 速さ／はやさ<br>hayasa | *speed* |
| **tulog**<br>トゥログ | 睡眠／すいみん<br>suimin | *sleeping* |

| | | |
|---|---|---|
| **tulungan**<br>トゥルンガン | 手伝う／てつだう<br>tetsudau | *help* |
| **tumaas**<br>トゥマース | 上がる／あがる<br>agaru | *rise* |
| **tumahi**<br>トゥマヒ | 縫う／ぬう<br>nuu | *sew* |
| **tumahimik**<br>トゥマヒミク | 黙る／だまる<br>damaru | *become silent* |
| **tumakbo**<br>トゥマクボォ | 走る／はしる<br>hashiru | *run* |
| **tumanda**<br>トゥマンダ | 老ける／ふける<br>fukeru | *grow old* |
| **tumanggap**<br>トゥマンガァプ | 貰う／もらう<br>morau | *receive* |
| **tumawid**<br>トゥマウイズ（ド） | 要求する／ようきゅうする<br>yookyuusuru | *demand* |
| **tumigil**<br>トゥミギル | 諦める／あきらめる<br>akirameru | *give up* |
| **tumigil**<br>トゥミギル | 絶える／たえる<br>taeru | *die out* |
| **tumigil**<br>トゥミギル | 止まる／とまる<br>tomaru | *stop* |
| **tumikim**<br>トゥミキイム | 味わう／あじわう<br>ajiwau | *taste* |
| **tumindig**<br>トゥミィンディグ | 立つ／たつ<br>tatsu | *stand up* |
| **tumingin**<br>トゥミィンギン | 見る／みる<br>miru | *look at* |
| **tumira**<br>トゥミラ | 暮らす／くらす<br>kurasu | *live* |
| **tumubo**<br>トゥムボ | 得する／とくする<br>tokusuru | *benefit* |
| **tumugtog**<br>トゥムトグ | 鳴る／なる<br>naru | *ring* |

T

351

| | | |
|---|---|---|
| **tumulo**<br>トゥムロ | 漏れる／もれる<br>molelu | *leak* |
| **tumulong**<br>トゥムロン | 助ける／たすける<br>tasukelu | *help* |
| **tuna**<br>トゥナ | 鮪／まぐろ<br>magulo | *tuna* |
| **tunawin**<br>トゥナウィン | 溶かす／とかす<br>tokasu | *melt* |
| **tunay**<br>トゥナイ | 本物／ほんもの<br>honmono | *genuine* |
| **tungkulin**<br>トゥンクリン | 機能／きのう<br>kinoo | *function* |
| **tunguhin**<br>トゥヌウヒン | 目標／もくひょう<br>mokuhyoo | *goal* |
| **tunog**<br>トゥノォグ | 音／おと<br>oto | *sound* |
| **turo**<br>トゥロ | 助言／じょげん<br>jogen | *advice* |
| **tuso**<br>トゥソ | 狸／たぬき<br>tanuki | *raccoon dog* |
| **tutol**<br>トゥトル | 抗議／こうぎ<br>koogi | *protest* |
| **tutubi**<br>トゥトゥビ | トンボ／とんぼ<br>tonbo | *dragonfly* |
| **tuwalya**<br>トゥワルヤ | タオル／たおる<br>taolu | *towel* |
| **tuwid**<br>トゥウィズ | 真直ぐ／まっすぐ<br>massugu | *straight* |
| **tuwing umaga**<br>トゥイン　ウマガ | 毎朝／まいあさ<br>maiasa | *every morning* |
| **tuya**<br>トゥヤ | 皮肉／ひにく<br>hiniku | *sarcasm* |

# U/u

| | | |
|---|---|---|
| ubas<br>ウバス | 葡萄／ぶどう<br>budoo | *grapes* |
| ubi<br>ウビ | ジャガイモ／じゃがいも<br>jagaimo | *yam* |
| ubo<br>ウボ | 咳／せき<br>seki | *cough* |
| ubod<br>ウボド | 核／かく<br>kaku | *nucleus* |
| ubod<br>ウボド | 芯／しん<br>shin | *core* |
| ubusin<br>ウブシン | 消費する／しょうひする<br>shoohisulu | *consuming* |
| ugali<br>ウガリ | 行い／おこない<br>okonai | *conduct* |
| ugali<br>ウガリ | 習慣／しゅうかん<br>shuukan | *custom* |
| ugat<br>ウガァト | 静脈／じょうみゃく<br>joomyaku | *vein* |
| uhog<br>ウホグ | 粘液／ねんえき<br>nen-eki | *mucus* |
| ulan<br>ウラン | 雨／あめ<br>ame | *rain* |
| ulap<br>ウラァプ | 霧／きり<br>kili | *fog* |
| ulap<br>ウラァプ | 雲／くも<br>kumo | *cloud* |
| ulat<br>ウラト | 報道／ほうどう<br>hoodoo | *report* |
| uling<br>ウリン | 炭／すみ<br>sumi | *charcoal* |

U

| | | |
|---|---|---|
| **ulit**<br>ウリト | 回／かい<br>kai | *(at) time* |
| **ulitin**<br>ウリティン | 繰り返す／くりかえす<br>kulikaesu | *repeat* |
| **uli-uli**<br>ウリウリ | 次の時（に）／つぎのとき（に）<br>tsuginotoki(ni) | *next time* |
| **ulo**<br>ウロ | 頭／あたま<br>atama | *head* |
| **umaasa**<br>ウマーサ | 望む／のぞむ<br>nozomu | *hope* |
| **umaga**<br>ウマガ | 朝／あさ<br>asa | *morning* |
| **umaga**<br>ウマガ | 午前／ごぜん<br>gozen | *in the morning* |
| **umagos**<br>ウマゴス | 流れる／ながれる<br>nagalelu | *flow* |
| **umakyat**<br>ウマクヤァト | 登る／のぼる<br>nobolu | *climb* |
| **umalingasaw**<br>ウマリンアサウ | 悪臭／あくしゅう<br>akushuu | *stench* |
| **umalingawngaw**<br>ウマリンガウンガウ | 響く／ひびく<br>hibiku | *resound* |
| **umalis**<br>ウマリス | 去る／さる<br>salu | *go, leave* |
| **umamoy**<br>ウマモィ | 匂う／におう<br>niou | *smell* |
| **umatungal**<br>ウマトゥンガル | 轟く／とどろく<br>todoloku | *roar* |
| **umepekto**<br>ウメペクト | 影響する／えいきょうする<br>eikyoosulu | *influence* |
| **umibis**<br>ウミビィス | 下車する／げしゃする<br>geshasulu | *get off* |
| **umidlip**<br>ウミドリプ | 昼寝する／ひるねする<br>hilunesulu | *take a nap* |

| | | |
|---|---|---|
| **uminom**<br>ウミノム | 飲む／のむ<br>nomu | *drink* |
| **umiwas**<br>ウミワス | 避ける／さける<br>sakelu | *avoid* |
| **umiyak**<br>ウミヤク | 泣く／なく<br>naku | *cry* |
| **umungal**<br>ウムンガル | 怒鳴る／どなる<br>donalu | *roar* |
| **umupo**<br>ウムポ | 座る／すわる<br>suwalu | *sit* |
| **umuwi**<br>ウムウィ | 帰宅する／きたくする<br>kitakusulu | *go home* |
| **unahan**<br>ウナハン | 正面／しょうめん<br>shoomen | *front* |
| **unan**<br>ウナン | 枕／まくら<br>makura | *pillow* |
| **unangsiyasat**<br>ウナンシャサト | 下見／したみ<br>shitami | *preliminary inspection* |
| **unawaan**<br>ウナワアン | 交際／こうさい<br>koosai | *intercourse* |
| **unawain**<br>ウナワイン | 難しい／むずかしい<br>muzukashii | *difficult* |
| **unggoy**<br>ウンゴォイ | 猿／さる<br>salu | *monkey* |
| **unibersidad**<br>ユニベルシダド | 大学／だいがく<br>daigaku | *university* |
| **uniniporme**<br>ユニポルメ | 制服／せいふく<br>seifuku | *uniform* |
| **unti-unti**<br>ウンティウンティ | 徐々に／じょじょに<br>jojoni | *gradually* |
| **upa**<br>ウパ | 報酬／ほうしゅう<br>hooshuu | *pay reward* |
| **upang**<br>ウパング | だから<br>dakala | *(and) so* |

U

| | | |
|---|---|---|
| **upuan**<br>ウプゥアン | 席／せき<br>seki | *seat* |
| uri<br>ウリ | 種類／しゅるい<br>shului | *kind* |
| uri<br>ウリィ | 品質／ひんしつ<br>hinshitsu | *quality* |
| **uri ng prutas**<br>ウリ ナン プルタス | メロン／めろん<br>melon | *melon* |
| **urong**<br>ウロン | 後退／こうたい<br>kootai | *retreat* |
| usa<br>ウサ | 鹿／しか<br>shika | *deer* |
| **usapan**<br>ウサパン | 対話／たいわ<br>taiwa | *dialogue* |
| **usap-usapan**<br>ウサァプ ウサァパン | 雑談／ざつだん<br>zatsudan | *chat* |
| **usok**<br>ウソク | 煙／けむり<br>kemuli | *smoke* |
| utak<br>ウタク | 脳／のう<br>noo | *brain* |
| **utang**<br>ウタン | 負債／ふさい<br>fusai | *debt* |
| utang<br>ウタン | 融資／ゆうし<br>yuushi | *loan* |
| **utos**<br>ウトス | 注文／ちゅうもん<br>chuumon | *order* |

# W/w

| | | |
|---|---|---|
| **wakas**<br>ワカァス | 結論／けつろん<br>ketsulon | *conclusion* |
| **wala**<br>ワラ | ゼロ／ぜろ<br>zelo | *zero* |
| **wala**<br>ワラ | 無い／ない<br>nai | *there is no, not* |
| **walag-asawa**<br>ワラン　アサワ | 独身／どくしん<br>dokushin | *single* |
| **walang-bayad**<br>ワラン　バヤド | 無料／むりょう<br>mulyoo | *free charge* |
| **walang-bisa**<br>ワラン　ビサ | 無効／むこう<br>mukoo | *invalid* |
| **walang-gana**<br>ワラン　ガナ | 元気のない／げんきのない<br>genkinonai | *spiritless* |
| **walang-interes**<br>ワラン　インテレェス | 平気／へいき<br>heiki | *indifferent* |
| **walang-kasaysayan**<br>ワラン　カサイサヤン | 役立たない／やくだたない<br>yakudatanai | *useless* |
| **walang-kasiyahan**<br>ワラン　カシヤハン | 不満／ふまん<br>fuman | *discontented* |
| **walang-kaya**<br>ワラン　カヤ | 心細い／こころぼそい<br>kokolobosoi | *helpless, forlorn* |
| **walang-laman**<br>ワラン　グラマァン | 空っぽ／からっぽ<br>kalappo | *empty* |
| **walang-lasa**<br>ワラング　ラサ | 不味い／まずい<br>mazui | *tasteless* |
| **walang-loob**<br>ワラング　ローブ | 臆病な／おくびょうな<br>okubyoona | *timid* |
| **walang-maliw**<br>ワラング　マリウ | 永遠の／えいえんの<br>eienno | *endless* |

**W**

| | | |
|---|---|---|
| **walang-pahintulot**<br>ワラン パヒントゥロト | 無断で／むだんで<br>mudande | *without permission* |
| **walang-tao**<br>ワラン タオ | 留守／るす<br>lusu | *absent* |
| **walatin**<br>ワラティン | 破壊する／はかいする<br>hakaisulu | *destroy* |
| **walissan**<br>ワリサン | 掃く／はく<br>haku | *sweep* |
| **wasto**<br>ワストォ | 正確な／せいかくな<br>seikakuna | *correct* |
| **wastuin**<br>ワストゥイン | 訂正する／ていせいする<br>teiseisulu | *correct* |
| **wika**<br>ウィカ | 言語／げんご<br>gengo | *language* |
| **wika**<br>ウィカ | 言葉／ことば<br>kotoba | *language* |
| **wikang hapones**<br>ウィカン ハポネス | 日本語／にほんご<br>nihongo | *Japanese language* |

# Y/y

| | | |
|---|---|---|
| **yabang**<br>ヤバング | 自慢／じまん<br>jiman | *pride* |
| **yabang**<br>ヤバング | 誇り／ほこり<br>hokoli | *pride* |
| **yaman**<br>ヤマン | 富／とみ<br>tomi | *riches* |
| **yaman**<br>ヤマン | 豊富／ほうふ<br>hoofu | *riches* |
| **yamot**<br>ヤモォト | 不機嫌／ふきげん<br>fukigen | *displeasure* |
| **yamungmong**<br>ヤムングモング | 拡大／かくだい<br>kakudai | *expansion* |
| **yaon**<br>ヤオン | あの／あの<br>ano | *that* |
| **yapakan**<br>ヤパカン | 踏む／ふむ<br>fumu | *step* |
| **yapos**<br>ヤポス | 抱擁／ほうよう<br>hooyoo | *hug* |
| **yaring kamay**<br>ヤリン カマイ | 手作り／てづくり<br>tezukuli | *handmade* |
| **yary**<br>ヤリィ | 完成／かんせい<br>kansei | *completion* |
| **yaya**<br>ヤヤ | 招待／しょうたい<br>shootai | *invitation* |
| **yeio**<br>イエロ | 氷／こおり<br>kooli | *ice* |
| **yukod**<br>ユコド | 挨拶する／あいさつする<br>aisatsusulu | *salute, bow* |
| **yukod**<br>ユコド | お辞儀する／おじぎする<br>ojigisulu | *salute, bow* |

Y

359

| | | |
|---|---|---|
| **yumakag**<br>ユマカグ | 呼ぶ／よぶ<br>yobu | *call* |
| **yumaman**<br>ユママン | 成長する／せいちょうする<br>seichoosulu | *grow* |
| **yumao**<br>ユマオ | 出発する／しゅっぱつする<br>shuppatsusulu | *depart* |
| **yungib**<br>ユングイブ | 洞窟／どうくつ<br>dookutsu | *cave* |
| **yunit**<br>ユニイト | 単位／たんい<br>tan-i | *unit* |
| **yupiin**<br>ユピーン | 歪める／ゆがめる<br>yugamelu | *distort* |
| **yurak**<br>ユラク | 無視／むし<br>mushi | *trample* |

# 付 録

# ＜＜日常会話表現集＞＞

## ■基本の挨拶、受け答え■

| おはよう。<br>ohayoo | Magandang umaga.<br>マガンダン　ウマガ | *Good morning.* |
| こんにちは。<br>konnichiwa | Magandang hapon. Helo. Oy.<br>マガンダン　ハポン、ヘロ、オイ | *Hello.* |
| こんばんは。<br>konbanwa | Magandang gabi.<br>マガンダン　ガビ | *Good evening.* |
| さようなら。<br>sayoonala | Paalam.<br>パアラム | *Good-bye.* |
| おめでとう。<br>omedetoo | Maligayang bati.<br>マリガヤン　バティ | *Congratulations.* |
| はい。<br>hai | Oo.<br>オォ | *Yes.* |
| いいえ。<br>iie | Hindi.<br>ヒンディ | *No.* |
| ちょっと待って下さい。<br>chottomattekudasai | Sandali lamang.<br>サンダリ　ラマン | *Just a moment, please.* |
| ごめんなさい。<br>gomennasai | Pinagsisihan ko.<br>ピナグシシハン　コ | *I am sorry.* |
| ～（を）下さい。<br>～ (wo)kudasai | Bigyan mo ako ng ～<br>ビギャン　モ　アコ　ナン～ | *Give me ～.* |
| ～したいです。<br>watashiwa ～ shitaidesu | Gusto kong<br>グスト　コング | *I want to ～.* |

## ■ものをたずねる表現■

| 何？<br>nani | Ano?<br>アノ | *What?* |

362

| | | |
|---|---|---|
| どこ？<br>doko | **Sanaron?**<br>サナロン | *Where?* |
| いつ？<br>itsu | **Kaillan?**<br>カイラン | *When?* |
| だれ？<br>dale | **Sino?**<br>シノ | *Who?* |
| どちら？<br>dochila | **Alin?**<br>アリン | *Which?* |
| なぜ？<br>naze | **Bakit?**<br>バキト | *Why?* |
| どのように？<br>donoyooni | **Paano?**<br>パーノ | *How?* |
| 何時？<br>nanji | **Anon goras?**<br>アノン オラス | *What time?* |
| これは何ですか？<br>kolewanandesuka | **Ano ito?**<br>アノ イト | *What is this?* |
| あれは何ですか？<br>alewanandesuka | **Ano iyan?**<br>アノ イヤン | *What is that?* |
| 入っていいですか？<br>haitteiidesuka | **Puwede akong pumasok?**<br>プウェデ アコン プマソク | *May I come in?* |
| 見ていいですか？<br>miteiidesuka | **Puwede akong makita?**<br>プウェデ アコン マキタ | *May I see it?* |

## ■答えの表現■

| | | |
|---|---|---|
| 解ります。<br>wakalimasu | **Naiintindihan ko.**<br>ナイーンティンディハン コ | *I understand.* |
| 解りません。<br>wakalimasen | **Hindi ko naintindihan.**<br>ヒンディ コ ナイーンティンディハン | *I don't understand.* |
| 知っています。<br>shitteimasu | **Alam ko.**<br>アラム コ | *I know.* |
| 知りません。<br>shilimasen | **Hindi ko alam.**<br>ヒンディ コ アラム | *I don't know.* |
| してはいけない。<br>shitewaikenai | **Hindi dapat.**<br>ヒンディ ダパット | *must not* |

付録

| いいですか？<br>iidesuka | Ayosba?<br>アヨス バ | *All right?* |
| それでいいです。<br>soledeiidesu | Tama na.<br>タァマ ナ | *It's all right.* |
| 覚えていません。<br>oboeteimasen | Hindi ko matandaan.<br>ヒンディ コ マタンダーン | *I don't remember.* |
| 大丈夫です。<br>daijyoobudesu | Walang problema.<br>ワラン プロブレマ | *No problem.* |

## ■買い物の表現■

| いくらですか？<br>ikuladesuka | Gaano?<br>ガァアノ | *How much?* |
| これ以上値引き出来ませんか？<br>koleijoonebikidekimasenka | Wala na bang tawad?<br>ワラ ナ バン タワド | *No more discount?* |
| 試着していいですか？<br>shichakusiteiidesuka | Puwedeng isukat ko?<br>プウェデン イスカト コ | *May I try it on?* |
| 少し大きいです。<br>sukoshiookiidesu | Malaki nang kaunti.<br>マラキ ナン カウンティ | *It's a little bigger.* |
| 少しきついです。<br>sukoshikitsuidesu | Masikip nang kaunti.<br>マシキプ ナン カウンティ | *It's a little tighter.* |

## ■食事の表現■

| これは注文していません。<br>kolewachuumonshiteimasen | Hindi ako umorder nito.<br>ヒンディ アコ ウモルデル ニト | *I didn't order this.* |
| あなたにお任せします。<br>anataniomakasehimasu | Bahala ka.<br>バハァラ カ | *It's up to you.* |
| 食べましたか？<br>tabemashitaka | Kumain ka na ba?<br>クマイン カ ナ バ | *Have you eaten?* |
| 満腹です。<br>manpukudesu | Busog na ako.<br>ブソグ ナ アコ | *I am full.* |
| 空腹です。<br>kuufukudesu | Gutom na ako.<br>グトム ナ アコ | *I am hungry.* |

## ■宿での表現■

| これを運んで下さい。 | Dalhan mo ito. | *Carry this.* |
|---|---|---|
| kolewohakondekudasai | ダルハン　モ　イト | |

| ～時に起こして下さい。 | Gisingin mo ako ng ～ | *Wake me at ～ .* |
|---|---|---|
| ～ jiniokoshitekudasai | ギシンイン　モ　アコ　ナン～ | |

| 外室します。 | Lalabus ako. | *I'm going out.* |
|---|---|---|
| gaishitsushimasu | ララブス　アコ | |

| これを綺麗にして下さい。 | Linisin mo ito. | *Clean this.* |
|---|---|---|
| kolewokileinishitekudasai | リニシン　モイト | |

## ■観光案内など■

| その場所を教えて下さい。 | Pakitulo mo sa akin ang lugar. | *Pleases show me the place.* |
|---|---|---|
| sonobashowooshietekudasai | パキトゥロ　モ　サ　アキン　アン　ルガル | |

| 何という街ですか？ | Anong bayan ito? | *What town is this?* |
|---|---|---|
| nantoiumachidesuka | アノン　バヤン　イト？ | |

| 何という通りですか？ | Anong kalye ito? | *What street is this?* |
|---|---|---|
| nantoiutooli(machi)desuka | アノン　カルイェ　イト？ | |

| 何という所ですか？ | Anong lugal ito? | *What place is this?* |
|---|---|---|
| nantoiutokolodesuka | アノン　ルガル　イト？ | |

| このバスはどこ行きですか？ | Saan papunta ang bus na ito? | *Where does this bus go?* |
|---|---|---|
| konobasuwaadokoyukidesuka | サーン　パプンタ　アン　ブス　ナイト？ | |

| 左に曲って下さい。 | Sa kaliwa. | *Turn left.* |
|---|---|---|
| hidalinimagattekudasai | サ　カリワ | |

| 右に曲って下さい。 | Sa kanan. | *Turn right.* |
|---|---|---|
| miginimagattekudasai | サ　カナン | |

| 真っ直ぐ行って下さい。 | Diretso. | *Straight on.* |
|---|---|---|
| massuguittekudasai | ディレチョ | |

| ジプニーに乗りましょう。 | Sumaky tayo sa dyipney. | *Let's take a jeepny.* |
|---|---|---|
| jipuniininolimashoo | スマカイ　タヨ　サ　ディプニー | |

| タクシーに乗りましょう。 | Sumaky tayo sa takisi. | *Let's take a taxi.* |
|---|---|---|
| takushiininolimashoo | スマカイ　タヨ　サ　タクシ | |

## ■愛情表現■

| | | |
|---|---|---|
| 私はあなたが好きです。<br>watashiwaanatagasukidesu | Gusto kita.<br>グスト キタァ | *I like you.* |
| 私はあなたを愛しています。<br>watashiwaanatawoaishiteimasu | Mahal kita.<br>マハァル キタァ | *I love you.* |
| 私はあなたが嫌いです。<br>watashiwaanatagakilaidesu | Galit ako sa yo.<br>ガリト アコ サ ヨ | *I hate you.* |

## ■緊急時の表現■

| | | |
|---|---|---|
| トイレはどこですか？<br>toilewadoko | Saan ang C.R?<br>サーン アン スイーアール | *Where is the toilet?* |
| もっとゆっくり話して下さい。<br>mottoyukkulihanashitekudasai | Puwedeng magsalita kang dahan-dahan.<br>プウェデン マグサリタ カン ダハン ダハン | *Please speak slower.* |
| 書いて下さい。<br>kaitekudasai | Pakisulat mo.<br>パキスラト モ | *Please write it down.* |
| 助けて下さい<br>tasuketekudasai | Pakitulungan mo ako!<br>パキトゥルンガン モ アコ | *Please help me.* |
| 手伝ってくれませんか？<br>tetsudattekulemasenka | Puwede mo akong tulungan?<br>プウェデ モ アコン トゥルンガン | *Will you help me?* |
| 騙された。<br>damasaleta | Dinayaako.<br>ディナヤアコ | *I was gypped.* |
| 助けて！<br>tasukete | Tulunganmoako!<br>トゥルンガンモアコ | *Help me!* |
| 火事だ！<br>kajida | Sunog!<br>スノグ | *Fire!* |
| 去れ！<br>sale | Lumayas ka!<br>ルマヤス カ | *Go away!* |
| 止れ！<br>tomale | Tigil!<br>ティギル | *Stop!* |
| 早く！<br>hayaku | Dali!<br>ダリ | *Quick!* |

# ＜＜日常頻出単語＞＞

## ●緊急時●

| トイレ<br>toile | C.R, kasilyas, kubeta<br>シーアール、カシィリアス、クベタ | *lavatory* |
|---|---|---|
| 薬<br>kusuli | medisina, gamot<br>メディシナ、ガモット | *medicine, drug* |
| 薬局<br>yakkyoku | parmasya<br>パルマシヤ | *drugstore* |
| 医者<br>isha | physiciandoktor<br>フィシィシャンドクトール | *doctor* |
| 病院<br>byooin | ospital<br>オスピタル | *hospital* |
| 救急車<br>kyuukyuusha | ambulansiya<br>アムブランシヤ | *ambulance* |
| 警官<br>keikan | pulis<br>プゥリィス | *policeman* |
| パトカー<br>patokaa | hagad<br>ハガド | *police car* |
| 痛い [刺激に]<br>itai | aray<br>アライ | *ouch* |
| 泥棒<br>doloboo | magnanakaw<br>マグナナカウ | *robber* |
| スリ<br>suli | mandurukot<br>マンドゥルコト | *pick pocket* |
| 殺す<br>kolosu | papatay<br>パパタイ | *kill* |
| 殴る<br>nagulu | suntok<br>スントク | *strike* |

付録

367

## ●買い物●

| | | |
|---|---|---|
| お金<br>okane | **pera**<br>ペラ | *money* |
| 現金<br>genkin | **kas**<br>カス | *cash* |
| 高い ( 値段 )<br>takai | **mahal**<br>マハアル | *expensive* |
| 安い ( 値段 )<br>yasui | **mura**<br>ムラ | *cheap* |
| 割引<br>walibiki | **tawad**<br>タワド | *discount* |
| 欲しい<br>hoshii | **aiming**<br>アイミン | *desire, want* |
| 欲しい<br>hoshii | **gusto**<br>グスト | *desire, want* |

## ●食事●

| | | |
|---|---|---|
| 飲料水<br>inlyoosui | **malinis na tubig**<br>マリニス　ナ　トゥビグ | *drinking water* |
| 食べ物<br>tabemono | **pagkain**<br>パグカイン | *food* |
| 食欲がない<br>shokuyokuganai | **wala akong gana**<br>ワラ　アコン　ガナ | *no appetite.* |
| 脂肪が多い<br>shiboogaooi | **sobrang mataba**<br>ソブラン　マタバ | *too fat* |
| 堅い ( 肉 )<br>katai(niku) | **makunat**<br>マクナト | *rough (meat)* |
| 煮 ( 焼 ) 過ぎ<br>ni(yaki)sugi | **sobrang luto**<br>ソブラン　ルト | *overcooked* |
| 煮 ( 焼 ) 足りない<br>ni(yaki)talinai | **hindi pa luto**<br>ヒンディ　パ　ルト | *undercooked* |

| | | |
|---|---|---|
| 美しい<br>utsukushii | maganda<br>マガンダ | *beautiful* |
| 閉める<br>shimelu | isara<br>イサラ | *shut* |
| 出来る<br>dekilu | maaari<br>マアーリ | *can, possible* |
| 出来ない<br>dekinai | hindi maaari<br>ヒンディ マアーリ | *cant, impossible* |
| 軽い<br>kalui | magaan<br>マガァーン | *light* |
| 重い<br>omoi | mabigat<br>マビガァト | *heavy* |
| 内側に<br>uchigawani | nasa loob<br>ナサ ローブ | *inside* |
| 外側に<br>sotogawani | nasa labas<br>ナサ ラバス | *outside* |
| 此処に<br>kokoni | dito<br>ディト | *here* |
| 近い<br>chikai | malapit<br>マラピト | *near* |
| 遠い<br>tooi | malayo rito<br>マラヨ リト | *far from here* |
| とても遠い<br>totemotooi | malayong malayo<br>マラヨン マラヨ | *very far* |
| 熟した<br>jukushita | hinog<br>ヒノグ | *ripe* |
| 熟していない<br>jukushiteinai | hilaw<br>ヒラウ | *unripe* |
| 多い (数)<br>ooi | maraming marami<br>マラミン マラミ | *numerous* |
| 多い (量)<br>ooi | marami, malaki<br>マラミ、マラキ | *many, much* |

付録

| 少し (数、量)<br>sukoshi | kaunti<br>カウンティ | *a few, a little* |
| 何時も<br>itsumo | tuwi<br>トゥウィ | *every time* |
| もう一度<br>mooichido | ulit<br>ウリト | *again* |
| 早く<br>hayaku | maaga<br>マーガ | *early* |
| すぐに<br>suguni | agad<br>アガド | *soon* |
| 多分<br>tabun | marahil<br>マラァヒル | *maybe* |
| 最高<br>saikoo | pinakamagaling<br>ピナカマガリン | *(the) best* |
| 最悪<br>saiaku | pinakagrabe<br>ピナカグラベ | *(the) worst* |
| 最大<br>saidai | higdulan<br>ヒグドゥラン | *maximum* |
| 最小<br>saishoo | kubdulan<br>クブドゥラン | *minimum* |
| 借りる<br>kalilu | humiram<br>フミラム | *borrow* |
| 返す<br>kaesu | isauli<br>イサウリ | *return* |
| 遅れる<br>okulelu | mahuli<br>マフリ | *late* |
| ペン<br>pen | pluma<br>プルマ | *pen* |
| 紙<br>kami | papel<br>パペェル | *paper* |
| ところで<br>tokolode | maibaako<br>マイバアコ | *By the way* |

| | | |
|---|---|---|
| エイズ<br>eizu | aids<br>エイズ | *AIDS* |
| 痔<br>ji | almuranas<br>アルムラナス | *hemorrhoids* |
| 狭心症<br>kyooshinshoo | anjana pektoris<br>アンジャナ　ペクトリス | *chest pain* |
| 腹痛<br>fukutsuu | apad<br>アパド | *colic* |
| 盲腸炎<br>moochooen | apendisitis<br>アペンディシティス | *appendicitis* |
| 心筋梗塞<br>shinkinkoosoku | atake sa puso<br>アタケ　サ　プソ | *heart attack* |
| 骨折<br>kossetsu | bali<br>バリ | *bone fracture* |
| 急病<br>kyuubyoo | biglang pagkasakit<br>ビグラン　パグカサキット | *sudden illness* |
| 消化不良<br>shookafulyoo | bulibuli<br>ブリブリ | *indigestion* |
| 赤痢<br>sekili | daragis<br>ダラギス | *dysentery* |
| 糖尿病<br>toonyoobyoo | dayabetis<br>ダヤベティス | *diabetes mellitus* |
| 湿疹<br>shisshin | eksema<br>エクセマ | *eczema* |
| コレラ<br>kolela | garilaw<br>ガリラウ | *cholera* |
| 淋病<br>linbyoo | gonoreya<br>ゴノレヤ | *gonorrhea* |
| 肝炎<br>kanen | hepataytis<br>ヘパタイティス | *hepatitis* |
| 喘息<br>zensoku | hika<br>ヒカ | *asthma* |

付
録

| | | |
|---|---|---|
| 癌<br>gan | kangkaro(kansel)<br>カンカロ ( カンセル) | cancer |
| 病気<br>byooki | karamdaman<br>カラムダマン | sickness |
| 下痢<br>geli | kurso<br>クルソ | diarrhea |
| 食中毒<br>shokuchuudoku | lason ng pagkain<br>ラソン ナン パグカイン | food poisoning |
| 身体がだるい<br>kaladagadalui | mabigat ang pakiramdam<br>マビガット アン パキラムダム | feel sluggish |
| 動悸<br>dooki | mabilis ang tibok<br>マビリス アン テイボク | palpitation |
| 腫れ、瘤<br>hale,kobu | maga, beke<br>マガ、ベケ | swelling, wen |
| (傷が) 痛い<br>(kizuga)itai | mahapdi<br>マハプディ | painful |
| 苦しい (痛い)<br>kulushii(Itai) | masakit<br>マサキト | painful |
| 目まい<br>memai | nahihilo<br>ナヒヒロ | dizzy |
| 息苦しい<br>ikigulushii | pagkainis<br>パグカイニス | suffocation |
| 出血<br>shukketsu | pagudurugo<br>パグドゥルゴ | hemorrhage |
| 気分が悪い<br>kibungawarui | pakiramdam na maysakit<br>パキラムダム ナ マイサキット | feel sick |
| 痺れ<br>shibile | paralisis<br>パラリシス | palsy |
| 血圧<br>ketsuatsu | presyon ng dugo<br>プレシヨン ナン デュゴ | blood pressure |
| 血圧を上げる<br>ketsuatsuwoagelu | itaas ang presyon ng dugo<br>イタース アン プレシヨン ナン デュゴ | rise blood pressure |
| 血圧を下げる<br>ketsuatsuwosagelu | pababain ang presyon ng dugo<br>パパバイン アン プレシヨン ナン デュゴ | lower blood pressure |

| 肝臓病<br>kanzoobyoo | sakit sa atay<br>サキト サ アタイ | *liver disease* |
| 性病<br>seibyoo | sakit sa babae<br>サキト サ ババエ | *venereal diseases* |
| 心臓病<br>shinzoobyoo | sakit sa puso<br>サキト サ プソ | *heart disease* |
| 風邪<br>kaze | sipon<br>シィポォン | *cold* |
| 虫歯<br>mushiba | sirang ngipin<br>シラング ニーピン | *decayed tooth* |
| 嘔吐<br>ooto | suka, sumuka<br>スゥカァ、スムカ | *vomit* |
| 傷<br>kizu | sugat<br>スガト | *wound* |
| 便秘<br>benpi | tibi<br>ティビ | *constipation* |

## ●家族の呼び名●

| 父、お父さん、パパ<br>chichi,otoosan,papa | ama, tatay, pa<br>アマ、タタイ、パ | *father* |
| 母、お母さん、ママ<br>haha,okaasan,mama | ina, lnay, nanay, ma<br>イナ、イナイ、ナナイ、マ | *mother* |
| 配偶者<br>haiguusha | asama<br>アサマ | *spouse* |
| 子供［全般］<br>kodomo | bata<br>バタ | *child* |
| 子供［自分の］<br>kodomo | anak<br>アナク | *one's own child* |
| 息子<br>musuko | anak na lalaki<br>アナク ナ ララキ | *son, boy* |
| 娘<br>musume | anak na babae<br>アナク ナ ババエ | *daughter, girl* |

| 兄<br>ani | kuya<br>クヤ | *elder brother* |
| 姉<br>ane | ate<br>アテ | *elder sister* |
| 弟<br>otooto | nakakabatang kapatid na lalaki<br>ナカカバタン　カパティド　ナ　ララキィ | *younger brother* |
| 妹<br>imooto | nakakabatang kapatid na babae<br>ナカカバタン　カパティド　ナ　ババエ | *younger sister* |
| 嫁<br>yome | manugang babae<br>マヌガング　ババエ | *bride, daughter-in-law* |
| お祖父さん、祖父<br>ojiisan,sofu | lolo<br>ロロ | *grand pa(father)* |
| お祖母さん、祖母<br>obaasan,sobo | lola<br>ロラ | *grand ma(mother)* |
| 伯父（叔父）<br>oji | tiyo<br>ティヨ | *uncle* |
| 伯母（叔母）<br>oba | tiya<br>ティヤ | *aunt* |
| 従兄弟（姉妹）<br>itoko | pinsan<br>ピンサン | *cousin* |
| 女性<br>jyosei | babae<br>ババエ | *female* |
| 男性<br>dansei | lalaki<br>ララキ | *male* |
| 家族<br>kazoku | mag-anak<br>マグ　アナク | *family* |

### ●身体の各部位●

| 身体<br>kalada | katawan<br>カタワン | *body* |
| 頭<br>atama | ulo<br>ウロ | *head* |
| 髪<br>kami | buhok<br>ブホク | *hair* |

| 顔<br>kao | mukha<br>ムクハ | *face* |
| 目<br>me | mata<br>マタ | *eye* |
| 鼻<br>hana | ilong<br>イロング | *nose* |
| 耳<br>mimi | tainga<br>タインガ | *ear* |
| 口<br>kuchi | bibig<br>ビビグ | *mouth* |
| 舌<br>shita | dila<br>ディラ | *tongue* |
| 歯<br>ha | ngipin<br>ニィピン | *tooth* |
| 首<br>kubi | liig, leeg<br>リーグ、レエェグ | *neck* |
| 喉<br>nodo | lalamunan<br>ララムナン | *throat* |
| 肩<br>kata | balikat<br>バリカト | *shoulder* |
| 胸<br>mune | suso<br>スソ | *breast* |
| 心臓<br>shinzoo | puso<br>プソ | *heart* |
| 腕<br>ude | baraso, bisig<br>バラソ、ビシグ | *arm* |
| 手<br>te | kamay<br>カマイ | *hand* |
| 指<br>yubi | daliri<br>ダリリ | *finger* |
| 爪<br>tsume | kuko<br>クコ | *fingernail* |
| 胃（胃腸）<br>ichoo | tiyan<br>ティヤン | *stomach* |

| 背中<br>senaka | likod<br>リコド | *back* |
| 背骨<br>sebone | gulugod<br>グルゴド | *backbone* |
| 骨<br>hone | buto<br>ブト | *bone* |
| 腹<br>hala | kayuyo<br>カユヨ | *belly* |
| 腰<br>koshi | baywang<br>バイワン | *waist* |
| 尻<br>shili | pigi<br>ピギ | *buttocks* |
| 腿<br>momo | hita<br>ヒタ | *thigh* |
| 性器 ( 性殖器 )<br>seiki(seishokki) | utin<br>ウティン | *penis, sexual organ* |
| 足<br>ashi | paa<br>パー | *foot* |
| 踝 ( 足首 )<br>kulubushi(ashikubi) | bukungbukong<br>ブクンブコン | *ankle* |

## ●数字●

| 1、1つ<br>ichi,hitotsu | isa, uno<br>イサァ、ウノ | *one* |
| 2、2つ<br>ni, futatsu | dalawa, dos<br>ダラワァ、ドス | *two* |
| 3、3つ<br>san, mittsu | tatlo, tres<br>タトロ、トレス | *three* |
| 4、4つ<br>yon, yottsu | apat, kuwatro<br>アパト、クワァトロ | *four* |
| 5、5つ<br>go, Itsutsu | lima, singko<br>リマ、シィンコ | *five* |

| | | |
|---|---|---|
| 6、6つ<br>loku, muttsu | **anim, seis**<br>アニム、セイス | *six* |
| 7、7つ<br>shichi(nana), nanatsu | **pito, siete**<br>ピトォ、シイェテ | *seven* |
| 8、8つ<br>hachi, yattsu | **walo, otso**<br>ワロ、オトソ | *eight* |
| 9、9つ<br>ku(kyuu), kokonotsu | **siyam, nuebe**<br>シヤァム、ヌエベ | *nine* |
| 10<br>juu, too | **sampu, diyes**<br>サムプ、ディイェス | *ten* |
| 20<br>nijuu | **dalawampu, beinte**<br>ダラワムプ、ベインテ | *twenty* |
| 30<br>sanjuu | **tatlumpu, trenta**<br>タトルムプ、トレェンタ | *thirty* |
| 40<br>yonjuu | **apatnapu, kuwarenta**<br>アパトナプ、クワレェンタ | *forty* |
| 50<br>gojuu | **limampu, singkuwenta**<br>リマムプ、シンクウェンタ | *fifty* |
| 60<br>lokujuu | **animnapu, sesenta**<br>アニムナプ、セセェンタ | *sixty* |
| 70<br>shichijuu | **pitumpu, setenta**<br>ピトゥムプ、セテェンタ | *seventy* |
| 80<br>hachijuu | **walumpu, osenta**<br>ワルムプ、オセェンタ | *eighty* |
| 90<br>kyuujuu | **siyamnapu, nobenta**<br>シヤムナプ、ノベェンタ | *ninety* |
| 100<br>hyaku | **isang daan, siyento**<br>イサン ダーン、シイェント | *one hundred* |
| 1,000<br>sen | **isang libo, mil**<br>イサン リボ、ミル | *one thousand* |
| 10,000<br>ichiman | **sampung libo**<br>サムプゥン リボ | *ten thousands* |
| 100,000<br>juuman | **sandaang libo**<br>サンダーン リボ | *one hundred thousands* |

## ●曜日・暦●

| | | |
|---|---|---|
| 昨日<br>kinoo | **kahapon**<br>カハポン | *yesterday* |
| 今日<br>kyoo | **ngayon**<br>ンガヨン | *today* |
| 明日<br>asu | **bukas**<br>ブカス | *tomorrow* |
| 朝<br>asa | **umaga**<br>ウマガ | *morning* |
| 昼 ( 正午 )<br>hiru(shoogo) | **tanghali**<br>タンハリ | *noon* |
| 夜<br>yoru | **gabi**<br>ガビィ | *night* |
| 午前<br>gozen | **umaga**<br>ウマガ | *in the morning (a.m.)* |
| 午後<br>gogo | **hapon**<br>ハポン | *in the afternoon (p.m.)* |
| 日曜日<br>nichiyoobi | **linggo**<br>リンゴォ | *Sunday* |
| 月曜日<br>getsuyoobi | **lunes**<br>ルネス | *Monday* |
| 火曜日<br>kayoobi | **martes**<br>マルテェス | *Tuesday* |
| 水曜日<br>suiyoobi | **miyerko(u)les**<br>ミエルコ ( ク ) レス | *Wednesday* |
| 木曜日<br>mokuyoobi | **huwebes**<br>フウエベス | *Thursday* |
| 金曜日<br>kin-yoobi | **biyernes**<br>ビイルネス | *Friday* |
| 土曜日<br>doyoobi | **sabado**<br>サバド | *Satuday* |
| 1 月<br>ichigatsu | **enero**<br>エネロ | *January* |

| | | |
|---|---|---|
| 2月<br>nigatsu | pebrero<br>ペブレロ | *February* |
| 3月<br>sangatsu | marso<br>マルソ | *March* |
| 4月<br>shigatsu | abril<br>アプリル | *April* |
| 5月<br>gogatsu | mayo<br>マヨ | *May* |
| 6月<br>lokugatsu | hunyo<br>フゥンヨ | *June* |
| 7月<br>shichigatsu | hulyo<br>フゥルヨ | *July* |
| 8月<br>hachigatsu | agosto<br>アゴォスト | *August* |
| 9月<br>kugatsu | setyembre<br>セツェムブレ | *September* |
| 10月<br>juugatsu | oktubre<br>オクトゥブレ | *October* |
| 11月<br>juuichigatsu | nobyembre<br>ノビエムブレ | *November* |
| 12月<br>juunigatsu | disyembre<br>ディスエムブレ | *December* |
| 毎週<br>maishuu | unggo linggo<br>ウンゴ リンゴ | *every week* |
| 毎月<br>maigetsu | buwan-buwan<br>ブワンブ ワン | *every month* |
| 先週<br>senshuu | noong isang linggo<br>ノーン イサン リンゴ | *last week* |
| 先月<br>sengetsu | noong isang buwan<br>ノーン イサン ブワン | *last month* |
| 去年<br>kyonen | noong isang taon<br>ノーン イサン タオン | *last year* |
| 来月<br>laigetsu | sa isang buwan<br>サ イサン ブワン | *next month* |

| | | |
|---|---|---|
| 来年<br>lainen | sa isang taon<br>サ イサン タオン | *next year* |
| 今年<br>kotoshi | ngayong taong ito<br>ンガヨン タオン イト | *this year* |

## ●数と時間●

| | | |
|---|---|---|
| 第一（の）<br>daiichi(no) | una<br>ウナ | *1st* |
| 第二（の）<br>daini(no) | ikalawa<br>イカラワ | *2nd* |
| 第三（の）<br>daisan(no) | ikatlo<br>イカトロ | *3rd* |
| 第五（の）<br>daigo(no) | ikalima<br>イカリマ | *5th* |
| 第十番目（の）<br>daijuubanme(no) | ikasampu<br>イカサンプゥ | *10th* |
| 1時半<br>ichijihan | alaunay medya<br>アラウナイ メディア | *1:30 o'clock* |
| 半分 (1/2)<br>hanbun | medya<br>メディア | *half* |
| 2時15分<br>nijijuugofun | alasados i-kwarto<br>アラスドス イ クワルト | *2:15 o'clock* |
| 4分の1<br>yonbunnoichi | kwarto<br>クワルト | *quarter* |
| 7時頃に<br>shichijigoloni | sa dakong alasyete<br>サ ダコング アラシェテ | *at around 7:00 o'clock* |
| 7時丁度<br>shichijichoodo | ganap na ikapito<br>ガナプ ナ イカピト | *exactly 7:00 o'clock* |
| 1時<br>ichiji | ala-una<br>アラ ウナ | *1 o'clock* |
| 1時に<br>ichijini | sa ala-una<br>サ アラ ウナ | *at 1 o'clock* |

| | | |
|---|---|---|
| 2 時以後<br>nijiigo | pagka alasdos<br>パグカ　アラスドス | *after 2 o'clock* |
| 午後 3 時<br>gogosanji | ikatlo ng hapon<br>イカトロ　ナン　ハポン | *3:00 p.m.* |
| 15 分<br>juugofun | kinse minuto<br>キンセ　ミヌゥト | *15 minutes* |
| 4 時<br>yoji | alas(-)kuwatro<br>アラス　クワトロ | *4 o'clock* |
| 5 時<br>goji | alasingko<br>アラシンコ | *5 o'clock* |
| 6 時<br>lokuji | alaseis<br>アラセイス | *6 o'clock* |
| 7 時<br>shichiji | alasyete<br>アラシェテ | *7 o'clock* |
| 8 時<br>hachiji | alasotso<br>アラソトソ | *8 o'clock* |
| 9 時<br>kuji | alasnwebe<br>アラスンウェベ | *9 o'clock* |
| 10 時<br>juuji | alasdyes<br>アラスデェス | *10 o'clock* |
| 午前 10 時<br>gozenjuuji | ikasaipu ng umaga<br>イカサンプゥ　ナン　ウマガ | *10:00 a.m.* |
| 11 時<br>juuichiji | alasonse<br>アラソンセ | *11 o'clock* |
| 12 時<br>juuniji | alasdose<br>アラスドセ | *12 o'clock* |

定価はカバー表示

ハンディ　日本語 - フィリピン語 - 英語　実用辞典
　　　　　フィリピン語 - 日本語 - 英語

2008 年 9 月 27 日　初版発行

編　者　国際語学社編集部©
発行者　田村　茂

発行所　株式会社国際語学社
〒 171-0042　東京都豊島区高松 1-11-15　西池袋ＭＴビル 601
TEL　03(5966)8350
FAX　03(5966)8578
http：//www.kokusaigogakusha.co.jp
振　替　00150-7-600193
印　刷　株式会社光邦

カバーデザイン◇榎本香里　　◇編集制作／高見　葉子・藤田　陽子
Printed in Japan 2008.　　　　　　　　　　無断転載を禁止します。

ISBN978-4-87731-438-5

国際語学社のフィリピン語参考書＆辞書

## 【参考書】 ～フィリピン語をこれから始めたい方に～

### ■まずはこれだけフィリピン語

斉藤ネリーサ著

いちばん最初に始める参考書。

文字と発音の基礎から、旅行で必要とされる文法が学べる！

A5 判　1,575 円（税込）

---

### ■恋するフィリピノ語手紙の書き方
### －手紙・FAX・E メール－

トニー・スズキ　著

想いが伝わる表現集。単語を入れ替えるだけで、あなた

だけの手紙を書くことができます。

B6 判　1,575 円（税込）

## 【辞書】 ～たくさんの語彙を習得したい方に！～

### ■改訂版
### 日本語－フィリピン語（タガログ語）－英語辞典

TK 研究室　編著

B6 判　6,300 円（税込）

### ■フィリピン語（タガログ語）－日本語－英語辞典

TK 研究室　編著

B6 判　3,873 円（税込）